本书为国家社科基金青年项目"美丽中国与环境法治视阈下的生态修复法律制度研究"的最终成果

|国|研|文|库|

生态修复法学初探

吴　鹏————著

光明日报出版社

图书在版编目（CIP）数据

生态修复法学初探 ／ 吴鹏著 . －－北京：光明日报
出版社，2021.5

ISBN 978－7－5194－5937－6

Ⅰ.①生… Ⅱ.①吴… Ⅲ.①生态修复—环境保护法
—研究—中国 Ⅳ.①D922.680.9

中国版本图书馆 CIP 数据核字（2021）第 066812 号

生态修复法学初探

SHENGTAI XIUFU FAXUE CHUTAN

著　　者：吴　鹏

责任编辑：郭思齐　　　　　　　　责任校对：兰兆媛
封面设计：中联华文　　　　　　　责任印制：曹　净

出版发行：光明日报出版社

地　　址：北京市西城区永安路 106 号，100050

电　　话：010 - 63169890（咨询），010 - 63131930（邮购）

传　　真：010 - 63131930

网　　址：http：//book. gmw. cn

E - mail：guosiqi@ gmw. cn

法律顾问：北京德恒律师事务所龚柳方律师

印　　刷：三河市华东印刷有限公司

装　　订：三河市华东印刷有限公司

本书如有破损、缺页、装订错误，请与本社联系调换，电话：010 - 63131930

开　　本：170mm×240mm

字　　数：257 千字　　　　　　　　印　　张：18

版　　次：2021 年 5 月第 1 版　　　　印　　次：2021 年 5 月第 1 次印刷

书　　号：ISBN 978 - 7 - 5194 - 5937 - 6

定　　价：95.00 元

序

本书作者吴鹏博士自 2010 年到中国政法大学攻读环境与资源保护法学博士学位起，就一直对生态修复法律研究有着特别的兴趣。吴鹏博士读博期间就曾多次到其故乡淮南矿区进行采煤塌陷区生态修复的调研，所写论文也多与生态修复法律制度有关，博士学位论文则选择了《采煤塌陷区生态修复法律机制研究》，并在此基础上出版了专著《以自然应对自然——应对气候变化视野下的生态修复法律制度研究》，后来又成功申请到国家社科青年课题"美丽中国与环境法治视域下的生态修复法律制度研究"，本书就是这一研究的重要成果。十年来对同一专题孜孜以求，义无反顾，从不同的角度对环境资源法的这一新领域进行开拓、探路、奠基、砌石、架梁、成殿，由生态修复法律制度构建到生态修复法立法建议再到生态修复法学，一步一个台阶，十年磨一剑，付出了艰苦的努力，应该说难能可贵。

《生态修复法学初探》作为吴鹏博士生态修复法学研究的一个阶段性成果，除了探讨分析了生态修复法律制度与美丽中国建设的关系、生态修复法治的中国模式之外，更重要的是作者在书中明确提出了"生态修复法学"的概念。尽管目前学界对这一概念还比较陌生，甚至也会存在对这一概念能否成立的质疑，但作为学术探讨，吴鹏博士还是从多个角度提供了这一概念成立的依据。他认为源自西方法学传统思维的权利主义法学理论本身在生态文明建设的时代应当被革新，生态修复法学将以人与自然的共同体利益和个体利益的互惠为核心，是一种从零和博弈到变和博弈的法学研究路径。当然其分析和论证尚需更加精准和深入，但新概念的提出和论证无疑为环境资源法的研究开辟了一个新的学科方向。

本书虽然在生态修复法学理论的奠基和法律制度的构建方面为我们提供了多角度的论证和分析，对学者会有许多启发，对政府会有许多使用价值，对社会会有许多宣传教育效果，但其更有价值的方面可能是一些理论观点将引发学界的思考和争鸣。诸如，"主客体二分关系为核心的实证主义法律意识是对生态伦理的根本背弃"；"当前法学领域研究生态修复这一现象的逻辑基础是错误的，方法论是固化而不切实际的，认识论是混乱不清的，价值论更是扭曲和违背生态伦理基础的"；"生态修复的最终目的不是为人服务"，"生态修复的唯一目的是人与自然的平等发展"；"没有个人或组织有能力造成社会生态系统整体的失衡，只有国家才有这个能力，国家及其政府显然是生态修复义务的承担者"。这些观点和论点都可能成为学术争鸣的热点问题。理不辩不明，能够提出引起学术争鸣的观点和论点，一方面说明相关学术成果的不成熟，另一方面也说明研究者很有问题意识，敢于触及学术新领域。

希望吴鹏博士继续努力，将生态修复法学理论的研究进一步引向深入，研究出更多的相关学术成果。

王灿发

2020 年 5 月 11 日于蓟门书屋

目 录
CONTENTS

第一章　美丽中国：生态文明时代的主旋律 ……………………… 1

第一节　美丽中国理念的提出、发展与基本内涵 …………… 2

第二节　建设美丽中国迎接生态文明时代的来临 …………… 9

第二章　生态修复：生态文明时代良法之治的新维度 ………… 16

第一节　生态文明建设需要法学理论的生态化革新 ……… 17

第二节　生态文明时代需要生态良法之治 …………………… 24

第三节　生态文明良法之治的生态修复之维 ………………… 33

第三章　生态修复法治的理论之源 ……………………………… 48

第一节　生态修复的生态学理论之源 ………………………… 48

第二节　生态修复的伦理学理论之源 ………………………… 55

第三节　生态修复的经济学理论之源 ………………………… 65

第四节　我国传统生态哲学思想之源 ………………………… 74

第四章　解开理论枷锁：关于生态修复法治理论的一些新思维 … 86

第一节　以权利为核心的传统法学理论需要革新 ………… 87

第二节　生态修复法学理论的革新之路 ……………………… 92

第三节 路在脚下：生态修复法学研究应当关注并解决的问题 ……… 104

第五章 生态修复的法律概念 ……………………………………… 114

第一节 明确生态修复法律概念的重要意义 ……………………… 114

第二节 厘清生态修复的法律概念 ………………………………… 116

第三节 生态修复法律概念应当如何界定 ………………………… 125

第六章 美丽中国需要建设怎样的生态修复法律制度 …………… 135

第一节 中国的实际 ……………………………………………… 136

第二节 中国的需要 ……………………………………………… 198

第三节 中国的行动 ……………………………………………… 227

余论：权利主义法学理论批判与生态修复法学展望 …………… 245

参考文献 ………………………………………………………… 272

附：完善我国生态修复法律制度的理论思考（成果要报） ………… 275

第一章

美丽中国：生态文明时代的主旋律

党的十八大报告提出："要把生态文明建设放在突出地位，融入经济建设、政治建设、文化建设、社会建设各方面和全过程，努力建设美丽中国，实现中华民族永续发展。"这说明美丽中国建设离不开生态文明各项建设的有序开展，它与生态文明建设休戚相关。可以说生态文明时代是美丽中国建设过程中最重要的阶段之一。十八大报告将强调生态文明建设的突出地位与美丽中国目标同步提出，将生态文明建设与经济建设、政治建设、文化建设、社会建设一道，确定为社会主义建设"五位一体"总体布局的重要环节，并着重强调生态文明的突出地位。一方面从我国实际出发，总结过去经济社会发展的成果、问题及矛盾；另一方面，顺应自然和人类历史发展的规律，明确生态文明建设在我国现阶段及未来发展中的优先地位，为建设美丽中国、保障世代永续发展目标的实现，清晰地指引了方向。党的十八届三中全会通过《中共中央关于全面深化改革若干重大问题的决定》（以下简称《决定》），提出应紧紧围绕建设美丽中国深化生态文明体制改革，加快建立生态文明制度，健全国土空间开发、资源节约利用、生态环境保护的体制机制，推动形成人与自然和谐发展现代化建设新格局。要求生态文明建设稳步推进，进一步为建设美丽中国提供切实制度基础。

第一节 美丽中国理念的提出、发展与基本内涵

自党的十八大报告首次正式提出"努力建设美丽中国"以来，美丽中国建设即作为党的执政理念，成为新时期我国生态文明建设的重要战略目标。习近平总书记就推进生态文明建设，努力建设美丽中国发表了多次重要讲话，为美丽中国建设指明了方向。① 他在中共十八届一中全会后的记者见面会上明确指出："我们的人民热爱生活，期盼有更好的教育、更稳定的工作、更满意的收入、更可靠的社会保障、更高水平的医疗卫生服务、更舒适的居住条件、更美的环境，期盼着孩子们能成长得更好、工作得更好、生活得更好。"此后，党的十八届五中全会上审议通过的《中共中央关于制定国民经济和社会发展第十三个五年规划的建议》（以下简称《建议》）更是把生态文明和美丽中国建设写入其中，充分彰显了党对美丽中国建设的高度重视，也是对美丽中国内涵的一次全面阐释。因此可以说，美丽中国要求对现有文明进行整合与重塑，以使社会主义物质文明、精神文明、政治文明以及社会建设都发生与生态文明建设内在要求相一致的生态化转向。这在为中国人民创造出美好生活条件和环境的同时，必将引领中国走向更高层次的文明。②

一、美丽中国思想提出的时代背景及其历史发展

建设美丽中国，是党对我国在当今社会经济发展中，面对资源约束紧张、环境污染严重、生态系统退化的严峻挑战，究竟需要怎样转变发展方式，需要创造一个什么样的生存和发展环境等一系列重大问题的深刻反思和

① 秦书生，胡楠. 习近平美丽中国建设思想及其重要意义［J］. 东北大学学报（社会科学版），2016（6）：634.
② 李建华，蔡尚伟. "美丽中国"的科学内涵及其战略意义［J］. 四川大学学报（哲学社会科学版），2013（5）：137.

回答。同时也反映了人类与生态系统关系和谐的思想在我国政策、法律制度建设中的深刻影响。可以说，应对日益严峻的生态危机是美丽中国思想提出的最现实动机。改革开放以来，我国用几十年的时间走过西方发达国家上百年的历程，虽取得举世瞩目的成就，但各种矛盾也逐步凸显，社会赖以生存的自然环境与经济发展之间的矛盾就是其中之一。在改革开放初期至 21 世纪初的前十年，我国经济高速增长，社会发展过于关注经济增速和成果，在粗放型经济发展模式下，政策决策及产业结构都存在比较严重的问题。① 而正是这些问题的存在与集中显现，迫使中国人不得不放弃多年来近乎掠夺式的社会经济发展模式，反思现实，思考生态危机出现的根源及其应对措施。美丽中国思想也正是在这样一种社会发展背景下逐步形成的。可以说，美丽中国思想的提出，是我们党和国家在建设中国特色社会主义道路中的一次重要的理论升华，它历经酝酿、丰富与发展并正在逐渐走向成熟。

美丽中国思想的酝酿源于党的十六大以来我国全面建设小康社会总目标以及科学发展观的提出。在发展逐步成为党执政兴国的第一要务的过程中，我们党的一些重要文献中初现有关引导社会经济与环境协调发展的论述，为美丽中国思想从萌芽到逐渐成熟奠定了扎实的思想基础。党的十六届三中全会明确提出了"坚持以人为本，树立全面、协调、可持续的发展观"的科学发展观要求。并且，党的十六大报告中，确立了实现中国特色社会主义政治、经济、文化全方位发展的全面建设小康社会的总目标。同时还提出在优化结构和提高效益的基础上，实现国内生产总值 2020 年比 2000 年翻两番，可持续发展能力不断增强的目标，即通过生态环境改善、资源利用效率提升、人与自然和谐相处的三个方面的努力，逐步推进我国社会走上生产发展、生活富裕、生态良好的文明发展道路。美丽中国思想

---

① 例如，20 世纪 80 年代开始，我国开始出台鼓励低效能产业发展的政策，同时对于采矿业也有"大矿大采，小矿小采"的鼓励政策，到 20 世纪 90 年代，全国的造纸、电镀、焦化、皮革、印染等行业迅速发展，最终导致全国环境污染泛滥成灾，大量中小型矿山环境破坏严重，地质灾害频发。

蓝图已经轮廓初现。

　　紧接着，党的第十六届五中全会正式将建设资源节约型和环境友好型社会确定为国民经济与社会发展中长期规划的一项战略任务。建设环境友好、资源节约的两型社会被提升到较高的战略地位。这既是突破环境问题瓶颈约束的历史与现实必然选择，也是国际国内环境保护思想和可持续发展实践进展的必然结果，在美丽中国思想建设中具有里程碑式的意义。作为经济社会可持续发展的物质基础和保障，经济社会的健康、永续发展离不开资源和生态环境的基础性支撑作用。我国长期以来持续存在的粗放型经济增长模式无疑会阻碍全面建设小康社会和基本实现现代化目标的实现。以环境友好、资源节约为特征的人类社会经济发展模式成为贯彻落实科学发展观的必然要求，也是可持续发展理念的有力实践。通过人与自然的和谐相处来促进人与人、人与社会之间和谐发展的动态平衡，为从深层次解决因经济发展而引发的环境问题提供了一种整体性思维方式。两型社会发展以及中华民族永续发展理论的确立标志着美丽中国思想建设进入一个崭新的高度。

　　实现两型社会发展以及中华民族永续发展的目标，关键在于加快转变经济发展方式，实现社会经济的可持续发展。而可持续发展观就是要促进人与自然的和谐，实现经济发展和人口、资源、环境相协调，坚持走生产发展、生活富裕、生态良好的两型社会发展道路，保证一代接一代地永续发展。从某种意义上来说两型社会与中华民族永续发展就是可持续发展观的中国化，是美丽中国建设宏伟蓝图的第一步。

　　党的十七大之后，是美丽中国思想的快速发展期。胡锦涛同志在《高举中国特色社会主义伟大旗帜，为夺取全面建设小康社会新胜利而奋斗》的报告中提出，科学发展观第一要义是发展，核心是以人为本，基本要求是全面协调可持续性，根本方法是统筹兼顾，指明了进一步推动中国经济改革与发展的思路和战略，明确了科学发展观是指导经济社会发展的根本指导思想，党在审视新阶段全面建设小康目标时，对我国社会主义初级阶段国情、经济社会发展规律、自然和经济增长的关系等方面的认识达到了更深刻、更科学的程度。在科学发展观的第一要义中，强调发展仍作为党执政兴国的第一要务，但同时强调转变发展模式，提高发展的效率和质量，实现以人为本、统筹协调的科学发展。发展作为解决中国现阶段所有问题的关键与实现以人为本的核心，贯穿在基本要求和根本方法的落实当中，为实现经济社会健康稳步发展、促进人的全面发展，切实做到发展为了人民利益，则必然要立足于保障民生，改善环境质量、保护资源，以提升人民享有优良的生存和发展空间、环境和资源的生态福祉。继续坚持资源节约型、环境友好型社会在我国中长期建设中的战略地位，强调经济增速和优化结构、质量与效益的统一，协调人口、资源、环境，实现生活富裕、生态良好的文明发展道路。除了明确科学发展观之外，党的十七大报告还首次提出了建设社会主义生态文明的思想。科学发展观与生态文明思想的提出为美丽中国理念走向成熟提供了充足的动力。回顾历史，可以看出从十二大到十五大，党一直强调建设社会主义物质文明、精神文明，十六大在前者基础上提出了建设政治文明，十七大则首次确立生态文明建设目标和任务。这是我们党美丽中国思想建设中的又一次里程碑式的理论升华。

党的十八大之后，是美丽中国思想发展的成熟期。党的十八大报告从新的历史起点出发，首次将美丽中国思想作为党的执政理念提出，并同时做出"大力推进生态文明建设"的战略决策，从十个方面绘出生态文明建设的宏伟蓝图。十八大报告不仅在第一、第二、第三部分分别论述了生态文明建设的重大成就、重要地位、重要目标，而且在第八部分用单独的宏大篇幅全面深刻论述了生态文明建设的各方面内容，从而完整描绘了今后相当长一个时期我国生态文明建设的宏伟蓝图。十八大报告强调把生态文明建设放在突出地位，融入经济建设、政治建设、文化建设、社会建设各方面和全过程，通过全面落实五位一体总体布局，以实现美丽中国的建设目标。党的十八大报告正式提出建设美丽中国，并突出以生态文明为特征的五位一体建设作为保障，是让人民享受最普惠的民生福祉的时代要求，也是建设全面小康的必然选择，真正体现了"以人为本""可持续发展"理念在我国顶层制度设计中的逐步深入。随着党的十八届五中全会的召开，美丽中国建设又首次被纳入新的五年计划，美丽中国思想渐趋成熟，成为我们国家社会经济建设的重要思想指引。正如习近平总书记所指出的那样：走向生态文明新时代，建设美丽中国，是实现中华民族伟大复兴的中国梦的重要内容。可以说生态文明思想的提出与相应建设实践的逐步开展是美丽中国从理想到现实，从宏观战略思想走向具体实施过程的关键环节。其中生态修复及其相关制度建设首次作为生态文明建设的重要措施予以明确。2013 年中共中央政治局就大力推进生态文明建设进行第六次集体学习，习近平总书记就生态文明的重要意义和如何建设生态文明、经济发展与生态环境保护的关系等问题做了重要阐释，并再次强调实施生态修复等问题。再次表明，生态修复在生态文明建设中的重要地位和意义，也明确了生态修复与美丽中国建设的关系。

二、"美丽中国"基本内涵新释

虽然美丽中国思想从产生背景上来看，尤以应对生态危机阴霾时刻而初现其萌芽。但是如果把对"美丽中国"的理解仅限于对美好自然环境的追求，则过于肤浅。可以说，"美丽中国"体现了科学发展的和谐之美。① 美丽中国的内涵不仅包含了生态文明的环境之美，还包含了生态文明的和谐社会之美。② 不仅应当包括"天蓝地绿水净"③、优美宜居的自然生存环境，功能健全的生态系统，更应当强调完美的自然环境和社会环境的结合，强调人类与自然的和谐相处，引导经济社会与环境协调。因而，美丽中国的建设目标是一个以生态文明时代为背景，通过转变发展观念和方式，建设资源节约型、环境友好型社会，以科学系统的制度建设实现经济繁荣、文化先进、社会和谐多位一体发展的美好的社会建构体系。美丽中国是一个集合和动态的

---

① 王大鹏．"美丽中国"的深层含义［J］．理论参考，2013（2）：14.
② 许瑛．"美丽中国"的内涵、制约因素及实现途径［J］．理论界，2013（1）：62.
③ 习近平．让工程科技造福人类、创造未来［N］．人民日报，2014－06－04.

概念，是绿色经济、和谐社会、幸福生活、健康生态的总称，是全球可持续发展、绿色发展和低碳发展的中国实践，是对保护地球生态健康和建设美丽地球的智慧贡献。① 具体而言，美丽中国应当是"外修边幅""内修德行"的内外兼修之美。

美丽中国是外在之美。所谓美丽中国的外在之美，主要是指中国社会经济发展的硬实力，既有现代化城市之俊，也有清洁的空气与青山绿水之秀。这种美是实惠之美，是要使人民群众切身体会到的中国特色社会主义建设伟大成就之美。人民不仅要过上小康的生活，更要享受日益改善的生态环境面貌。环境是与民生息息相关的一部分，蓝天、青山、绿水就是幸福。在我国总体实现小康水平后，人民群众期盼天蓝地绿、渴望青山绿水，对清洁空气、洁净水源、无污染土壤等优质环境的诉求越来越迫切。努力建设美丽中国，改善生态环境状况，不断满足人民群众日益增长的生态需求，让全体人民享受良好的生态环境和绿色健康的生态产品，就是在不断改善环境民生，就是增进人民群众整体的幸福指数。从这种意义上说，美丽中国是一种发自于外的感官之美、生活之美。这种美直接关系到人民群众生活于这个国度的幸福感，存在于对这个国家的信任感，以及对中华民族复兴的自豪感与使命感。相对于精神层面的文明而言，这种直观的物质文明将直接激发全社会的进取之心，强化人民群众对美丽中国建设的信心与决心。

美丽中国之美亦是内在之美。内因才是事物质变的根本因素，内在之美才是美丽中国的根本之美。要想真正体现美丽中国之美，不修内里是无法实现的。美丽中国的"内在美"首先体现在思想观念之文明上。这种文明不仅仅包括生态方面的也包括社会经济发展方面的。而生态思想观念之文明则主要是说人的生态观念的普遍形成，并成为社会共识。具体来说，就是不再以过去那种对自然掠夺的思维来实现个人利益的满足和社会经济的发展。人们

---

① 王金南，蒋洪强，张慧远，等. 迈向美丽中国的生态文明建设战略框架设计［J］. 环境保护，2012（23）：14.

的生活观念发生质的变化，例如消费观念、生活观念以及对待环境与资源的观念转变，再如中国人传统习俗观念的现代化转变等。甚至还应当包括人与人之间、社会与人之间以及人与自然之间的和谐观念的养成，社会多一些宽容、人人多一些友善信任、人类多一些对自然的关爱等。因为，往往人的过度功利与浮躁会带来社会的暴虐与焦躁，对待环境自然也不会和谐。社会经济发展方面的思想观念文明则是生态思想观念文明的反映。社会的发展与经济的增长都需要相应理论作为引导与支撑，例如粗放型的发展模式就是建立在对自然的无限度索取，对资源无穷尽的错误认识基础之上的。要实现集约型的经济增长方式，实现人与自然的和谐发展势必要以正确的社会经济发展思想作为引导，如果这种思想观念不彻底转变，也就无从谈及相应实际行动的展开，社会经济的发展依然是原始的以掠夺为生的粗放型模式，其结果依然是对美的亵渎与彻底背弃。概言之，美丽中国建设之根基在于内因的思想观念之文明，而内因思想观念之文明的关键又在于生态思想观念之文明，其中最为关键的又当属绝大多数人思想观念以及社会风俗的生态化转型。因此美丽中国之美的核心在于实现人心之美。

综上可见，美丽中国的内涵并非仅仅包括对自然环境美的关注，它更是中国社会经济快速发展过程中所应当展现的"内外兼修"的民族复兴之美。"外"主要是物质层面，而"内"则主要指意识的、精神的层面。外在之美是中华复兴的有力证明，而民族自信、自尊、自强以及和谐之心的存在则是促成这一复兴的根本动因。可以说，美丽中国的外在之美除了青山绿水，也要有金山银山；而内在之美除了社会和谐，人与自然和谐之外，更包括个人内心的净化。例如，生活和消费观念的根本性变化，社会以奢为耻、以尚简为德，生态意识的逐步增强，生态保护法治意识的觉醒，绿色发展价值的深入人心，以及生态化文明生活和生产理念的最终形成等。简言之，美丽中国的核心之美即是生态化生产与生活理念推动下的民族复兴之美与国富民强之美。美丽中国思想正催生一个崭新的文明时代的来临。

第二节 建设美丽中国迎接生态文明时代的来临

"生态文明"的正式形成和提出是在 20 世纪以后。代表着继农业文明、工业文明之后的新文明形态，前两者的相同点在于都主张在改造自然过程中发展物质生产力，以提高人类物质生活水平。但不同的是，生态文明前所未有地深刻认识到了生态的重要性。习近平总书记在十九大报告中明确指出："人与自然是生命共同体，人类必须尊重自然、顺应自然、保护自然。人类只有遵循自然规律才能有效防止在开发利用自然上走弯路，人类对大自然的伤害最终会伤及人类自身，这是无法抗拒的规律。"在该种文明形态中，强调人类改造自然活动时的保护自然准绳，自觉、自律，树立生态观念，维护生态平衡。党的十八大把生态文明建设纳入中国特色社会主义事业五位一体总布局。党的十八届三中全会通过《中共中央关于全面深化改革若干重大问题的决定》（以下简称《决定》），提出紧紧围绕建设美丽中国，深化生态文明体制改革，加快建立生态文明制度，健全国土空间开发、资源节约利用、生态环境保护的体制机制，推动形成人与自然和谐发展现代化建设新格局。

一、生态文明的基本内涵

20 世纪 90 年代初，美国学者罗伊·莫里森便已认识到现代工业文明发展的局限，从而努力为人类社会未来畅想蓝图。他认为，生态文明将取代工业文明，成为人类下一个文明形态。1995 年，莫里森在其著作《生态民主》一书中，明确使用了"生态文明"（Ecological Civilization）一词，并将其定义为"工业文明"对地球资源和生态环境破坏进行控制的一种新的文明形式，成为后来全世界广为引用的概念和理念。他本人也因此确立了在生态文

明研究领域的重要地位。① 1987年，我国著名生态学家叶谦吉倡议大力开展
生态文明，认为生态文明就是"人类既获利于自然，又还利于自然，在改造
自然的同时又保护自然，人与自然之间保持着和谐统一的关系"。② 伍瑛认为
所谓生态文明，是指人类在开发利用自然的时候，从维护社会、经济、自然
系统的整体利益出发，尊重自然，保护自然，致力于现代化的生态环境建
设，提高生态环境质量，使现代经济社会发展建立在生态系统良性循环的基
础之上，有效解决人类经济社会活动的需求同自然生态环境系统供给之间的
矛盾，实现人与自然的共同进化。③ 王灿发则认为生态文明是人类在利用自
然界的同时又主动保护自然界、积极改善和优化人与自然关系而取得的物质
成果、精神成果和制度成果的总和。④

　　上述概念或简或繁，各有千秋，但基本内涵已为共识。首先，生态文明
的本质是人类文明的升华形态，是继渔猎文明、农业文明、工业文明之后的
又一大文明形态。⑤ 并且它是以前述文明，尤其是以工业文明所创造的诸多
人类文明成果为基础的，是人类文明进步的象征。生态文明，作为现代人类
文明的重要组成部分，是物质文明、政治文明、精神文明、社会文明的重要
基础和前提，人类文明在发展的历程中认识到，没有良好、安全的生态环
境，其他文明也将失去载体。因而，在当今人类文明的结构当中，生态文明
的思想与社会实践逐步处于优先、关乎全局的地位。

　　其次，生态文明是体现时代特征的、以人类发展的指导思想与具体实践
模式的转变为特征的文明进步形态。"文明"意为人类所创造的财富的总和，
尤其是强调人类在认识世界和改造世界的过程中取得进步的思想观念的精神
财富，在经历了农业文明、工业文明的社会文明形态之后，人类历经了人、

---

①　新华网. 专访：中国将把生态文明建设承诺付诸实践——访美国生态文明专家罗伊·
　　莫里森［EB/OL］. 新华网，2016 - 12 - 05.
②　叶谦吉. 生态农业：农业的未来［M］. 重庆：重庆出版社，1988：333.
③　伍瑛. 生态文明的内涵与特征［J］. 生态经济，2000（2）：38.
④　王灿发. 论生态文明建设法律保障体系的构建［J］. 中国法学，2014（2）：35.
⑤　余谋昌. 生态文明：人类文明的新形态［J］. 长白学刊，2007（2）：138.

天、地三个维度关系的深入反思和社会主流观念的重构。由此提出的生态文明是建立在人类与自然关系和谐观念基础上的社会文明形态。人与自然和谐相处虽然是古来有之的思想，但却在文明发展的历史长河中，特别是近代工业文明时代来临时逐步迷失在人类对自然的无节制掠夺之中。生态危机的出现，迫使人们不得不在与自然的相处中恢复应有的理性，复兴人与自然和谐相处的观念，并使之驱动新的文明时代的到来。正如在十八大报告当中所叙述的那样："建设生态文明，实质上就是要建设以资源环境承载力为基础、以自然规律为准则、以可持续发展为目标的资源节约、环境友好型社会。"这深刻地阐释了生态文明思想在构建人类社会新兴文明形态中的本质要求，传承了人类社会早期对自然生活环境、自然规律的尊重、顺应、保护的哲学思想，并在较之前一时期物质文明高度发达的当代社会，用社会可持续健康发展目标为指向，赋予环境保护以新的时代内涵。生态文明观念则顺应了这一时代的特定需求，它代表了与时代发展紧密相连的人类思维、社会行为、制度体系的理性回归。而现代人类文明的时代要求则使得所有的发展都体现生态文明的理念与道德准则，并贯穿于经济、社会、人文等各个领域，最终实现反映时代发展规律之必然要求的文明思想与实践的转变。

最后，生态文明的概念不是单一的，而是多元复合的。因此生态文明的内涵也是丰富和多元的。它不仅有物质的内容，也有精神、制度等多个方面的内容。① 文明本身就是一个极为丰富的概念，它不仅显示着物质财富的繁华，也是人类精神的凝聚，更是政治文明的集中展示。没有物质的繁荣就没有精神境界的新高度，没有高度的精神文明升华就不用奢谈政治文明。但没有政治文明的保障，精神文明和物质文明也会毁于一旦。三者相辅相成、缺一不可，生态文明依然离不开政治、精神与物质三大文明基石。由此看来，生态文明的内涵极为丰富，它不是以维护自然生态系统为唯一目的而存在的

---

① 赵建军. 如何实现美丽中国梦——生态文明开启新时代［M］. 北京：知识产权出版社，2014：21.

肤浅的文明，而是建立在人类自身文明进步基础上的自然与社会的双重文明。同时，生态文明着重考量当代人与后代人之间享受资源、环境的代际公平，以对当代和后代生产发展负责的宗旨，根本变革思想观念，转变生产方式、消费和生活模式，引导资源节约和环境友好的社会建设格局，改善环境质量，修复受损生态系统，为人类社会的永续发展而保护、保留、创造坚实的环境空间和物质基础，并以长期的思想、人文、制度变革和进步为此长远目标和宗旨的实现，激励不竭的内部动力。是为"内外兼修"之社会文明形态。

十八大报告中，对于生态文明的目标、宗旨、方法的论述正符合上述生态文明的多元内涵，也体现了时代发展要求下的新型文明形态特征。十八大报告指出："建设生态文明，是关系人民福祉、关乎民族未来的长远大计。面对资源约束趋紧、环境污染严重、生态系统退化的严峻形势，必须树立尊重自然、顺应自然、保护自然的生态文明理念，把生态文明建设放在突出地位，融入经济建设、政治建设、文化建设、社会建设各方面和全过程，努力建设美丽中国，实现中华民族永续发展。"此即论述了生态文明建设的目标——建设美丽中国，增进民生福祉，实现国家和民族之永续发展。如此，美丽中国的内涵与特征精确地映射于生态文明建设之中，美丽中国理想的实现是由生态文明所开启的一个新时代的终极目标。

二、生态文明建设的长期性及其目标与保障

生态文明是一个时代过程，它非一日之功。党中央、国务院 2015 年发布的《关于加快推进生态文明建设的意见》中指出：生态文明建设是中国特色社会主义事业的重要内容，关系人民福祉、民族未来，事关"两个一百年"奋斗目标和中华民族伟大复兴中国梦的实现，是全党全国的一项重大战略任务。党中央、国务院高度重视生态文明建设，先后出台了一系列重大决策部署，推动生态文明建设取得了重大进展和积极成效。但总体上看，我国生态文明建设水平仍滞后于经济社会发展，资源约束趋紧，环境污染严重，生态

系统退化，发展与人口资源环境之间的矛盾日益突出，这已成为经济社会可持续发展的重大瓶颈制约。这是我们党对我国国情所做出的清醒认识和正确判断。要建设生态文明所面临的困难是史无前例的，既有经济发展的因素，也有社会进步的因素，既有政治因素也有法制因素。当前，我国人口多、发展不平衡、技术水平不高的现状一时难以改变，高度发达的工业文明尚未在全国范围内实现，物质基础相对薄弱，却不得不面对生态退化严重，发展观念和方式被迫转型的困境，这是生态文明建设所必须面对的现实。这一难题，绝不可能在短期内解决。从我国仍处于并将长期处于社会主义初级阶段的基本国情出发，我们必须清楚地认识到：发展仍然是第一要务，是解决我国所有问题的关键。如果没有发展作为支撑、充足的物质基础、正确的思想观念引导、完备的制度保障，生态文明建设无以为继，更没有能力应对和迎接生态文明这一崭新时代的到来。因此，生态文明建设是一项持久、系统的工程，必须明确生态文明建设的路径设计框架，从目的层面、途径层面、策略层面进行系统性的考虑。

生态文明建设以美丽中国为根本目标。目标层面的设计是生态文明建设路径选择的根本依据，紧密围绕着建设美丽中国、增进民生福祉和实现国家民族的永续发展为目标，保护资源环境基础、强化生态系统服务功能、协调国土空间开发、维系可持续发展能力，从以上几个方面贯彻生态文明建设的目标和宗旨。党的十八大报告，在建设生态文明的根本目的中，提出"美丽中国"的概念，并强调把生态文明建设放在突出地位，融入经济建设、政治建设、文化建设、社会建设各方面和全过程，努力建设美丽中国，实现中华民族永续发展。体现了生态文明建设的价值取向和发展目标。生态文明建设的目标只能是集中力量解决好中国自身存在的问题。而中国最大的现实问题是"建设什么样的社会主义中国"。党的十八大报告在回答这一问题时为人们勾画了未来美丽的社会主义中国的宏伟蓝图。首先，这里的"美丽"即天蓝、地绿、水净。而只有生态保护好了，环境治理好了才有这种美丽景色的出现。这是给人以外在的感官美。其次，外在的感官美必须有内在的文明积淀。这包括精神文明、物质文明和政治文明建设所取得的各方面成果的积累。没有观念的改变就没有生态意识的整体增强，没有经济成就取得的物质硕果就不可能有生态环境保护的资本，没有制度和民主的保障就有可能会使一切美好成为过眼云烟。由此可见，生态文明的根本目标正是"内外兼修"的美丽中国梦。因而，美丽中国的建设目标要求以生态文明为依托，通过转变发展观念和方式，建设资源节约型、环境友好型社会，以科学系统的制度建设实现经济繁荣、文化先进、社会和谐多位一体发展的社会体系。

生态文明时代以完善的生态文明制度体系为保障。在生态文明实现的途径层面，根据生态文明建设的目标，必须以制度建设将建设路径切实融入政治、经济、文化、社会建设的各个方面。习近平总书记多次强调，只有实行最严格的制度、最严密的法治，才能为生态文明建设提供可靠保障。强调"要深化生态文明体制改革，尽快把生态文明制度的'四梁八柱'建立起来，把生态文明建设纳入制度化、法治化轨道"①。党的十八届三中全会《决定》对生态文明制度体系建设进行了系统阐述，概括来看主要包括以下四个方面的内容：一是完善空间规划体系，二是完善生态环境保护的市场化机制，三是改革生态环境保护管理机制，四是改革自然资源管理体制。2015年中央政治局又审议通过了《关于加快推进生态文明建设的意见》（以下简称《意见》），《意见》第六部分在阐述生态文明制度体系建设问题时指出："加快建立系统完整的生态文明制度体系，引导、规范和约束各类开发、利用、保护自然资源的行为，用制度保护生态环境。"并对如何建设生态文明制度体系问题提出了详细的措施。同年中央全面深化改革领导小组经济体制和生态文明体制改革专项小组发布了生态文明体制改革路线图，并相继出台了《生态文明体制改革总体方案》《环境保护督查方案》《生态环境监测网络建设方案》《生态环境损害赔偿制度改革试点方案》《党政领导干部生态环境损害责

---

① 新华社. 习近平：树立"绿水青山就是金山银山的强烈意识努力走向社会主义生态文明新时代"[EB/OL]. 人民网，2016 - 12 - 02.

任追究办法（试行）》《关于开展领导干部自然资源资产离任审计的试点方案》《编制自然资源资产负债表试点方案》，一个产权清晰、多元参与、激励与约束并重、系统完整的制度体系正逐步形成。根据新时期我国生态环境面临的典型性问题和现已形成的建设思路，保障生态文明的推进机制需要在资源节约与保护、生态保育与修复、环境质量改善与污染防治、国土空间开发与保护四个方面路径上有所突破和建树。

第二章

生态修复：生态文明时代良法之治的新维度

一个时代的到来往往伴随着深刻的社会变革，并预示着一种崭新的文明形态的开始。人类文明的发展大致经历了或正在经历着前文明时代、农业文明时代以及工业文明时代，而生态文明时代则是继上述文明时代之后的第四个文明时代。生态文明时代的到来也可以说是人类文明发展的历史必然，它不仅为社会经济发展提出了新的制度需求，更引发对传统法治理念和体制建设的全面反思与变革诉求。如果说农业文明时代向工业文明时代的变革性过渡是民主法治发展的契机，那么生态文明时代的到来将是民主法治一次更加深刻变革的难得机遇。这次变革必然不同于以往历次法治的进步，它以生态为主旨，以建设美丽中国为根本目标，不但要求法治建设不再自私地、功利地考虑人与人之间的浅生态利益关系，更提出了法治对自然万物的普遍关怀。但这种关怀又不是简单地宣称"动物不是物"，而是系统地从生态系统整体角度去深刻思考人在自然界中的应有地位，进而反思现有法治中由人及物法理所存在的诸多滥竽。这种革新必然从根本上触动传统法学研究的核心范畴与理论基础，既"凶险异常"又充满希望，又箭在弦上不得不发。因为不发则无疑让生态文明的主旨正义无处伸张，最终只能让美丽中国的美好愿景停留片刻而尽弃永恒。

第一节　生态文明建设需要法学理论的生态化革新

生态文明时代的到来不仅带来世界各国在社会经济发展模式上的巨大变革，同时也影响并催促着前工业时代若干法学理论的生态化变革。我们党和政府积极倡导生态文明建设并迎接这一时代的到来，这不仅体现在社会经济改革的各个实践领域，也反映在法律制度建设及其法学理论的深度改革中。显而易见，生态文明建设战略对国家治理体系现代化及其各种制度的现代性改革的影响是深远的。如果我国法治建设依然坚持工业时代的那种意识，继续进行保守型的理论建构，将落后于时代需要和法学理论生态化的现代性趋势。为此，我国法学理论生态化的研究应当早日摆脱西方若干传统法学理论的束缚，树立制度自信和理念自信，创新并把握生态文明法学理论的话语权，及早适应并沿法学理论生态化的现代性趋势进行必要之变革。

一、生态文明时代该吹响法学理论生态化变革的号角

传统的法学理论不再适应现代社会生态系统整体维护的需求，法学研究领域中环境伦理学（生态伦理学）、生态学（环境学）以及生态经济学（环境经济学）等成熟理论与思想观念的引入正悄然促使法学理论的生态化变革。就西方传统法学理论而言，人是法的中心，人与人之间的关系构成了法律关系的核心内容。人与物的关系在法学认识中仅仅是主体与客体的关系。但是这种以人为核心的法律关系理论正在受到生态权利（环境权利）觉醒的广泛质疑。蔡守秋教授认为"主、客体"二分的法学研究范式显然混淆了人与物和主体与客体这两组不同性质的概念，它的哲学基础是唯心主义的，是对立的二元世界观和机械唯物论，而其价值观则是人类中心主义的。① 曹明

---

① 蔡守秋. 基于生态文明的法理学 [M]. 北京：中国法制出版社，2014：13-64.

德教授则认为："法律关系主体的基本属性是享有权利、承担义务的法律资格。由于动物、植物、环境、自然、生态系统等不具有意思表示的行为能力和责任能力，这被认为是取得法律主体资格的障碍。其实，是否具有行为能力并不是成为法律关系主体的必要条件。胎儿、婴幼儿、精神病患者、白痴、老年痴呆症患者没有行为能力或者其行为能力受到限制，但这并不妨碍他们具有权利能力。为什么法律可以赋予他们法律主体资格而不可以赋予动物、植物、环境、自然、生态系统的法律主体资格呢？原因在于人类中心主义的陈旧观念在作祟。"① 人类中心主义思想的根深蒂固似乎是阻碍传统法学维护当代生态系统整体利益的唯一镣铐，是掣肘整个法学生态化转型的根本因素。但这种以现代环境伦理学对传统法学的批判并非绝对到位。因为，这种看似"外向"的思考很容易让人产生传统法学"只是没有进行非人类中心主义的思考"，没有尊重非人类之物的"自然权利"和"内在"价值的粗陋印象。② 然而，并不是说对于传统法学的环境伦理学反思毫无必要，甚至是陋学浅识。反而正是这种来自法学之源的深层次哲学思考，最终叩开了对传统法学越来越僵化、不切实际的反思之门，吹响了法学理论研究的生态化改良甚至是变革号角。

只是，既然要对传统法学进行彻底的生态化改良甚至变革，就不能满足于对自然权利主体抑或是客体地位的辩解。与其陷入自相攻伐的主、客体论争的理论陷阱，不若另辟蹊径。探索法是如何产生的，它的生态化趋势应由哪些具体因素所客观决定，极有可能是说服传统法学彻底革新的另一途径。西方传统意义上的法律从宗教中分离出来是在公元前5世纪左右的希腊。在当时哲学与宗教思想分离的背景下，法律也开始由神授指令转变为人为创造的社会规则。而在此之前，西方的法律与宗教是合一的，甚至可以说法律产生于宗教，产生于"神"的旨意。但宗教同样是人类对自然的神秘崇拜，是

---

① 曹明德. 法律生态化趋势初探 [J]. 现代法学，2002（2）：117.
② 巩固. 环境伦理学的法学批判——对中国环境法学研究路径的思考 [M]. 北京：法律出版社，2015：24.

人所臆想的"神旨"所创造的东西。因此从这种意义上说，法无论是在哲学与宗教思想分离之前还是在此之后，客观上都是建立在人的认知能力和意识立场基础之上的客观人造物。可见，法为人造似乎无所争议，唯一有异仅在于是人直接造之还是人借助神力造之罢了。如此说来，法并非为人的权利而产生，法恰恰在人认识自身权利以及关注全部外部世界之后才随之产生。为权利而斗争实际只是后话。那么今天我们要使法进行革新就不应当将法全然立足于权利—义务的无休止讨论之上。无论权利还是义务都是法出现之后的产物，而并非先在的概念。事实上，马克思主义从历史唯物主义的角度对其描述则更加准确透彻，即法是统治工具，是由经济基础所决定的上层建筑的组成部分。社会经济发展决定了法作为统治工具在上层建筑的中的作用和地位。没有社会经济发展的背景，法治就不可能成为今天这个样子。离开社会经济发展的需要去谈法治如何发展，法学理论如何改良甚至变革都是举步失据的，且是不切实际的。如果硬要将西方所谓的权利意识套用于中国今天的社会经济发展状况，而把经济基础对上层建筑的决定因素完全忽略则只能陷入法治的"罗曼蒂克"之中。正因为如此，法律及其理论的生态化才更应当从社会经济发展状况以及维护政治统治的角度去思考其必要性，而不是对为权利而斗争的盲从。

二、生态文明时代所需的法治理念应当是一种革新的理念

西方历史上法学派别多如牛毛，各种学说争奇斗艳，很难说哪种学说就是永恒的真理。自然法学派广受推崇的年代，并非不见实证主义者的身影，实证主义法学的崛起，又并不意味着自然法学派的彻底消亡，反而是其在与实证主义的斗争中进行了彻底的反思与变革，迎来了现代社会中自然法的复兴。从法的思想发展史来看，权利为核心的法学研究范畴并非牢不可破的真理，只要其不适合中国社会经济发展的实际情况那就是可以被改变的。随之而言，权利项下的主体与客体二元还是一元的争论也就变得并非如此重要了。诚如此，法所反映并赖以存在的因素无非就是社会经济发展与政治统治

的需要。生态文明时代的法也应无出其右。生态文明其要点在于文明，而生态则是这一时期文明的修饰和特征。对于文明来说，法治文明是一种确定且进步的形态，是社会经济发展到一定阶段的必然需求，这个无可非议。然而对于生态修饰下的文明需要怎样的法治文明却并不是法治本身所能够决定的。应当明确的是，生态决定了法治文明的走向，而不是法治文明决定生态概念的存在和意义。不能搞错这种主次关系，否则就会出现严重法治建设逻辑错误。而在生态文明时代，法治文明也需要进行生态的修饰，这点应当也是无可争议的。时代若此，必不能逆流而行。

　　生态系统整体利益的维护则应是生态文明时代法律应当规范的主要内容。生态系统并非只有人与人之间的联系。从生态学发展来看，生态系统各要素之间已经形成一种"生态—社会—经济复合"的多维关系。法律如果只调整社会和经济关系，势必是不完整的。那么现在的关键在于生态关系如何调整。这个问题则应当宏观地来看待。可能个人的力量确实无法彻底改变生态系统。但是谁又限定了法律只能调整个人与自然的关系或者政府与自然的关系呢？如果这样思考则将法律限定在了民事主体权利或者行政主体义务的藩篱下，又会陷入权利主体与客体论争之中。而如果换个角度思考，国家代表人民整体是完全有能力影响、规划和改变生态系统功能的。无论是生态重建、生态恢复还是生态修复都是这种能力的体现。人民改善生活和生产状况获得生存和发展环境是无可非议的，问题只在于如何改善，法律如何将这种改善生态的能力良性化，使之更有利于社会经济发展以及民族复兴，法律的历史使命就达到了。虽然这看起来又会有人将其批评为人类中心主义，但是抛开政治和伦理主张，其实一个人活着就是对环境的污染，从生到死都是污染物的排放过程，既然这种排放是合伦理的，为何要将人类整体的这种集团化的合理的环境利用污名化呢？污染的人就是正义的，而污染的人类却是邪恶的，这种伦理未免过于虚伪。问题的关键显然不在于人类行为的罪恶性，而是人类如何采取行动去对生态赎罪，并弥补已有的过失。可见我们生态文明时代要求下的法治文明，不仅应当考虑个人的行为如何指出不污染环境，不对生态产生不利影响，而更应当考虑生态系统整体如何改良才更适应于一国人民长久之发展，我们的文明应当如何推进才能符合生态这一特征和修饰语词的现实需求。就这个问题来说，传统的以权利为核心的法学理念超脱不出对人的权利无尽满足欲望的束缚，满足不了生态文明时代对法治文明的生态改良之需求。

三、生态化反思触动着人类中心主义的法理基石

生态危机不断迫使传统法学部门进行深刻的生态化反思，这种思潮已经有力地触动着固有的人类中心主义的传统法学理论基石。哪怕是其产生伊始即招致各方的质疑，甚至还有来自环境法共同体内部的诟病。但都不可否认，这种看似普通的叛逆行为，已经深深地搅动了固有法学理论这一汪静水。然而，在各方极力平复的洋面之下似乎依然能够感受到即将泛起的汹涌浪头。曹明德教授指出，环境伦理变革为立法提供了伦理基础，并最终势必会反映在法律制度中（法律反映价值观念），引发法律生态化的趋势，因为，生态化社会需要生态化的法律。① 陈泉生教授则认为，科学发展观作为崭新的发展观，是对传统发展观的反思和超越，它意味着要建立全新的社会生产方式，而这种全新社会生产方式的建立必将开启一种有别于传统工业文明的新文明，即生态工业文明，并形成一整套有别于传统工业文明的政治、法律、经济、文化体制，从而推动法律朝着生态化的趋势发展。② 蔡守秋教授更明确地提出了我国法律体系应当生态化，并将法律体系的生态化直接界定为"用生态文明的理念和生态学的原理方法指导我国法律体系的发展与健全，将生态文明观和生态文明建设贯穿到我国相关法律制定、修改和健全的全过程"③。至今，可以说法律的生态化俨然已经成为法学界的普遍共识。④

---

① 曹明德．法律生态化趋势初探［J］．现代法学，2002（2）：114．
② 陈泉生．论科学发展观与法律的生态化［J］．法学杂志，2005（5）：78．
③ 蔡守秋．论我国法律体系生态化的正当性［J］．法学论坛，2013（2）：5．
④ 王鸣华．法律生态化的新制度经济学界定［J］．理论与现代化，2016（5）：109．

无论法律的生态化以何种理论证明其合理性，都离不开生态文明这一重大历史背景，没有文明的生态化趋势就无从谈起法律的生态化。生态文明这一历史背景带给传统法律思维的最大冲击，莫过于对法律本身所内蓄的人类中心主义的抨击。权利只归属于法律上的人，这是法律在生态文明时代面临的最大尴尬。但尴尬的实质并非人拥有法律权利的先天优势，而在于人无法将这种绝对优势权利对应于维护生态系统平衡的法律义务。在面对生态系统时，根据传统法学理论人只有支配自然和万物的权利，却根本无法找到能够与这种绝对权利相衡平的法律义务。人对环境有合理利用的权利，但对应这种合理权利的理性义务当圈定几许？超过这种合理义务，人又应当为此承担何种第二性义务？正如人利用自然资源以满足生存权与发展权，这是无可非议的，但是人们恰恰忽略了修复生态系统是与其生存权与发展权相对应的普遍义务。污染环境有修复环境的义务。同样地，利用环境及自然资源，甚至使生态系统为其服务都应当对此负有维护的绝对义务。道理很简单，但生态文明法治文明真正来临之前，却很少会有人愿意如此付出。简言之，如果说利用生态系统以生存与发展是天赋权利，无可非议，那么修复生态系统就应当成为普遍义务，也同样应当无可非议。然而，现代西方法理学的普遍共识认为，当今是一个权利的时代，权利本位是主流意识。① 问题恰恰出现在这里。因为，法律权利又被认为是只有社会主体才享有的。在这种权利时代里，法律权利并不赋予生态系统整体。这使得人类在享受社会主体的权利的同时既不考虑针对生态系统整体的普遍义务，更不可能认同生态系统整体的权利。人类中心主义在法律上已经充分表现出极端地不讲道理了。面对铁板一块的传统法理学认知，如果不把生态系统整体权利还给它（这里且不论其是否能够享有这种权利），甚至如果不把人类对生态系统具有的普遍义务纳入生态文明时代的法治建设中去，而紧紧围绕所谓权利时代的权利论调高唱生态文明法治，将是荒唐的。生态文明时代所需求的法律生态化恰恰与法律

---

① 付子堂. 法理学进阶［M］. 北京：法律出版社，2016：34.

本身所固有的、传统的权利思维有着极大冲突。

而冲突的症结在于生态文明法治形式应当是权利本位的还是义务本位的。事实上这种理论上的本位冲突现象在环境法学界屡见不鲜。例如，钱大军在探讨"环境法应当以权利本位还是以义务本位论"问题时，即对环境法学者已经较为普遍认同的义务本位说进行了彻底批判。① 与他所认同的权利本位说截然不同，较多的环境法学者还是毅然决然地意图用一种传统法学不具备的义务本位意识，对传统法学的权利本位进行彻底抗争。然而，这种谁为本位的争论实际上在你设法加入辩论，试图反驳什么的那一刻起，就已经注定你从内心里已经将生态系统整体的普遍利益排除在生态文明法治关怀的范畴之外了。因为无论你站在义务的角度还是权利的角度，你都已经承认传统法学权利与义务的研究范式，也无法挣脱这种范式下所导致的生态文明法治建设对传统法学的种种不适。

我们在讨论生态文明法治建设之始似乎更应该讨论我们所认知的法学那一整套理念源自哪里，是否能够适用到调整生态文明这一崭新的社会关系之中。如果说人们还没有对西方的那一整套民主法治产生彻底怀疑之前，生态文明法治应当皈依于所谓法学神教是可以理解的话，那么当中华文明开始复兴之时，依旧自动维护业已满受争议的西方民主法治思想就渐渐失去了它的合理性，也意味着没有建立中国生态文明法治之必要。我们搬弄了一个多世纪的所谓先进的西方民主法治在彻底染指中华文化之前，我们有自己的制度文明，完全可以跳出权利与义务的藩篱来讨论中国生态文明法治向何处去的问题。但是一旦我们沾染上了那套理论，我们就自动丧失了再次复兴文明的勇气，甚至连质疑所有的东西，彻底进行革新的勇气也会被认为是反动地复古。我们今天要建立生态文明法治，如果仍然还在讨论权利与义务的问题，那就肯定没有革新的必要。无论是权利还是义务，作为法治的运行最终都要

---

① 钱大军. 环境法应当以权利为本位———以义务本位论对权利本位论的批评为讨论对象［J］. 法制与社会发展，2014（5）：151 - 159.

通过人的利益去实现生态的利益和价值。与其如此，我们还有讨论文明的生态形式的必要吗？人还是中心的，因为西方法学从其产生的伊始就注定了它的一生必然为人这一唯一主体的权利在斗争。所以，我们要建立生态文明时代的法治，就必须从根本上触动传统法律思想的命门，进行彻底的以生态意识启蒙为核心的法治革新。

然而，这种种深刻的变革，恰如民主法治从农业文明时代到工业文明时代所经历的历史坎坷一样，也正困于种种迷茫与困惑。许多新生的制度找寻不到变革的方向和思想的土壤，要么执拗于不切实际的幻想，要么迷失于旧时代的理论桎梏。环境法治在生态文明时代要想发挥应有的作用就必须适应新时代的需要，从国情出发探索良法之治之路。生态文明是人类文明的全新形态，生态文明时代需要全新的法治文明与之相适应。

第二节　生态文明时代需要生态良法之治

与其困顿挣扎于上述矛盾重重的权利义务思考，不如放开中华法治复兴的手脚，重新认识生态文明及其法治的本质，解一解中华文明语境下何为生态文明时代的良法之治。

一、对权利与义务等传统法学核心理论的质疑

之所以敢于直接怀疑传统西方法学思想体系中所谓的权利与义务概念在生态文明法治理论中无差别存在的合理性，其首要原因便是生态文明时代的主旨与权利义务法治观念所近乎禁锢的西方传统法学思想格格不入。生态文明时代是新的历史环境下，中国特色社会主义道路的康庄之旅，它是站在中国社会和谐稳定进步、经济飞速发展、民族空前团结背景之上的，是中华民族伟大复兴的时代特征之一。因此，生态文明社会建设的每一项内容都应与中华民族的复兴，尤其是中华文明的伟大复兴紧密联系。而中华文明的第一

特征则是"和"，我们今天中华民族伟大复兴的基础也在于和。例如有学者将中华文明的基石——文化基因概括为五大核心理念："天人合一的宇宙观、仁者爱人的互主体观、阴阳交合的发展观、兼容并包的文化观、义利统一、以和为贵的价值观。"① 无论是处理对外的国际关系以及对内的家国关系上，乃至个人义利关系上，我们民族的文化基因无不透露出"和"的价值理念。这也是中华文明得以保持连续性与完整性的重要原因。再如，传统中华文明的集中代表是儒家伦理思想文化。而儒家思想的宇宙论基础则是"天人合一"，因而其道德目标最后也要落脚到天人关系上。"中庸"作为儒家的道德要求和道德目标，表现在天人关系领域，就是要实现人与自然和谐发展及共同进化。这就是《中庸》中子思所说："唯天下至诚，为能尽其性；能尽其性，则能尽人之性；能尽人之性，则能尽物之性；能尽物之性，则可以赞天地之化育；可以赞天地之化育，则可以与天地参矣。"意思是说，人把握天生的"诚"（天地之本性），就可以"与天地参"，同天地并立为三，实现天、地、人的和谐发展。② 诚如是说，以儒家经义为核心的传统中华文明的具体特征即在于"和"。甚至西方文明在面对纷乱复杂的国际环境与空前的生态危机时，也不得不感慨："如果人类要在21世纪生存下去，必须回首两千五百年，去汲取孔子的智慧。"国际环境伦理学会主席罗尔斯顿指出，人类需要一种新的伦理学，"它不仅关心人的幸福，而且关心其他事物和环境的福利"，东方传统文化思想将有助于建立这种新型的伦理学，因为东方的思想"没有事实和价值之间或者人和自然之间的界限。它懂得如何把生命的科学和生命的神圣统一起来"。③ 可见，植根于中华文明内心本源的价值观是"和"。比起西方文化，中国文化更强调人间和谐。中国文化注重以和为贵，

---

① 王东. 中华文明的五次辉煌与文化基因中的五大核心理念［J］. 河北学刊，2003（5）：134.

② 刘军. 中华文明的连续性特征及生态伦理功用［J］. 河北学刊，2003（5）：140.

③ 刘军. 中华文明的连续性特征及生态伦理功用［J］. 河北学刊，2003（5）：139.

中华文明强调追求多样性的和谐。① 中华文明为何是唯一从未中断过的文明？其根本原因正是在于中华文明在发展过程中显示了巨大的凝聚力，不仅没有中断，也没有分裂，只有新的文明因素不断增加进来。② 由此可见，中华文明的特征正集中体现于对人与事的"和"以及对人与自然关系相处的和谐观念上。

但是权利、义务的西方法治观念却恰恰建立于西方文化的"争"的基础上。在西方的文化里有一种冲突意识，总是想用自己的力量，以自我为中心，克服非我、宰制他者、占有别人。因此，在西方历史上宗教战争非常残酷，在中国则没有出现过这样的宗教战争。甚至我们说，20 世纪两次世界大战，其根源都不在东方文化。③ 这恰是西方以"时空分立与天人相分"为重要特征的世"争"文化使然。在西方文化中，宇宙（universe）指的是空间存在，是空间存在的万事万物，并无时间的含义。古希腊人生活在孤绝无依的海岛上，与空间的自然抗争，追求的都是自我在空间的扩展和自我存在的价值。相对于中国的天人合一的思想，西方文化主张天人相分，二者是对立的关系，人要生存就必须从自然界中获取物质生活资料。④ 西方传统意识形态中的人，在自然中，特别是在生态系统中的任务就是索取。基本上是一种主张人与人竞争，人与自然的相争状态。如此意识如何不造成国家间、民族间关系甚至人与自然关系的根本对立呢？总体来讲，跟中华文化相比，西方文化强调"争"高于"和"。那么在这种思想土壤之下所产生的权利—义务法学研究进路也必然沾染"争"高于"和"的价值理念。例如，在"正义"这个法学研究的基本问题上，西方法学思想家穆勒认为正义是一种动物性的欲望，即根据人的广博的同情力和理智的自我利益观，对自己或值得同情的任何人所遭受的伤害或损害进行反抗或报复。甚至他还认为正义的标准应当

---

① 陈来. 中华文明的价值偏好与特点 [J]. 人民教育，2016（17）：74.
② 单霁翔. 谈谈中华文明的几个特点 [J]. 求是，2009（14）：57.
③ 陈来. 中华文明的价值偏好与特点 [J]. 人民教育，2016（17）：77.
④ 程颜. 探析西方文化的特点 [J]. 黑龙江教育学院学报，2003（5）：86.

建立于功利的基础之上。而功利主义法学思想家边沁则指出，他"从不怀疑经济上的个人主义和私有财产的可欲性"①。可见西方法学的思维习惯在于维护个人主义的功利欲望，将法治的正义甚至看作最原始的动物欲望。由此所产生的财产权利和人身权利维护的正义法的作用则不过是法律对个人主义的人的原始欲望的满足。诚如此，人与人乃至人与自然的关系就不可能真正和谐与稳定，因为人的欲望总是无法得到足够满足，人一辈子都在为这种功利的权利而争斗，并在相互的竞争中生产和发展。那么这个社会也就不可能真正和谐稳定下来。

西方文明的秉性在于"争"，在于对抗精神。西方文明语境下的权利或者说权利本位思想即扎根于其"对抗正义"观念之下。关于这种"对抗正义"观念，有学者总结得较为到位：西方古代自由观有一个"不容忽视的方面，认为正义出自社会个体之间的对抗，而不是中国式的由圣人制礼、设范立制所做的合理安排"，这一思想可追溯到赫拉克利特的斗争哲学，"在赫拉克利特看来，正如善与恶、是与非对立统一那样，没有非正义也就没有正义，而且，'正义就是战争'"②。应该说"对抗正义观"对西方政治和法律实践产生了广泛而深远的影响，譬如，作为西方社会之基石的自由主义和个体主义明确指出"必须给正义、公平和个人权利以优先的地位"，"任何地方的法律都开始于某人正干某件事情，而他人却不喜欢"。正因为如此，在自由主义和个体主义看来，法律及其实践实际构成了促成"对抗"的积极因素，一方面，法律鼓励人们为了维护自己的权利而"斗争"，另一方面，法律又为这种"斗争"创造了形式或程序上的公平环境——自由主义或个人主义的权利话语由此而生。③ 可见，西方权利意识正源于其文明固有的"争"

---

① E. 博登海默. 法理学：法哲学与法律方法 ［M］. 邓正来，译. 北京：中国政法大学出版社，1999：106－107.

② 张文显. "权利本位"之语义和意义分析——兼论社会主义法是新型的权利本位法 ［J］. 中国法学，1990（4）.

③ 吕明. 刚性维权与动态维稳——"权利本位说"在维稳时代所遭遇的挑战 ［J］. 法律科学，2011（4）：4.

的文化积淀，并且这种积淀将个人的、自由的权利本位思想通过西方法学话语权发挥到了极限，深刻影响着世界各地的法治建设。

　　有学者直接指出，西方权利本位民法文化的精髓可以概括为个人主义："在西方社会中，个人主义就是那真正的哲学。个人主义是罗马法和基督教道德的共同特点。"① 而民法则是西方法治文明的启蒙。民法中的权利本位文化恰恰是影响其他法学部门的重要思想源泉。从古代罗马法到近现代的《法国民法典》和《德国民法典》，无不浸透着法治对于个人权利的维系和关怀。但是这种看似正义的权利维护却隐含着各种社会矛盾的根源。一如，私权的扩张会导致私权利的滥用，进而为了一己私利，与其他人的合法权利产生根本的利益争斗；再如，现代社会生态危机的产生恰恰是这种对个人权利相对于自然权利的无顾忌维护，促使了人对生态系统服务功能基于原始欲望的足够贪婪。可以说正是这种与人争、与自然争的"大争"思维，放任了生态危机的恶化。退一步说，行政法或者其他公法国器可以从根本上改变这种以个人权利本位造成的种种矛盾，约束个人主义的原始争利欲望，但是对于生态文明法治而言，权利本位是否就一定合适？虽然，西方文明的争利性是权利本位法治思想产生与发展的文化基石，但从历史发展的角度来看，正是权利本位思想的产生与兴盛促成了现代民主社会的产生，民主法治的观念才深入人心。我国法治思想中的"权利本位说"正是受此影响而产生于改革开放的背景之下。"权利本位说"是在破除"阶级斗争为纲论"和"阶级斗争范式"的基础上形成的，相对于"阶级斗争范式"，"权利本位说"无疑是积极和进步的，因为就"权利本位说"的形成时机而言，其实际为中国的法学研究"提供了审视、批判和重构的工具，思想解放的武器"，就此而言，"权利本位说"对改革开放后的中国法学和法律实践而言无异于一次再启蒙。②权利本位法治时代的到来确是历史选择的结果。然而，权利本位放在环境法

---

① 李建华. 权利本位文化反思与我国民法典编纂 [J]. 法学家，2016（1）：60.
② 吕明. 刚性维权与动态维稳——"权利本位说"在维稳时代所遭遇的挑战 [J]. 法律科学，2011（4）：4.

治，特别是放在以环境法治为核心的生态文明法治体系视角下，在当代环境伦理日益革新的时代里却并非就一定是合理的。因为一旦将环境保护拖入一个为人的权利而斗争的范畴内，就有可能从根本上危及环境无价的伦理价值，法所依凭产生的道德伦理基础就会受到正当性的质疑。将环境的保护当作功利的行为，最终把环境利益与经济利益直接挂钩，反而并不利于环境、自然资源甚至生态系统的公益性价值的体现。人为环境权利争斗的最终结果无非都通过经济利益的赔偿或者补偿来实现，但并没有将这种权利的关怀恩及环境、自然资源又或是生态系统本身。西方法治思想中所倡导的这种个人主义权利本位的思想，最终将人与自然之间的争利用人与人之间的争利关系彻底偷换，导致法律在直接地承认人与自然之间的利益纠葛中，人永远是无须直接对自然进行赔偿或者补偿的。因为，这种补偿或者赔偿已经被受到损害的另一人以合法的形式争利得逞了。如果延续这种西方为权利斗争的法治思想，生态文明所倡导的人与自然和谐理念就根本无法真正实现。

二、生态文明时代的法学理论应向何处去

生态文明法治的存在土壤是中华文化，生态文明社会建设的目标是实现中华文明的伟大复兴。在这样一种历史的时刻，生态文明法治或者说生态文明法学如不沿着中华历史的脚步走下去，就会出现偏差，甚至给生态文明社会建设造成阻碍。

那么，中华之生态文明法治应向何处去呢？许章润先生曾指出："法学原本就是历史法学。法律和法学的'历史性成长'的发生论本身，就决定了一切法学的知识形态也必然是一种历史主义的理论形态，有些时候，其理论形态是或者曾经是一种历史主义的意识形态。……而'观俗立法'是一切规则之源与缘，是立法的基本原理，也是法制在表现为实在法的成长过程中进行自我约束的德行，进而是一切法律知识及其理论形态的成长机制。对于古典中国而言，以'礼俗'或者'礼法'一言以蔽之的精致而笼统的规范体系，它们无一不是自生秩序，决定了法制和法意同样是一种自生秩序。进

而，此种法律的发生史决定了历史意识、尊重历史的自觉以及对于规制的历史成长进程的关注，是一切成熟的法律文明的共同特征。因而特定法律文明的成长必定寄寓于并且载述着特定国族的自我理解，一种对于自身文化品格的时时刻刻的萦念、自觉和反思。"① 因此，如果说生态文明法治是中华文明土壤上生根发芽的新枝，那么，它更应当从民族历史中去找寻自生秩序。生态文明法治不应当仰人鼻息于西法之说，而应有自身之时刻萦念、自觉和反思，并载述中华民族的自我理解。

对于中华文明而言，良法之治无疑是中华民族自我理解之生态文明法治的最佳状态。我国传统法家思想中明确了良法的两个最重要标准："当时而立法"②，即法应顺应时代变化，以及"毋强不能"③，即法要考虑实际情况以及当时的民力。所谓"当时而立法"即对生态文明时代法治建设路径的最确切指向。生态文明法治不应再拘泥于以前立法中所几近禁锢的权利义务思维，而应当根据生态文明社会建设的实际需要进行法治的革新与创制。这是需要今人有足够勇气的。第一是要有勇气敢于对不再适应中华复兴之思维做断然决绝。现代环境伦理学、生态学等环境诸家学派的兴盛贤集，揭示了现代人类社会文明的显著特征不再是对人的自恋，而是对包括社会经济生态系统在内的生态系统整体的全面关怀。将权利圈于人类这一独一群体本身就是对这种整体型关怀的无视。无论在何种社会意识形态下都已经备受质疑，需要调试。对文明的生态化而言，生态化法治不仅是一种手段，更是一种社会生活方式彻底转变的宣言。第二是要有勇气进行生态化法治的创制。我们回顾历史也好，西学东渐也罢，其目的不是在于将自身的文明渐化为古人或西人之傀儡，而是能够站在他人之肩快速成长。那么，在前人文明基础上的文明创制就不应当是傀儡似的思维固化与僵硬照搬。生态文明法治的创新关键在于对传统法治文明观的改良型创制，将对人的权利关怀惠益于生态系统整

---

① 许章润. 汉语法学论纲 [M]. 桂林：广西师范大学出版社，2014：242–243.
② 山东大学"商君书选注"小组. 商君书·更法 [J]. 文史哲，1974（4）：48.
③ 谢浩范，朱迎平. 管子全译 [M]. 贵阳：贵州人民出版社，1996：487.

体。就是说，其他传统法学领域可以延续其已有的权利恩惠限定于人的思维，但保障生态文明的法学理论则必应是新生的。它可以将生态系统无价且并不可用人利益揣度的意识形态充分、明确表达出来，而不是将法律关系仅限定于人与人的利益博弈循环游戏之中。

对于良法的第二标准"毋强不能"，法的创制应当充分反映当时的民力与民众足够的心智。法不能够将本不属于民族秉性的东西硬移植而来妄图改变民族习俗，甚至民族秉性本身。"普遍、广泛和大规模的'有法不依'"① 已经足够警醒我们，如此硬作为，只能对民族复兴有害。社会文明进化需要到哪一步，法即应忠实反映出来，而不是简单粗暴地牵着民族习惯而走，这样做不仅不能使民尽信法而普遍守法，恰恰会落入徒法不行的窘境。譬如，我国社会中环境保护法律法规充斥着大量的"僵尸"型规范制度，只有形制却缺乏精神，像极了泥菩萨的摆设，尸位素餐却枉为正事，正如是说。又恰如江照信先生所指，我国修订法律，当时所注意的，只是列国的成规，以为只要将他国法律，移入中国，中国立刻便可立即富强。民国以来，"变法即可图强"的迷梦虽已打破，但一切学术，均以仿效他人为时髦。对于中国固有文化，则力倡怀疑精神，欲一一借口重新评定价值而咸加抹杀，法律也不能例外，亦以顺应世界潮流，依据他国立法为唯一原则……中国现行的法律，学者于解释引证之时，不曰此仿德国某法第若干条，即曰仿瑞士某法第若干条。举凡日本、暹罗、土耳其等国法律几乎无一不为我国法律所采用。在别的国家，人民只服从本国一国的法律；而在我国现在因法律乃凑合各国法律而成，人民几有须同时遵守德、瑞、暹、土等许多国家法律。以至于中国出现了"'看不见中国'的中国法律"难题。② 虽然江先生所研究的是民国法律，但从中国现有法度来看并非全无道理。许章润先生就此也曾说明，晚近三十年里"大规模的"，"甚至有时不免是粗暴的立法行动"，导致了

---

① 许章润. 汉语法学论纲［M］. 桂林：广西师范大学出版社，2014：265.
② 江照信. 中国法律"看不见中国"与三十年代变法——以全国司法会议为例［A］//社会转型与法律变革国际学术研讨会文集［C］. 2008：581.

"规范和事实之间依然漏系多多"。① 可见，一味地移植他国法度，而不顾文明本身固有的民族秉性；一味追求普世价值风尚，而不顾其是否具备适应生态文明法治之实效，对于中国生态文明法治建设乃至对于整个中华法治文化复兴来说未免过于强人之不能了。

毋庸置疑，以中华民族伟大复兴为目标的生态文明社会建设，截然不同于工业文明与农业文明时代的社会建设。生态是现时手段，文明是亘古不变之根本，中华民族复兴是实现文明之目标。三者关系已经完全与工业文明所倡导的以无节制的工业为手段促成民族复兴的模式不可同日而语。如果说工业文明时代，我们所倡导的是如何运用西方强国猛药换得民族的迅速独立与国家的富强的话。那么在西方强国猛药慢慢显示出其对于日趋稳定而渐进复兴的中华文明的副作用时，就必须停止用药了，否则便会犹如吸食鸦片。现时而言，文明的工业化实现路径是正确的，但是当逐步实现工业化的同时，如果不关注我们已有的生态系统病态颓势，即有鸦片上瘾之危。针对法治而言，传统西式法治思维即工业化文明时代的精神食疗，如果宛如鸦片则急应戒之。现在看来，西法之说并不讲求"和""合"之念，并不关怀人之外物的真实需求。其法给予人之外物，譬如赋予动物之权是种不得已而为之事，是人让渡部分权益恩施舍于外物之行为。实际点而言，则是人即万物上帝之思维使然。而中国传统良法文化中则并非将对万物之关怀视为恩施，恰恰视之为天道。这点在下文会专章阐述，就不再赘言。

总结来说，西方传统的法学理论在对待人与自然之关系中已然表现出其窘迫，即使是针对社会的根本转型来说，它也逐步显示出其与生态文明社会的不适。生态文明法治则应以中华良法之标准为之、用之、任之。是然，中华之法文化复兴，一则将传统人与自然和谐理念适应于生态文明时代特征，做到时而立法；二来则将中华文明复兴匹配于本民族对自然与世界如何发展之诠释，顺天应民，恰如所言，法如民之愿，应之所能。用民族自身的固有

---

① 许章润. 汉语法学论纲 [M]. 桂林：广西师范大学出版社，2014：268.

精神灌注于民之法度，定能契合生态文明法治建设之要求。是故说，生态文明法治承载中华法治文化的复兴，应以生态良法使之然。

第三节　生态文明良法之治的生态修复之维

上文如是之说，生态文明法治应有其良治之路。事实上，自清末以来，良法之治无一时不为仁人志士所求索。然路漫漫，多有坎坷。自中华人民共和国成立以降，又多陷入苏、西法借鉴之争，本来固有的那一点点自我的民族法治精神都被消磨殆尽。诚然，这种苏联经验也好，欧美等西法之借鉴也好，也都历经数十年打磨，许多观念亦可与我族意识深刻契合。但正如我族类心底里所不可磨灭的家国情怀，天下一统、天人合一之念类似，"亲亲得相首匿"的法治包容，和谐情怀依然绝不更变。恰如一人犯错，作为一个正常的家庭，父母绝不会轻易忍心把自己的孩子往绝路上递送，反之亦如此。禽兽不至斯，何况人乎？然而这种家国一体之胸怀西法绝不可泯，在西方个人自由主义与权利维护不可一世的意识形态下甚或尚可理解。西式的人性之念并非如先贤所臆想的那样可以用来彻底改变我之民族秉性。良法过去就被认为是西式的法治光芒。后来，良法又被解为法治的移植，且将西法的神髓浸入中华民族之骨髓。而这一切可曾想过一丝的中华法治精神？全然都认为那是无用的历史。恰是此时，生态危机、环境问题全球性爆发，国人皆遭当头棒喝，那西方法治的神威为何也在生态环境的困苦中呻吟？我们的制度多如繁星，西方的法治思维也多为国人熟悉，奈何权利正义之伸张带来了环境问题的彻底解决吗？无非这种伸张满足了人的另一类欲望而已。于是乎，在环境诉讼风起云涌之后，人们似乎早已忘却我们法治之名是"环境"或"生态"之法，而非"民""刑"之法。我们所要解决或者说面对的是环境或者生态的痛苦诉求。当西式的正义之剑挥舞之时，我们陶醉在个人权利的满足与解放之中，于是环境权等假定权利令人心血沸腾。然而在一切热闹归于平静之后，似乎生态仍是那片退化的生态，环境依然是那样"霾锁迷城"！何也？我们学习，甚至照搬移植了西方的制度啊！满腹的疑虑不仅常人有之，且更捶打着我等环境法研究者的心。每每思之无不辗转反侧，唯欲上下求索而后快。

一、路漫漫兮：生态文明良法之治存在的现实困境

诚所谓路漫漫，主要是由于在找寻何为生态文明良法之治时会面临异常的困难，而要是真正实施起来也必经历多重坎坷。生态文明良法之治的现实困境是显而易见的：一是我们的思维并不能轻易跳出西式传统法学所固有的人类中心意识，更不可理解人与自然和谐平等中式思辨之精妙；二是我们的现实制度遵循的是人类权利本位的规范模式，很难跳出人类私益的范畴；三是我们的研究只就法学而法学，并未深究生态文明所需法治与传统法学之根本差异性。

（一）思维定式的阻隔

生态文明时代的到来可以说是中华民族复兴道路上又一次历史关键节点，更是一次中华民族精神复兴的难得机遇。面对日益严峻的环境问题，西方传统的那种仅仅靠技术手段治理环境污染的理论与制度已经日显力不从心。然而，我国环境法律制度的设计中，依然有太多的技术主义的态度。他们只过问人的权利如何通过技术手段得以实现，只考虑经济利益的暂时满足。而对于因人的行为所导致的生态系统整体平衡的损害则均被解读为人的利益的失衡，应当用人的利益平衡来进行弥补。又或者只顾及浅生态意义的治理而对生态系统失衡背后隐含的深层次社会公平发展问题在所不问。因此，制度的设计过度功利，人们普遍相信，只要人的权利可以得到有效维护，生态系统整体的利益也会得到应有的弥补；只有对以人为核心的权利—义务法治范式的忠实贯彻，才能够使得生态系统平衡获得有效的法治保障。法律关系只能是以人为核心的权利义务关系，法律不可能直接调整人与自然

的关系。法律只需要从技术层面上解决要素污染的防治即可，而对导致生态失衡的严重不均衡的社会经济发展状态视而不见。实际上，上述三种思维的定式恰恰隐含着西方精神殖民的巨大功效，主要表现在三个方面：

第一，利用百年羸弱的现实，人们在奋发图强找寻民族独立最便捷之路的同时却痛下杀手，摒弃我族千百年传承之文化精髓，自毁长城，以至于再无《离骚》之音。对西方各种思想，尤其是法学思想采取了全盘接受的态度。亦如邓正来先生所评判的："西方法律理想图景"在中国法域中的确立，从根本上抽离了西方法制发展道路本身所具有的繁复性乃至更为关键的特定时空性。中国论者视那些理想图景或原则为显白且当然的原则，不需要思考，不需要批判，更不需要追究他们当中所隐含的现代性问题。因此，对于他们来说，接受西方理想图景或原则并且彻底批判或否弃中国各种"传统"法律资源乃是唯一的立场或态度。毋庸置疑，中国论者经由此而对西方法律/法制发展道路的选择，其依据并不是来自对中国本土之经验的认识和思考，也绝对不是来自对中国本土法律制度和法律思想之于中国人生活的价值意义的"同情理解"，而是源出于对中国本土之传统法制的否定，以及对西方实现现代法制国的道路所具有的普遍有效性的认定。① 对西方所宣扬的所谓宪政与人权普世价值的认同，我国较多的环境法律制度并不是本土法律制度延续、改良和发展的结果，而是普遍采用了一种较为实用主义的移植。这种移植的理想图景正是希望通过西方普遍使用的权利—义务关系去理解人与自然的关系，将法治的真谛定格在人这一物种身上。以人代表自然去享有权利且履行义务。这事实上即是将中国传统思想中人与自然的和谐平等关系进行彻底的转变，以人代替"天"的概念，用人的思维揣度"天"的意愿。中国人生活的价值意义完全被颠覆。这种功效不仅仅是使人惊呼自身如此伟大，谁都可以代天罚罪，更使得人渐渐失去了对规律尤其是生态规律的普遍

---

① 邓正来. 中国法学向何处去——建构"中国法律理想图景"时代的论纲［M］. 北京：商务印书馆，2011：117－118.

敬畏。然而这只不过是人一厢情愿的极端错觉。直到近来，中国也不可避免地出现一系列公害事件后，人们才开始反省我们丢弃的传统生态伦理观念原来如此有价值。原来中国礼法观念中所固有的"天人合一""以德配天"等理念是有道理的。我们所否定的恰恰是生态文明所应有的本土内生性的法治思想根基。生态文明法律关系的核心内容不仅仅是人的权利满足与义务履行的问题，而更重要的是人如何实现与自然的和谐关系问题。就像每个王朝在其发展的初期以及它的鼎盛期都会大量颁布休养生息的律令一样，我国传统法律制度一直以来都贯彻着人对自然的敬畏以及社会和谐的观念。生态文明法律关系必不能只有人与人之间的权利义务关系，而应当增加人与自然的和谐关系的内容。应当从人与自然和谐的角度认识人该对生态系统功能的退化以及生态失衡状态做何种弥补。

第二，表现为人们对西方所谓的"普世性"民主法治的过分信赖。西方现代知识，不仅在中国现代化建设运动中具有着某种支配性的力量，而且在特定的情势中还具有了一种赋予它所解释、认识甚或描述的对象以某种"正当性"的力量，而不论这种力量是扭曲性质的，还是固化性质的。① 亦如亨廷顿所说，对于西方所谓的自由、平等和民主的愿望，然而其概念本身是出于西方的目标，确实正如发展概念本身之出于西方。全世界政治上与学术上的精英分子对这些目标所表现出的拥护，可能只是对知识上居支配地位的西方思想表示敬意，是非西方的精英分子接受洛克、斯密、卢梭等人以及他们在20世纪的追随者进行思想灌输的结果。即使这些思想在土生土长的文化中可能得不到什么支持。② 那些移植而来的法制在中国本土上的诸多不适也毋庸多言。就像本节开头所言，"亲亲相隐"情怀迫使移植后的西法继续中国化一样，西方所谓的"普世价值法学"在中国落地开花依然是水土不服

---

① 邓正来. 中国法学向何处去——建构"中国法律理想图景"时代的论纲［M］. 北京：商务印书馆，2011：100.
② 塞缪尔·亨廷顿. 现代化：理论与历史经验的再探讨［M］. 张景明，译. 上海：上海译文出版社，1993：54.

的。环境法制亦是如此，例如，环境影响评价制度在中国的文化背景之下变得也曾如同鸡肋。多数时候在面对经济发展还是环保问题上变成了左右逢源的法制艺术品，可以远观而不可亵玩，束之高阁看似威武却难以抵挡一个个违规项目的落地生根。究其根本原因正是因为国人对西方思想的敬意早已掩盖了其在中国移植与实施的正当性。

第三，表现为人们对西方法治话语权的膜拜与主动贯彻。西方法治话语权的影响最主要体现在将权利与义务作为法律关系，甚至是法学研究的核心范畴。这种意识形态层面的所谓"普世价值话语权"，几乎影响了我国法治发展的方方面面。所谓话语权，它是"话语"与"权"的叠加。话语是"借助于语言、含义、符号等形式在言说者和受话人之间进行意义交流"。"权"则包含"权利"与"权力"。从本质上看，意识形态话语权是一个意识形态话语资源的享有和分配问题。后现代思想家福柯论述了意识形态"话语权力"概念，认为"话语"不仅是贯彻权力意志的工具，而且还是争夺权力、巩固权力的关键。① 话语权在很大程度上决定了一国法治的根本走向，体现的是国家根本制度的意识形态。一旦权利、义务内容成为法治话语权的核心内容，法律条款的生成即无不遵从这种权利—义务的规定范式。而这种范式的基础则是主体的特定性——法律意义上的人。也就是说在西方法治话语体系中，权利与义务基于人的主体性而产生和存在，离开人就无所谓权利与义务。诚然，这是现代社会民主法治的进步的基本表现，也应是除环境法之外的其他部门法学共通的话语。对此，并无异议。但是这种法治话语权放在生态文明语境下是否具有当然的正当性？人的利益的实现对生态系统整体利益的实现是一个范畴吗？以人为核心的法治话语权对生态系统整体而言又是不是善意的呢？值得深思。法治话语权垄断于权利与义务之内并不是生态文明法治的良性状态。现代环境伦理学的发展已经在矫正这种极端的人类中

---

① 聂筱谕. 西方的控制操纵与中国的突围破局 [J]. 世界经济与政治论坛，2014（3）：70 - 71.

心主义态度，并一再证实人的利益并不能完全代表着生态系统的整体利益。生态系统整体利益从根本上说并非由人的权利的维系或义务的履行来实现。实际上现今人们所普遍热议的环境权无非还是人之权利，还是摆脱不了人之束缚，于自然何益？难道所有的问题都是人的问题？那为何还有原生环境问题？如果你说由于权利—义务主体为人的思维定式所禁锢迫使环境法放弃应有的变革念头，转而承认只能够解决次生环境问题，那就又谦虚性地犯了另一个致命的错误。

现代生态学研究的成果已经证明人类社会在面对环境问题时不可能独善其身。生态系统是一个完整的动态系统，它内部各个要素之间不可能孤立对待。人的问题在于永恒需要生存与发展，其过程必然干扰到人类社会经济生态系统之外的自然生态系统。如果仅仅强制于解决社会经济生态系统之问题，而不将自然生态系统纳入法治的范畴，进行有益于社会发展的有序改造的话，最终人的活动还是会激化自然生态系统与社会经济生态系统之间的内生矛盾，而不是实现生态系统整体所希望的和谐稳定。当然，除了环境法可担此重任之外，并不是所有的法律都能有机会专注于这方面内容的规制的。这一点大可不必过于谦虚。其实，试想下，连敢于自称"环境保护"的法律都不敢宣称是对生态系统整体规制的话，你能奢求其他政策或法律可以解决社会经济生态系统之外的自然生态系统的维护问题吗？

此外，将西方牢牢掌握的人权、宪政、民主与自由等话语权看作中国法治发展的前提条件，这实际上是一种颠倒因果的行为。因为，类似西方法治话语权的形成，是基于西方社会长期斗争的结果，具有显著历史的、民族的个性。而这些法治话语权的大多数内容并非中国社会所内生的。并且这些话语权下的法治观念明确反映了西方民族及其法治意识形态上对人与自然关系认识偏向性，即人是万物的主宰，而非人与自然关系的和谐。故而，可以说，西方看似普世性的法治话语权根本无意解决人与自然关系的和谐问题，相反可能将进一步激化已有的人与自然的矛盾。如果把这种话语体系下的结论性的内容作为生态文明良法之治的前提，并不符合法治发展的历史规律以及中国社会的实际。

综上而言，正是对于西方法治思想的过分依赖，才使得我国生态文明法治建设面临巨大的思维定式阻力。这种阻力不仅仅表现在对于法律关系内容的固定理解，也表现在对于主体的固执己见。进而，以人的权利为本位的法治思维将对生态系统整体利益的实现带来损害。一方面，这种思维定式造就了人们对于私益实现的满足感，培养的是功利主义的民众而非心向公益之公民。人们借助法律获得的仅仅是人的利益，并不关心法律在满足自身利益的同时能够为社会创造何种适宜的环境。譬如当今的所谓环境侵权诉讼，人人只求自身利益，只要求那用金钱衡量的生态效益，换句话说只关注判赔了多少金额的费用，而并不关心如何修复受损的生态系统。虽然公益诉讼可以有所弥补，甚至可以通过判决赔偿生态环境修复费用，但还只是在告诉人们，生态系统是有价的，是可以损害之后赔偿的。这样做无非是鼓励人们可以继续肆无忌惮地开发和利用，这和贩卖土地不断利用市场抬高地价的同时还要控制房屋开发商涨价一样矛盾。既要商业化土地的价值又要向人们宣扬土地资源是无价的岂不是自欺？另一方面，思维定式某些程度上业已无法彻底扭转。况且，不得不承认，权利—义务范式的法律核心研究范畴已经深入人心，且具有其合理性的存在意义。然而，生态文明法治需要的是全新的良法之治形态，这是对西方法治话语权垄断现状的一次有益的创新与改良机遇。如果轻易放弃，则永远都会被这种话语权牵着鼻子走，更不能实现中华法治文明的彻底复兴。要避免传统西方法学思维定式的不利影响，就要有所扬弃。只不过这次的扬弃完全与中国积贫积弱时代的法治思想对自身文明的全面抛弃恰恰相反。我们需要的是中国传统生态伦理思维的有益回归，在礼法的和谐价值观中探索本配适于自身文明的法治思想。在人的权利之外，我们更应当考虑人可以为生态系统的普遍退化做些什么，而这些不是自然的权利使然也不是人的权利使然。

（二）权利：除了为人的利益互相争斗不能为生态系统付出更多

为权利而斗争是现代法治文明的象征。然而这种为人的权利斗争的结果真的能够必然带来生态系统整体利益的普遍维护吗？换句话说，人与自然的和谐必须通过人与人之间权利斗争来实现吗？诚然，人在当今这场人类从未面对过的全球环境问题总爆发情形下所起到的关键作用是毋庸置疑的。很大程度上甚至这场遍布全球每个角落的环境问题是由人为因素直接导致的。因此人的行为必须受到节制。但是遗憾的是人们并不承认人的行为节制背后权利欲望节制的问题。甚至国内外有不少人因为环境问题的存在而给人们创设了一种崭新的权利——环境权。还有的观点更加激进，一时间"环境权入宪""环境权写入民法"等呼声层出不穷。必须说明，这种呼声正反映出时代的呼声，是一种理性的声音，其出发点无不从环境保护的视角看待当今困扰大众的环境问题，有其合理性的一面。但从另一种角度来说，人对权利的欲望并未因为人对自然过度的权利索取而就此反省。换句话说，权利本身就是人的，即使是加上了环境保护的外衣也依然并未改变其对于自然的漠视。

权利话语并不是人与自然对话的最好途径，而仅仅是一种环境保护意识的启蒙。环境权利的争取是人与环境污染者和生态破坏者斗争中最强的意识觉醒，可以说权利斗争的过程正是人与人自身欲望的一种种群内的博弈，是人自身性恶与性善的博弈游戏，但它无关乎环境或生态系统本身的恶与善的问题。人与人权利斗争的结果无非是让步于利益，无非是达成另一份如何继续向自然索取的权利契约。这种无尽循环的游戏本身是建立在人必须生存与发展这个前提之下的。这也是人类最基本的正当伦理所在。人要生存与发展就不可避免触动自然的原始状态，这个也无可非议，关键是这种原始状态并非可逆的。然而，人争取权利的基点恰恰就局限于对原始状态的一种奢求。例如，人对蓝天碧水的渴求，对环境美好的大自然的向往。可是这种人类所希望获取的原始向往都只是一种已经被充分干扰和改造后的所谓的原始自然的幻象而已。人改造过的自然不可能再回复至先前，这是科学的结论。既然人根本无法回溯生态系统的原状，何谈权利的对等？那么既然都是建立在改造后的自然前提之下，人斗争所要争取的环境权利与人不斗争所要面对的环境权利有本质的区别吗？无非就是感官的不同罢了。

但又会有人质疑，那人的生命权与健康权，甚至更深远的发展权利的丧失难道也是感官的不同吗？事实上，这恰恰反映出人争取所谓的环境权利的本质，即人要争取的环境权利的内容并不只是人感官上的环境权益。我们所要争取的更多意义上只是人所必须具备的生存权与发展权。人一旦获得这些以财产权与人身权为代表的权利之后并不再将生态系统整体的利益挂在嘴边。剩下实际的受害者——生态系统如何来实现其利益突然变得无足轻重。可见我们所争取的权利其本质是人的权利。那就请不要假借环境的名义，直接使用应有的生命权、健康权、发展权等人类已有的权利即可。至于所谓的后代人的权利、享受美好环境的权利等都只是依附于人的基本权利之上的衍生。正如，当今社会在面对环境问题，需要人们出于公心将对生态损害的补偿和修复切实落实下来的时候，人们又会拿出各种权利予以对抗，而毫不避讳地喊出："这是我的权利，那不是我的义务！"可见，我们所要斗争的所有类别的权利都只是人类自身欲望的满足，而并不是人所宣称那样"为保护环境"。如此，法律所保护的并不是环境，而是人类权利。如果说，人可以通过人与人之间权利义务关系的调整，达到良法治理下理想的社会状态的话，那么权利义务语境下的传统法学理论就不能实现生态文明社会的良治状态。

现在，我们必须面对一个非常尴尬且有趣的事实：为人的权利而斗争是所谓的良法之治的前提也是过程，但是它所导致的功利主义的结果却无法实现生态系统整体利益的维护。生态文明若采用这种话语下的法治，不但实现不了生态的时代需求，甚至连文明的主旨目标都要受到干扰。究其根本原因还是本部分开头所说的，在面临环境保护法治问题的时候，人们往往仅仅关注于对权利的维护，而对于权利本身欲望的节制却并未引起社会的广泛关注。环境问题/生态危机的出现究竟是因为人的权利没有维护到位，还是因为人对权利的过度痴迷以至于没有节制所最终导致人对其他存在物的普遍失敬呢？在权利本位、权利欲望盛行的年代，猛然反省类似的问题过于困难，但又不由得对权利本位提出疑问。

　　质言之，生态文明良法之治的本质既然在于法的"应时"与"应势"而立，说明要实现生态文明时代中国社会的良法治理必须满足两种需求：第一，我们的法必须适应中国现阶段社会经济发展的国情并回归内生的法治土壤，体现中国特色社会主义社会的本质；第二，生态文明时代的法治必须反映这一时代的显著特征，以"生态—经济—社会"三位一体的生态系统整体利益诉求作为立法的逻辑起点，而不是从单一环境要素的角度去治理或者从人类自身的角度去一味奢求权利而不提责任和义务。第一点需求说明，生态文明良法之治的根基在于体现中国特色社会主义建设的本质，突出美丽中国理念在中国的社会主义建设中的地位和作用。将西方传统的法治理念与中国实际相结合，同时注重挖掘自身的文明特色，构建符合中国特色的生态化法治理念。而第二点，则是要求立法更应当从整体角度去考虑生态系统的维护问题，不仅要解决自然生态系统中环境要素污染、动植物多样性保护等问题，更要把社会正义的维护与生态系统整体利益的维护统一在一起，把它作为生态文明法治建设的重要组成部分。而且这种维护不仅仅是个人利益的弥补，也应当是区域经济发展利益的再平衡，甚至重点应当放在解决社会经济发展极端不平衡的问题上。这才是适应中国的国情实际，满足立法"应势"的要求。可见权利的维护仅仅是其中的一个侧面，更多情况下是国家如何尽到环境保护义务的问题。这就是说，我们要维护权利，但是个人权利的维护与生态系统整体利益的维护来说，只是一个极其特殊的内容。我们应当看到，现在中国环境问题的解决上，并不是个人的权利维护得太少了，而是国家的环境保护义务没有更好地尽到；不是说我们个人的经济利益得到弥补了，就能够使生态系统整体功能退化的情形得到根本扭转。国家如果不把因为环境利用与自然资源近乎无偿地使用而获得的利益，无条件地用于生态系统整体功能退化的干预，而仅靠个人或者法人组织治理环境要素的污染，对于我国生态文明建设不但杯水车薪而且"捡了芝麻丢了西瓜"。而体现国家对环境资源所有的权利，以及对环境无条件保护的义务恰恰是社会主义国家的本质之一，甚至国家将治理生态系统的红利公平分配给人民群众更是社会主义国家的使命之一。如此可见，生态文明良法之治的两个标志性需求之间是相互联系不可分割的，并且要建设生态文明的良法之治社会就应当首先使其体现出我们国家政治制度的本质和使命。但是话又说回来，上述问题是一个宏观的、理论上的路径问题，而实际问题是面对上述困境我们究竟应当如何应对？那就不得不路漫漫兮，上下而求索。

二、上下求索：生态修复法治与生态文明良法之治

生态文明建设面临的问题是多方面的，既有生态系统自身的限制，也有人为因素的限制；既有经济发展的限制，也有人的思维、生活习惯等各方面因素的限制。但关键是我们不仅要对未来的文明该如何发展提供正当的路径，更要对现今业已出现的生态危机如何整治提出一个务实的解决方式。生态文明良法之治的使命也大抵如此。生态文明良法必须是能够用来直接解决现实问题的，对于今后该如何预防则是另外一个问题。社会经济的发展以及科技的进步在使得人类社会巨大变化的同时造成的是千疮百孔的环境问题，这些问题集中爆发并产生了足以干扰文明可持续发展的生态危机。面对诸如冰川消融、水源枯竭、土壤沙化、动物多样性骤减、工业和生活污染严重等生态危机，我们首要的义务是想一想我们该采取什么样的措施去解决现有已经出现的破坏问题，其次考量的才是人类的权利与义务等问题。现代生态科学的发展已经给我们提供了一个契机——生态修复。这里先放下对这个概念和内涵的界定问题（后面会重点讨论）。我们在权利与义务之外，可以将生态修复法治作为应然的法治优先考虑项进行深入的研究。优先确立下我们共同该为这个生态文明时代做点什么，然后再去考虑谁来做、怎么做的问题。

（一）生态修复法治理论的产生与发展具有显著的时代特征

生态修复实践及其法治理论有一个重要的特征就是应时而生。首先，从技术应用的角度来说，生态修复技术的广泛应用，在实践中已经具备大规模开展生态修复工程的可行性。一方面，生态修复是生态学发展的重要方向，

它产生于人类对生态系统整体治理的实践探索之中。最早关于生态修复实践的探索可以追溯到我国先秦时期的封山育林的一些举措，其理论精髓可以说是我国休养生息思想的现代化再现。而近现代意义上的生态修复理论则是在100多年以前，20世纪初期恢复生态学的发展而逐步走向成熟的。在生态修复理论逐渐发展成熟的100多年里，恰恰是人类从改造和征服自然到逐渐关怀和珍惜自然的生态文明思想产生与发展的过程。在这一时期，不仅是人类深度思考人与自然关系的环境伦理学逐步成熟的岁月，也是与环境保护相关的各类启蒙思想的产生与发展的过程。特别是时间进入20世纪末，生态的保护成为人类文明发展的一个重要主题时，对于人类该如何使受损的生态系统功能得到应有恢复的使命就成为每个国家都不得不面临的议题。因此，现代生态修复理念的产生与成熟伴随着生态文明时代的到来，其使命就是为了恢复生态系统的功能，使之能够应对生态危机。另一方面，对于我们国家而言，党的十八大报告在提及生态文明建设的重要措施中就已经提出开展重大生态修复工程的总要求。为了进一步配合生态文明建设，保障其有序开展，党的十八届三中全会决议中更是明确了完善生态修复法制建设的任务。这说明，生态修复理论面向我国的生态文明建设的实际需要而产生和发展。再者，实际上，在我国生态修复相关的工程建设和制度建设早已开展。不论是早期的水土保持工作及其制度建设还是三北防护林工程以及植树造林相关制度的建设都已经开始透露出生态修复理念的实际应用。当然这些与真正意义上的生态修复工程还相差明显，但已经可以算是为生态修复及其制度建设实践提供了必要的准备和有益探索。

其次，生态修复法治理念及其具体制度建设的开展也是生态文明时代应势而为的过程。这一方面反映在生态修复法治理念的产生与发展并不是完全移植国外的法治理论的东西，它从其产生的伊始就是依据我国已有的法治思想以及制度土壤顺势而为的。我国现有的环境保护法律制度已渐成体系，从预防到管理再到补救与治理，都逐步齐备。生态修复法治实践的开展已经为生态修复制度的逐步完善奠定了坚实的基础。因此，从某种意义上说，我国的生态修复法治建设将是一个重构并完善的过程。而另一方面，相比较事前的预防法律制度体系以及事中的治理与监管法律制度体系而言，事后的补救和治理法律制度体系则相对极度薄弱。不要说健全的全国性的生态补偿制度至今难产，就是环境修复法律制度也是依然模棱两可。虽然我们已经逐步开展生态损害赔偿与修复的制度建设的试点，但是从本质上来说，那个试点方案中所阐述的修复制度本身可能就是对生态修复制度的一种偏见。（其实说生态损害赔偿与修复，这个词本身就有问题，本书不敢苟同。）根本与生态文明意义上的生态修复，甚至与党的政策中提到的重大生态修复工程中生态修复的广大内涵都不太相符。这是后话，不赘言。为此，构建一个具有生态文明时代烙印的完善的生态修复制度就成为应势而生的迫切需要。生态修复法治建设另一个应势而生的特征则表现在，生态修复法治所要解决的不再仅仅是环境要素污染的防治问题，而是生态文明要求下的生态系统整体和谐的维护问题。既要保持自然生态系统整体的平衡，还要修复因社会经济发展不平衡而造成的自然生态系统平衡维护能力上的差距问题，即社会生态系统的整体平衡。也就是说生态修复法治，这个词本身就已经关联到了生态系统整体的价值，它不仅是自然环境保护的问题，也是人的社会公平问题。因此，相较于原有的仅仅以人的权利维护为目的，或者以环境要素的治理为目的的法治思想有了更加深入的演化。可以说，生态修复法治思想及其制度建设既反映了生态文明时代良法之治的应时要求，也是应势而生的。但是生态修复法治思想的产生与发展，如果仅仅是满足于解决这样表面性的问题，则并不能说它真正符合了生态文明良法之治的最终目的。

（二）生态修复法治：生态文明良法之治的新维度

党的十九大报告提出："我们要建设的现代化是人与自然和谐共生的现代化，既要创造更多物质财富和精神财富以满足人民日益增长的美好生活需要，也要提供更多优质生态产品以满足人民日益增长的优美生态环境需要。"这实际上对我国生态文明法治建设提出了新的要求。一方面，生态文明法治建设的目标是构建人的和谐社会；另一方面，生态文明法治建设还应当保障人与自然的和谐共生。因此，生态文明社会良法之治的核心内容也应当围绕这两个方面的内容展开。

首先，社会的主要矛盾决定了生态文明良法建设的主要方面。以党的十九大为时间节点，我国社会的主要矛盾已经由人民群众日益增长的物质文化需要同落后的社会生产之间的矛盾，转变为人民日益增长的美好生活需要和不平衡不充分的发展之间的矛盾。我们国家社会经济在不断发展的同时，也暴露出社会经济不平衡不充分发展的显著问题。因此，生态文明良法之治的主要方面便是能够通过法治的运行尽可能消除这种不平衡不充分发展给社会公平带来的不利影响，实现社会正义。国家的经济使命是不断发展社会经济，而国家的法治使命则是维护社会稳定为经济使命的实现提供保障。如果因为社会经济的不平衡不充分发展带来人与自然的不和谐甚至是人类社会自身的不和谐，那么国家的法治建设最基本的目标则应当是促成社会经济发展恢复原有的平衡状态，从而建立更加和谐的社会。这恰是社会生态系统修复的主要内容之一。构建生态修复法律制度就是从国家及其人民共同承担生态系统整体平衡维护义务的角度，积极修复因社会经济不平衡不充分发展而导致的人与自然关系的不和谐，以及人类社会自身的不和谐关系，实现社会生态系统的重新平衡。同时，在实现社会经济平衡充分发展的基础上，促使不同地区和人群在应对生态危机能力以及生态环境保护意识上的基本一致，进而为生态文明社会建设提供必要的经济与法治基础。从这种角度来看，生态修复法律制度建设是生态文明社会建设的重要手段之一，更是生态文明良法之治的主要内容。

其次，修复并维护人与自然的和谐共生关系是实现人民美好生活的必要条件。党的十八大报告中提出实施重大生态修复工程，而在党的十九大报告中则再次强调了实施生态修复工程的总要求，并提出"实施重要生态系统保护和修复重大工程，优化生态安全屏障体系，构建生态廊道和生物多样性保护网络，提升生态系统质量和稳定性。完成生态保护红线、永久基本农田、城镇开发边界三条控制线划定工作。开展国土绿化行动，推进荒漠化、石漠化、水土流失综合治理，强化湿地保护和恢复，加强地质灾害防治。完善天然林保护制度，扩大退耕还林还草。严格保护耕地，扩大轮作休耕试点，健全耕地草原森林河流湖泊休养生息制度，建立市场化、多元化生态补偿机制"。这实际上指明了重大生态修复工程的主要内容和最终目的。生态系统的保护与修复工程是复杂的，它包括了对环境要素的治理，例如水土流失，也包括了对生态系统平衡的修复过程，例如让耕地草原等休养生息。这些都是对自然生态系统平衡的修复，而最为关键的是建立生态补偿机制，这是对人类社会生态系统平衡的修复。由此可见，生态修复的过程即恢复人与自然和谐关系的过程。实施重大生态修复工程，已经成为人与自然和谐共生关系维系的桥梁和主要措施。建立相应的生态修复法律制度就是实现人与自然和谐共生的重要制度保障。因此，生态文明法治是否符合社会发展的规律，是否适应生态文明时代人民群众对于美好生活的向往，是否能够保障人与自然关系的和谐共生，甚至衡量其是不是良法之治的重要标准就是看是否能够建立公正合理的生态修复法律制度。

综上而论，生态修复法律制度的构建是生态文明时代赋予的法治建设历史使命，是党和国家在社会主义建设过程中深刻认识并坚决砥砺执行的重大举措。这一法律制度的构建是法当"应时而立"和"应势而立"的典范。

第三章

生态修复法治的理论之源

关于生态修复法律制度建构的理论渊源，笔者曾经在上一部关于生态修复法律制度的专著中予以部分阐述。但现今看来多有不足，因为上部专著以气候变化为视角，难免有所取舍，对生态修复法律制度的理论基础难以宏观把握。为此本书基于先前论点进行全面改良并尝试有所突破与创新。

第一节　生态修复的生态学理论之源

现代生态学发展是生态修复理念产生和发展最为直接的理论源泉。生态修复最早只是现代生态学一个重要的理论分支——恢复生态学的研究内容之一。其中生态恢复技术的成熟与应用又为生态修复理论的产生与发展提供了技术前提和概念基础。

一、生态学发展的历程及生态修复理论萌芽

生态学一词最早由德国动物学家赫克尔提出。早期生态学主要围绕生物有机体而展开。直到 20 世纪中期，生态学的研究中心才开始逐步转向生态系统。总体而言，生态学的发展大致经历了三大发展时期：一是生态学的初

创期（17世纪以前）。① 这一时期的最大特征就是生态学尚处于以生物为研究中心的萌芽期。二是生态学发展期（17世纪—20世纪50年代），这一时期生态学的研究又分为两个阶段，一个是20世纪20年代之前的个体生态学研究时期，另一个则是20世纪20年代到50年代的种群生态学研究时期。总体来说，这一时期生态学发展的最大特征就是生态系统成为生态学研究的前沿问题。生态学发展的第三个时期则是生态学的成熟期（20世纪60年代至今）这一时期产生了一个对于生态修复理论影响深远的恢复生态学。同时在生态学日趋成熟的这一时期一个最大特征就是应用生态学的产生与迅速发展。

生态学所经历的发展与成熟对生态修复理论的产生起到了至关重要的作用，生态学理论与实践的日趋成熟不仅孕育了生态修复理论与技术实践本身，更从人类对生态系统整体认识的角度促使了生态修复思想萌芽的产生。从现代生态学的演进历程可以清晰地看出，单纯生物有机体或个体的研究不再是生态学研究主流，生态系统整体的研究才是生态修复理论产生的基石。生态这个词汇不再是简单的环境概念的总和，而是一个日趋被人们深入认知的系统性的有机整体。我国著名的生态学家马世俊先生早在20世纪80年代即给生态学下了这样的定义：生态学是研究生命系统和环境系统相互关系的科学。② 这恰恰说明，生态系统与环境之间既相互联系又区别显著，环境已经成为生态学的包容概念，而不是相同无差别的。这为生态修复概念的建构提供了权威的生态语词解析。此外，生态学的发展更说明，生态系统整体的

---

① 例如，早在公元前1200年前我国的《尔雅》一文中即记载了关于生态环境的相应文字；公元前200年的《管子·地员篇》中即有关于植物的分布以及土地合理利用的文字记载；公元前100年前后，我国农历确立了二十四节气，反映了作物、昆虫等生态现象与气候之间的关系。这些均属于我国早期生态知识的记载。而在西方，相应的生态知识记载最早则可以追溯到公元前450年；而到了亚里士多德时期，除了他本人所撰写的有关生物学的著作之外，其学生狄奥弗拉斯图斯则详细阐述过陆地与水域生态学问题。狄奥弗拉斯图斯甚至被后世认为是最早的生态学家。参见林育真，付荣恕. 生态学［M］. 北京：科学出版社，2013：2-3.

② 林育真，付荣恕. 生态学［M］. 北京：科学出版社，2013：2-3.

维护才是生态修复的核心研究内容，非以系统为目的的修复不是生态修复的最终目标或者理论建构者的真实意图，甚至单纯以环境要素污染的治理为目的的行为都不能算是真正意义上的生态系统的修复。这对于将生态修复与环境修复等易混概念进行彻底区分提供了充分的理论基础。

正是生态学的不断发展促成了恢复生态学理论的出现，也正是生态学相关研究内容的不断丰富和认识的不断革新促成了生态系统研究的产生，生态修复理论才基于恢复生态学与生态系统整体研究的深入开展而雏形萌芽。可以说生态学的不断发展至少从四个方面为生态修复理论的萌芽提供了坚实的基础：一是明确了生态修复概念中的生态指代的是生态系统整体而非其他；二是将生态系统整体修复作为生态修复的终极目标；三是解决了环境与生态系统的正确关系问题，这对于彻底纠正环境法一直困顿并深刻误导生态修复法制建设的生态与环境概念不分问题提供了再认识的前提；四是确立了人及其社会在生态系统中以及生态修复过程中不可或缺的角色或地位，即生态系统是包括了人类社会在内的生态系统整体而非环境要素单纯组合，这对于生态修复的法制化有着至关重要的引导作用。

二、恢复生态学促进了生态修复理论的产生与发展

据考证，恢复生态学研究起源于 100 年前的山地、草原、森林和野生生物等自然资源管理研究，其中 21 世纪初的水土保持、森林砍伐后再植的理论与方法在恢复生态学中沿用至今。美国人利奥波德（Leopold）与他的助手于 1935 年进行的草场恢复试验是历史上最早开展的恢复生态学试验。① 随着相关理论与实践的不断发展，1973 年 3 月，美国弗吉尼亚多种技术研究所和州立大学召开了题为"受害生态系统的恢复"的国际会议，第一次专门讨论了受害生态系统的恢复和重建等许多重要的生态学问题。1985 年，艾伯（A-

---

① 任海，彭少麟，陆宏芳. 退化生态系统恢复与恢复生态学［J］. 生态学报，2004（8）：1761.

ber）和乔丹（Jordan）首次提出了恢复生态学这个科学术语。之后英国、德国、荷兰、澳大利亚、中国等国也都开展了有关恢复生态学的研究。1996 年在北京召开的生态恢复国际会议主题之一即"退化生态系统的生态恢复"。1996 年在美国召开了恢复生态学国际会议。恢复生态学的研究和实践已步入了新的时期。①

从目前已有的研究材料来看，恢复生态学是生态学研究的重要分支学科，是应用生态学的研究范畴。然而对于什么是恢复生态学在生态学界并无较为准确权威的界定。我国学者余作岳、彭少麟认为恢复生态学是研究生态系统退化的原因、退化生态系统恢复与重建的技术与方法、生态学过程和机理的学科。还有些学者认为恢复生态学是一种通过整合的方法研究在退化的迹地上如何组建结构和功能与原生生态系统相似的生态系统，并在此过程中如何检验已有的理论或生态假设的生态学分支学科。② 也有学者将 20 世纪 90 年代生态学界对恢复生态学的定义总结为仁者见仁，智者见智，并列举了六种较为典型的定义：（1）恢复受损生态系统到接近于它受干扰前的自然状况的管理与操作过程，即重建该系统干扰前的结构与功能及有关的物理、化学和生物学特征（Cairns，1991）；（2）有意识地改造一个地点，建成一个确定的、本土的、历史的生态系统的过程，这个过程的目的是竭力仿效生态系统的结构、功能、多样性和动态（Aron – son，1993）；（3）研究如何修复由于人类活动引起的原生生态系统生物多样性和动态损害的一门学科（美国生态恢复学会）；（4）帮助研究生态整合性的恢复和管理过程的科学，生态整合性包括生物多样性、生态过程和结构、区域及历史情况、可持续的社会实践等广泛的范围（国际恢复生态学会，1995）；（5）对退化生态系统或破坏的生态系统或废地进行人工恢复途径研究的科学（蒋高明，1995）；（6）研究生态系统退化的原因、退化生态系统恢复与重建的技术和方法、生态学过程

---

① 赵晓英，孙成权 . 恢复生态学及其发展 [J] . 地球科学进展，1998（5）：475.
② 朱德华，蒋德明，朱丽辉 . 恢复生态学及其发展历程 [J] . 辽宁林业科技，2005（5）：48 – 49.

与机理的学科（余作岳，1996）。① 虽然对于恢复生态学概念的界定较为多样，但其针对生态系统的退化甚至破坏的恢复理念正逐步形成共识。近年来，随着恢复生态学理论与实践的成熟，生态恢复作为恢复生态学的核心概念其指导意义逐步显现。有学者甚至将恢复生态学概括为研究生态恢复的生态学原理和过程的科学。② 生态恢复这一理念成为生态系统维护的重要理念和实践指导思想。也正是这一语词和理念的出现为生态修复理念的出现提供了理论和实践基础。

三、是生态恢复还是生态修复？

生态修复从生态恢复理念演化而来，虽内容亦包含恢复与重建之意，却比生态恢复表意更加准确深刻。现代意义上的生态修复概念起源于恢复生态学中生态恢复理念的不断演进和创新。而生态恢复目前较为权威的界定是"国际生态恢复协会"于 2004 年刊登的《生态恢复入门指南》中所下的定义："生态恢复是指协助已经退化、损害或者彻底破坏的生态系统回复到原来发展轨迹的过程。"③ 从这一定义中可以得知生态恢复的主要目的在于"回复"，强调的是原貌。④ 虽然我国最先引入的是生态恢复概念，但是随着生态恢复实践以及生态文明建设研究在中国的广泛开展，我国学界对于生态恢复理念的认识也发生了深刻的变化。对国外传统生态恢复理念的改进是我国相关实践开展的必然结果和迫切需要，原有的仅仅恢复原貌的认识已经不足以解决生态系统平衡维护的实际需求。如果再固化地理解生态恢复将难以对我国生态系统的整体维护提供正确的理论指引。对此，我国多数学者也逐

---

① 谢运球. 恢复生态学 [J]. 中国熔岩，2003（1）：29.
② 任海，王俊，陆宏芳. 恢复生态学的理论与研究进展 [J]. 生态学报，2014（15）：4118.
③ 国际生态恢复协会. 生态恢复入门指南 [EB/OL]. 国际生态恢复协会官方网站，2020 - 05 - 12.
④ 吴鹏. 以自然应对自然：应对气候变化视野下的生态修复法律制度研究 [M]. 北京：中国政法大学出版社，2014：33.

步意识到，生态系统的原始状态很难确定，特别是极度退化的生态系统，而且很多情况下在经济上也不合理、不可行。学者们逐渐对生态恢复的提法产生怀疑。不少学者甚至认为生态恢复的定义过于严格，不切实际。①

事实上，早在 20 世纪 90 年代即有学者指出："生态恢复实质上就是被破坏的生态系统的有序演替过程，这个过程使生态系统可能恢复到原先的状态。但是，由于自然条件的复杂性以及人类社会对自然资源利用的取向影响，生态恢复并不意味着在所有场合下都能够或必须使恢复的生态系统都回复到原先的状态，生态恢复最本质的目的就是恢复系统的必要功能并达到系统自维持状态。"② 也有学者直接将恢复进行了扩大化解释，把生态恢复理解为恢复与重建的复合过程，指出：生态恢复中的"恢复"是指生态系统原貌或其原先功能的再现，"重建"则指在不可能或不需要再现生态系统原貌的情况下营造一个不完全雷同于过去的甚至是全新的生态系统。目前，恢复已被用作一个概括性的术语，包含重建、改建、改造、再植等含义，一般泛指改良和重建退化的自然生态系统，使其重新有益于利用，并恢复其生物学潜力，也称为生态恢复。生态恢复最关键的是系统功能的恢复和合理结构的构建。③

对此，日本学者在界定相关概念时从语词的准确性角度出发，使用了明显更为贴切的称谓——生态修复。④ 这一崭新概念的引入使我国学者逐步认

---

① 艾晓燕，徐广军. 基于生态恢复与生态修复及其相关概念的分析［J］. 黑龙江水利科技，2010（3）：45 - 46.

② 舒俭民，刘晓春. 恢复生态学的理论基础、关键技术与应用前景［J］. 中国环境科学，1998（6）：540 - 541.

③ 赵晓英，孙成权. 恢复生态学及其发展［J］. 地球科学进展，1998（5）：475.

④ 生态学研究认为生态修复源于 20 世纪 80 年代末的欧美生态恢复理念。欧美学者 Diamond（1987）、Jordan（1995）、Egan（1996）等认为生态恢复是将生态环境恢复到原有状态。日本学者则普遍认为使用生态修复概念更准确，并强调其生态恢复基础上的改进，如细见正明（2013）等。关于生态修复法理基础研究，美国基督教联合教会（The Untide Chuerhof Christ, 1991）提出的环境公正主张中将生态恢复作为环境正义追求的重要内容，这也成为国外生态修复相关法制建设最重要的法学基础理论。

识到生态修复提法才更为科学。① 生态恢复理念逐渐向生态修复理念发展，并日趋广泛地应用于指导相关实践工作。②

首先，从汉语语义理解的准确性来看，生态修复明显更符合实践和恢复生态学的研究趋势。从上述恢复生态学的研究发展历程可以看出，生态恢复的目的已经从对生态系统的回复或恢复原貌向更加实际的恢复生态系统功能或重建新的生态系统，甚至是改造与改良生态系统方向发展。这说明生态恢复已经不是完全意义上的回复，而是在人工帮助下对生态系统进行有利于人类社会经济可持续发展的改造或改良，甚至是重建。但这种人为的干预仍然是以尽量不干涉自然恢复为前提的，但如果自然的恢复对人类社会发展不利，甚至没有促进之价值，则需要按照社会经济发展的规律进行人工的有益改良、改造或重建，以使受损或退化的生态系统得以重新恢复其应有的有利于人类社会经济发展的功能或平衡。后一类恢复的过程明显带有人类积极干预的特征，用汉语中的"修"字则更为准确。而且汉语中的"修复"的"复"已经有"恢复"之意，"修复"本就可以解释为修整以恢复的意思，因而修复明显较之于"恢复"一词本身所蕴含的内容要宽泛得多。

其次，"恢复"和"修复"虽一字之差却存在天壤之别。我国学者已经注意到生态恢复用语存在一定问题，在概念解释上已经进行了较为广义的理解，但这虽然成为生态恢复研究领域内的通识，却极易使其他学科背景的研究者对刚刚接触到的生态恢复理念产生根本性误解。例如法学研究者，在看到"生态恢复"一词时第一反应很容易就会和民法上的恢复原状进行对接，但实际上二者早已不是一个层面的问题。如果使用"生态修复"一词则会有所区别，尚可避免出现不必要的法制化研究误解。

---

① 舒俭民，刘晓春.恢复生态学的理论基础、关键技术与应用前景 [J].中国环境科学，1998（6）：46.

② 王震洪，朱晓柯.国内外生态修复研究综述 [A] //发展水土保持科技、实现人与自然和谐——中国水土保持学会第三次全国会员代表大会学术论文集 [C].北京：中国农业科学出版社，2006：26.

最后，使用修复更能体现生态系统自身的恢复与人工帮助下的恢复和重建、改良与改造过程。生态恢复学者虽然对恢复进行了扩展理解，但这种理解毕竟不符合汉语词汇的语义，不符合科学准确的用语规范，因而有待向生态修复一词进行必要的转换。况且，关键是我国相关的党和国家文献中已经确定了生态修复一词的准确用法。例如，党的十八大报告提出实施"重大生态修复工程"，党的十八届三中全会正式提出完善"生态修复制度"的要求。这是党在阐述其相关政策的正式文件中对于生态修复这一语词的明确肯定。恢复生态学就应当顺应时代需求，为其他学科的研究提供准确理解相应概念的科学基础，则更不应当再坚持使用会产生歧义的语词，避免徒增概念混乱。

综上所述，生态学的发展不仅促进了恢复生态学的产生，也为生态恢复理念的出现与发展提供了坚实的理论基础。而正是"生态恢复"一词的出现，生态恢复理念的逐步成熟，以及生态恢复认识的不断升华，使得人们改变了对于生态系统恢复原貌的肤浅认知。促使人们从更加符合生态系统维护规律的角度看待生态恢复理念的改良，甚至是某种意义上的重构，继而促使生态修复概念的出现，并逐步形成一整套崭新的理论取代原有生态恢复理念，成为生态文明建设中重要的措施和制度建设内容。可见没有生态学的理论奠基，没有恢复生态学的理论积淀便没有生态修复理论的产生。生态修复理论源于生态学基础知识，成长于恢复生态学的成熟认知，生态修复法律制度研究亦应认之为宗，符合其规律而不能想当然地应用法学传统视角罔顾其根本。

第二节 生态修复的伦理学理论之源

环境伦理学又称为生态伦理学，是研究现代环境问题、应对生态危机而产生和发展的重要哲学分支学科。它主要以研究人与自然相处的伦理关系为核心内容。没有环境伦理学的深刻思考，就不会引发当代人们对环境问题和生态危机的广泛关注。人也只有不断反思在自然界中应有的地位和作用才能正确认知人与自然的伦理关系。可以说正是环境伦理理论的激荡才促使了环境运动的广泛开展，最终使得环境法作为一项独立的部门法学或法学学科登上历史舞台。环境伦理学的产生和发展是当代环境法治产生与发展的伦理基石。生态修复法律制度作为生态文明时代崭新的制度形态，更应当摒弃人类中心主义的传统法理束缚，在环境伦理中探索生态系统整体正义之路。

一、伦理（道德）① 是生态修复法律制度之根本

不论是自然法学还是实证主义法学都试图将法律与道德严格地区分开来，但事实却是二者具有难以磨灭的系统关联性，这就是社会伦理体系。伦理体系得以建立，乃是源于有组织的群体希望创造社会生活的起码条件的强烈愿望。制定道德原则，就是为了约束群体间的过分行为、减少掠夺性行为和违背良心的行为，培养对邻人的关心，从而增加和谐共处的可能性。而这些道德原则中那些被视为社会交往的基本而必要的道德正当原则，在所有的社会中都被赋予了具有强大力量的强制性质。这些道德原则的约束力的增强，当然是通过将它们转化为法律规则而实现的。② 法律与道德之间在很多时候很难进行根本性的差异性划分，法学学者虽经年累月探求二者之实质性差异，却难以根本否认其内在渊源。一种社会伦理体系的形成离不开道德原则，更离不开具有强烈强制约束性的道德原则——法律的存在。

事实证明，法律源乎伦理之基本道德原则对于善的追求。正如塞尔萨斯为法律所下的定义："法律乃是善与衡平的艺术，却仍含有很浓重的道德味

① 很大程度上"道德"与"伦理"的内涵是极其相近的，将二者完全区分开来对于本书的研究没有实质性的意义，故这里不再区分而直接使用"道德"一词对伦理问题进行相应解释。

② E．博登海默．法理学：法哲学与法律方法［M］．邓正来，译．北京：中国政法大学出版社，1999：373－374.

道。"然而，不得不承认，法律中有些部门在很大程度上是不受道德判断影响的，例如技术性的程序规则、流通票据规制、交通规制的法令等。但实质性的法令规范制度仍然是存在的，其目的就在于强化和确使人们对一个健全的社会所必不可少的道德规制的遵守。① 法律对道德的这种实质性遵守决定了在正当的社会伦理体系下，法是道德的外在形态，它以社会已然牢固的伦理为根基，一部实质性的非程序性的法律规范应当是法对道德的解释和再规范。研究法律制度如果离开这个国家或社会伦理体系之下的道德原则将使实质性的法律规范成为无源之水。甚至可以说如果法律离开社会伦理体系已然固化的或者一脉相承的道德原则，逆向强制创设一种道德原则将是一种本末倒置的逆流行为。这说明，生态修复法律制度作为一种实质性的法律规范，其建立与完善不能离开已有的社会实践，更不能抛开社会伦理强制性创设道德原则，而应当顺应这种实践与道德原则。

二、环境伦理对于生态修复法律制度建构与完善的重要意义

环境伦理对于环境法治的孕育与发展具有极其深远的影响，因为"中国环境法的革命首先是理论的革命"②，而理论的革命首先是理论基础——伦理的革命。③ "要想实现环境法治，我们是无论如何也不能回避环境伦理价值这一问题的。"④ 毋庸置疑，环境伦理对于环境法治的深远影响根深蒂固。生态修复法律制度现阶段作为环境法治的重要组成部分，当然更离不开环境伦理的这种思想引导与观念善诱。

---

① E. 博登海默. 法理学：法哲学与法律方法［M］. 邓正来，译. 北京：中国政法大学出版社，1999：379.
② 吕忠梅. 中国环境法的革命［M］//环境资源法论丛：第1卷. 北京：法律出版社，2000：1－47.
③ 巩固. 环境伦理学的法学批判——对中国环境法学研究路径的思考［M］. 北京：法律出版社，2015：20.
④ 高利红. 环境资源法的伦理基础［M］//环境资源法论丛：第1卷. 北京：法律出版社，2000：300－363.

环境伦理是生态修复法律制度的价值基础与正当性来源。生态修复法律制度只有遵守环境伦理体系下的道德原则才有存在的基础，否则只能走向法治产生的逆流一侧，从而丧失其存在的正当性。生态修复法律制度所要强调的价值理念与传统的法治理念具有强烈的差异性，甚至与环境法理念本身都有一定的差距。例如，生态修复法律制度其实质是一种福利性惠益分享制度，在于强调国家责任以及环境治理风险的均担。因此，在法律责任上更注重国家修复与社会共同修复，甚至还有发达地区对于发展中地区的反哺性修复。看重的是修复的结果，即社会平衡发展与自然环境的彻底保障，而并不执拗于个人利益的得失与环境污染的浅治理。这与环境法的基本理念以及谁污染谁治理、损害担责等法治原则并不完全一致。再如，西方传统法学理论在乎个人的权利与自由，维护合法的财产利益。但是对于强烈的社会不平衡发展却相对采取了回避与默许的态度，这与其自身产生的资本主义背景不无关联。而在中国传统生态伦理以及现代马克思主义生态伦理思想看来，这种强烈的社会发展差异恰恰是生态危机的总根源。因此，以传统的西方法理思想看待生态修复法律制度的价值取向以及正当性基础，似乎过于牵强。只有从环境伦理入手，革新已有法治理念才能为生态修复法律制度的存在提供合法性基础。

环境伦理是生态修复法制变革的基石。当前环境法制体系已经较为完备，对于生态修复相应的制度也有了较多的规定。但是这些制度之所以不能称之为真正意义上的生态修复法律制度，是因为对生态修复基本内涵的根本性误解。较多所谓的修复制度，仅仅侧重于对环境污染本身进行治理，对退化的自然生态系统进行恢复与重建。却并不曾从更深的社会危机层面考量这些生态危机现象背后所隐含的环境不公问题。如何实现环境公正，恰恰是环境伦理学给予生态修复法制彻底改变上述浅生态治理法治思维定式的直接启发。以往的法制思维和环境法治理论在很大程度上也越来越不适应快速变化的社会发展需要。生态文明伦理的形成在很大程度上加速了传统环境治理思维的落伍。而生态文明伦理最基本的理论渊源正是环境伦理学的现代化与中国化。毫无疑问，环境伦理源自自身的这次变革必然激化环境法治的深刻变革，最直接的表现便是生态修复法制的建构与完善。

环境伦理是生态修复法制正确、恰当实施的思想基石。法的有效运行离不开相应的道德土壤。如果社会整体道德观念不形成，法律制度的实施必然面临巨大的困难，甚至是极大的困境。上文也说过，逆向发展产生的法律规范并不利于法治建设。没有相应的较为成熟的道德伦理的形成，法制极有可能成为众矢之的，成为恶法。例如有版本《民法典（草案）》中的规定，独生子女甚至存在不能合法单独继承父母遗产的隐患。造成人们长久以来的继承和家族观念的颠覆，继承制度完全超出了中国人千年来形成的"家"的概念，不仅造成人们心里和观念上的抵触，也刺激人们对法权威的认同颠覆。这种法实际上是在制造更多"家"观念的异化，增添更多家庭矛盾隐患，撕裂中华"家国天下"观念的意识根基。这就是背弃本土伦理，妄图用法律强行推行某种非本土伦理的典型之作。

环境伦理观念的变革，关系到生态文明思想是否能够深入人心，人们是否愿意从生态系统整体平衡的角度去考虑和衡量法制对自身利益的干涉或索取。特别是生态修复所倡导的社会与自然双重修复的理念，更需要不同发展程度的地区之间进行反哺与牺牲。发达地区是否心甘情愿为发展中地区的发展牺牲自己的经济利益和发展机遇。虽然这些是改革开放既定的国家发展策略，但真要将这种反哺措施落实下去，却必然会触动较多人的利益。这种深刻的环境公平理念的实施不仅仅需要国家制度的强制性约束，更需要从根本上促使发达地区自觉履行更多的生态修复义务。此外，还有国家的责任。生态修复能否贯彻执行，法制是否有效，关键还是看国家本身是否有壮士断腕的决心履行共同富裕的国家承诺，从整体上修复生态系统，恢复或重建社会与自然生态系统的平衡。如果这些观念不深入人心，特别是国家没有承担生态修复责任的决心，相应法制根本无法执行，甚至会走形，走向浅生态治理的老套路，丧失其存在和完善的根本意义。环境伦理的激荡与根本变革，是中国生态文明建设的思想动力，生态文明伦理的最终形成离不开环境伦理的这场自身的变革。而恰是这场发自于内的伦理变革将催化生态修复法制发生由内到外的彻底变革。

三、生态文明伦理催生生态修复法治理论

生态文明时代需要形成自身特有的伦理体系，而这一伦理体系的形成正是环境伦理从古到今，由西到中的彻底蜕变过程。环境伦理所创设的一系列关于人与人之间以及人与自然之间关系的道德原则，在新的历史时代里需要进化与重构，以形成能够适应中国当代生态文明建设的伦理价值和道德原则。

（一）"整体价值"意义上的生态文明伦理

生态文明伦理到底是一种怎样的伦理，这是建构生态文明建设过程中必须首先思考的问题。它是指引法治行动的价值取向和道德标准。西方环境伦理思潮纷繁复杂，各种观点相互交织衍生。一般可以按照问题和价值立场对其进行分类。若按价值立场为标准可以分为重视个体价值的环境伦理学，其主要关注于生态个体价值的体现，例如"动物解放论""动物权利论"和"生命平等论"；以及重视"整体价值"的环境伦理学，其观点主要在于强调环境伦理学应当以生态共同体的整体价值为标准，例如"大地伦理""自然价值论"和"深生态学"。① 党的十八大报告中在提出建设生态文明时，要求将其融入经济建设、政治建设、文化建设、社会建设各个方面和全过程中，并将建设美丽中国与实现中华民族永续发展作为生态文明建设的终极目标。这表明生态文明建设不是个体论的，而是将生态系统视为生态—经济—社会的复合整体。生态文明建设强调的不仅是对自然的尊重、顺应与保护，而更是对人类社会经济、政治、文化以及社会的全面建设。因此生态文明思想从其在中国以施政纲领形式出现的伊始便表明了其"整体价值"立场。生

---

① 李培超. 伦理拓展主义的颠覆——西方环境伦理思潮研究［M］. 长沙：湖南师范大学出版社，2004：30－31.

态文明伦理是重视"整体价值"的环境伦理学。但绝不能就此将生态文明伦理与人类以及各物种的个体价值的实现对立开来。马克思主义认为整体与个体之间是辩证统一的，没有个体的价值实现就没有整体功能的有效发挥，没有整体的存在与发展，个体价值无从体现。生态文明是马克思主义生态观的中国化发展，生态文明伦理也是尊重个体价值的整体价值环境伦理。美丽中国和中华民族的永续发展离不开每个公民的努力，生态文明建设也要实现每个公民之幸福，个体的福祉与民族的利益凝聚于生态文明建设的全过程。这种整体视角下的个体福祉的实现伦理关系是生态文明伦理区别于西方环境伦理的最显著特征。

整体价值的生态文明伦理要求生态修复法制不能仅以个体利益的弥补以及个别环境要素的治理为最终目标，而应当在此基础上实现对生态系统整体的恢复、改良甚至重建。生态修复不仅是对自然环境的修复更是对社会永续发展能力的修复。生态修复的法治化则不能偏弃社会与自然修复过程的任何一个方面。生态修复法律制度应当包含着生态维护、自然资源保护与环境污染治理的自然修复过程，也应当包含着经济、政治、文化以及社会全面修复的过程。偏废任何一个方面的内容都不是真正意义上的符合生态文明伦理的生态修复法律制度，更无法彻底实现建设美丽中国之民族复兴梦。

（二）环境公正：从正义角度思考法制问题的伦理视角

整体价值的环境伦理学将正义看作环境伦理研究的核心范畴。这一伦理观往往从生态问题出发，注意力却放在社会正义问题上。也就是说，它试图透过生态危机的表面现象来揭示社会的深层次危机，认为生态问题并不是简单的价值观和自然观问题，而是普遍的社会正义危机的问题。例如代际正义危机、代内正义危机等。而这些危机又反映出社会结构或社会制度的不合理。① 这种对于当代环境问题及生态危机的深刻认识逐步影响到全球环境伦

---

① 李培超. 伦理拓展主义的颠覆——西方环境伦理思潮研究［M］. 长沙：湖南师范大学出版社，2004：32.

理的演化。环境问题或生态危机从本源上看主要是指那些人为因素引起的环境污染和生态破坏问题。而这些问题的出现都不可避免地隐含着社会发展矛盾与环境保护难以调和的影子。

人类的发展问题是造成生态危机的主要诱因，但人类发展本身却是无可非议的。当代环境伦理的关键任务是要回答社会如何发展才能解决环境问题，而不是否定社会发展。然而，浅生态治理的实践似乎根本不能彻底，或者说至少不能完全公正地解决人类社会如何发展的问题。正如阿恩·奈斯所委婉提出的批评：浅生态运动旨在反对污染和资源消耗，其中心主题在于保护发达国家人民的健康和财富。① 浅生态运动的实质是不论社会是否公平发展，而只在乎功利地消除发展所带来的污染。这种偏见似的思维方式只能与正当的生态文明伦理目标渐行渐远。而生态文明的建设目标是实现美丽中国与中华民族的永续发展。环境污染治理是为民族的永续发展服务的，环境治理是现象、措施，发展才是本质、目标。生态文明的实质是永续发展，这种发展应当是公正的，是惠及中华民族每一分子的发展。它既不能抛开自然而仅顾及人类自身的疯狂发展，也不能抛开社会发展的巨大差异，机械地倡导环保主义。因此，生态文明伦理应当是能够引导社会公正的环境伦理。生态文明伦理下的生态修复法制建设，不应再以原有的浅生态视角看待生态系统整体的平衡维护，而应当从更深层次的社会正义视角进行制度的设计与完善。

（三）环境不公：由个体差异引发的社会不公

就中国的实际问题而言，当前中国社会经济发展极端不平衡，并集中表现在环境不公上。中国社会正处于深刻的转型期，环境不公是各种社会不公问题的缩影，是社会结构、社会体制以及思想意识形态等都处在转型时期而导致结构、制度、文化、价值等多重失范的结果。② 然而，上述这种由社会

---

① 戴斯·贾丁斯. 环境伦理学［M］. 林官明，杨爱民，译. 北京：北京大学出版社，2006：240.

② 曾建平. 环境公正：中国视角［M］. 北京：社会科学文献出版社，2013：32.

不公引发的环境不公问题往往又是忽略个体差异所导致的。环境伦理所强调的普遍主体义务通常会掩盖这种差异，从而产生环境不公问题。利用"我们""人类"等名词言说人与自然的伦理关系，是以西方为主体的当代环境伦理论述的一个重要特征。这些名词号召下人们不得不委身于一种看似正义的"类"道德要求①，即无差别的环境保护主义。随着人们对于环境伦理学的深入探讨，无差别主体的环保遭到全面的质疑。最典型的质问就是面对当今的环境危机时，人类真的是一个实在的共同主体吗？"谁是我们？"因为许多事实让我们看到，环境伦理所强调的生态危机后果的普遍性在现实生活中并不总是正确的。破坏环境的人往往并不承担环境恶化的后果，掠夺资源对环境造成毁灭性破坏的强势人群，也往往并不需要担负生态危机与自然反扑的后果（至少不需要立即担负）。环境破坏的恶果常常会落到处于弱势地位的国家、地区或群体的头上。强势的人可以无偿消耗资源来享受奢华生活，达到经济发展的最佳状态，但弱势的人却必须被迫以危害生态的消极方式满足最基本的生活需求，在转型的风险中默默支撑，苦苦挣扎。甚至不能不使人怀疑"将人类特别是当代人视为一个整体的做法，将会借由'共同的需求与命运''共同的目标'的名义，掩盖或忽视了利益主体的差异性及利益主体之间的相互对抗性，使环境保护成为一句美丽的空话或一种不公正的暴行"②。而制造这种暴行的竟然就是环境伦理本身。因此生态文明伦理在汲取西方环境伦理营养的同时必须正视我国的基本国情。在承认生态系统整体性的基础上，应当正视我国各地区、不同人群之间事实存在的主体性差异，寻求环境公正的确切路径。

（四）解决环境不公问题的生态修复法治思考

有效解决因个体差异所导致的环境不公的关键则是重新平衡社会经济的发展，尽可能减少差异。这种差异从生态文明建设的角度来说，就是应当承

①　李培超. 自然的伦理尊严［M］. 南昌：江西人民出版社，2001：200.

②　王韬洋. 环境正义的双重维度：分配与承认［M］. 上海：华东师范大学出版社，2015：7-8.

担以及有能力承担修复义务的人没有切实担负起这种义务造成的。具体来说，所谓的"强势人群"是利用自然资源最多的人，同时也是污染环境、破坏生态最严重的人，理所当然应当承担更多的生态环境治理义务。但是我们现有的法律制度却并没有将这种法律关系直接理顺，恰恰将这种义务落实到了环境污染或者生态破坏的受害者身上。例如资源开发地区环境污染与生态破坏问题严峻，虽应承担治理义务，实际上却无力治理。而所谓的"强势人群"在合法占有社会绝对大多数财富和资源的同时却并不需要承担如此繁重的治理义务。其中透露出的不公正，恰恰能够反映现有法治理念在解决环境不公问题上的尴尬。法治本身是要实现公平，却在制造不公，岂不是笑话？要使法治建设重新回到公平正义的轨道上来，则需要通过相应法律制度建设，将不同的生态平衡维护义务进行更加合理公平的分配。

一方面，具有更强生态环境治理能力的主体应当为之利用资源环境的在先行为承担更多生态系统平衡维护义务。生态环境治理能力无非取决于三个方面：一是经济、技术的积累；二是具备高素质的生态环境治理人才队伍；三是公平合理的社会政策和法治手段。而根据马克思政治经济学的理论，经济决定了政治，经济基础决定了上层建筑。因此经济在这三个方面中处于决定性的地位，它的高低决定了技术、人员储备以及政策和法治手段运用的能力。没有决定性的经济积累，任何生态环境治理措施都不可能有效开展，更不能长久。从这种角度来说，掌握更多财富的人群和经济更加发达的地区应当具备更加强力的生态环境治理能力，应当承担起更多生态环境治理的义务，这才是生态环境治理或者说生态系统平衡维护义务承担的正当逻辑。

另一方面，国家应当对社会经济不平衡不充分发展地区进行补偿。首先，现代国家的职能包括了经济、政治、外交、军事以及环境等多方面。其中环境治理职能决定着国家的环境保护义务，而国家环境保护义务与公民或者社会组织之间的环境保护义务又存在着明显的不同。正如前文所述，经济能力决定着三者之间承担生态环境治理义务的能力差异，也决定着国家应当承担更宏观的、更多的环境保护义务。从分配正义的角度来说，国家绝对是环境保护义务承担的首要主体。其次，我们国家的国情决定了改革开放初期必须实施"先富带动后富"的社会经济发展政策，由此必然导致社会经济的不平衡不充分发展现象的加剧。这种国家政策所导致的社会不公应当通过国家政策的调整来弥补。因此国家在环境保护过程中不仅应当对其所做出的政策进行必要调整，而且应当对其政策产生的社会不平衡不充分发展后果承担相应的补偿责任。在促进环境公平问题上，国家不仅应当对"后富"地区进行必要的政策和经济补偿，还应当落实带动后富的政策，通过法治手段实施跨区域间的补偿。

国家实施重大生态修复工程，这是一个促进社会经济平衡充分发展，消除两极分化，减少地区差异的重要手段。国家既应当担负起生态环境治理的主体义务，还应当通过政策的调整，促使公民或社会组织共同参与生态修复工程过程中去。也恰恰正因为生态修复不仅是通过对环境要素治理等手段实现对自然生态系统失衡的补偿，而且还包括通过修复失衡的社会生态系统来实现对人的利益补偿，才促使生态修复工程本身成为一种既能应对环境问题，又能够实现社会平衡充分发展的一种有效措施。而要进行生态修复除了应当具备较强的经济实力、技术储备以及高素质的人员队伍等因素外，最关键的是不能缺少相应的国家力量的推进与保障。生态修复法律制度建设是这种国家力量的体现，也是国家决心实现社会平衡充分发展，人与自然和谐共生意志的体现。

第三节　生态修复的经济学理论之源

生态环境是人类赖以生存和发展的基础，也是经济系统长期运行的物质保障。生态环境问题是由于人类过度追求经济效益的社会行为所引起的生态环境破坏，从而影响人类正常的社会经济生活。生态环境问题已经成为制约经济增长的重要因素，已成为全球性的经济社会发展问题。生态资源环境公共物品市场机制失灵已不再是偶然或者暂时的，而是变成了一种普遍和常见的现象①。生态资源环境及其修复问题不仅是社会问题，也是经济学长期探讨的问题。

一、外部性、市场失灵理论与生态修复

生态资源和生态环境无偿地为大众提供生态服务，具有非竞争性和非排他性，每个人不需要付费，就可以无偿地占用和消费生态资源环境提供的价值，因而生态资源属于公共物品。公共物品的非竞争性是指对于一个给定的公共物品，增加消费者消费该产品，不会引起产品成本的增加；非排他性是指某个人消费某种公共物品时，不能同时排除其他人也消费这种物品。由于公共物品的两大属性，公共物品无须付费就可以任意消费和使用，这就是经济学上的"搭便车"现象。自然资源、环境及其所提供的生态服务功能都具有公共物品的属性，就必然会存在"搭便车""公地的悲剧"等现象。然而市场并不是万能的，存在缺陷，当市场出现无法有效率地分配商品和劳务的情况时，我们就称之为市场失灵。许多环境问题的产生，是因为私人成本并没有直接由该人所承担，而是由他人承担。比如当一家工业企业污染了空气或当一个游客在公园里扔了垃圾，这些行为的成本是无法测算的，这就是经济学里所说的外部性导致的市场失灵。因为生产与消费物品的价格、均衡数量没有反映出生产和消费该产品的全部成本。

关于外部性的内涵，很多学者都做出探讨，比如，约瑟夫·斯蒂格利茨（Joseph E. Stiglitz）认为："当个人或厂商的一种行为直接影响到他人，却没有给予支付或得到补偿时，就出现了外部性"，或"未被市场交易所体现的额外成本和额外收益称为外部性"。② 按照萨缪尔森（Paul A. Samuelson）的理解："生产和消费过程中当有人被强加了非自愿的成本或利润时，外部性

---

① 王翊. 生态环境问题的经济特征及理论解析［J］. 求索，2002（5）：14-16.
② 斯蒂格利茨. 经济学［M］. 北京：中国人民大学出版社，2001：138，465.

就会产生。更为精确地说，外部性是一个经济机构对他人福利施加的一种未在市场交易中反映出来的影响。"① 综合上述观点，外部性的含义是指，在实际经济活动中，生产者或消费者的活动对其他生产者或消费者带来的非市场性的影响。这种影响是从私人收益与社会收益、私人成本与社会成本相比较而言的。正外部性（或称外部经济）是指一种经济行为给外部造成的积极影响，使他人减少成本或增加收益。负外部性（或称外部不经济）是指在经济活动中，由于决策者在自己承担的成本之外，带给他人或社会以额外的成本或负担，从而使社会成本大于私人成本的现象。与环境问题有关的外部性，主要是生产和消费的外部不经济性，尤其是生产的外部不经济性。它会导致低效率的社会资源配置状态和生态环境污染、恶化的负面影响。外部性是生态环境问题的本质经济特征，外部性理论是解释经济活动与生态环境问题成因的基础理论。最大限度地减弱外部不经济的影响，改变生态环境产品供给失灵的市场状况，被视为生态环境经济政策的主要目标之一。②

生态系统的失衡状态可以通过某种手段逐渐得到恢复，例如生态系统的结构、功能得以慢慢协调。生态修复就是依据生态学这一原理，充分利用科技和生态系统的原始规律，将自然和人工相结合，通过采取一系列手段来修复生态系统的生态建设活动。在生态修复方面，由于其公共属性的存在，区域之间、人与人之间均享有对等的公共服务和环境福利。如果改善生态环境的需求可以无偿地得到满足，那么需求必然会趋于无限大，同样，如果改善生态环境的供给并不会得到任何的补偿，供给就会被无限缩小，最终导致供求平衡被限制在极低水平上。由于生态环境的整体性、区域性和外部性等特征，很难改变其公共物品的属性，就要通过适当的制度安排，来解决生态服务的供给者与需求者之间的利益分配问题，激励生态服务供给者的生产、消费等积极行为，抑制需求者不利于生态资源保护的活动，从而达到改善和提

---

① 保罗·萨缪尔森．经济学［M］．北京：华夏出版社，1999：267．
② 高鸿业．西方经济学［M］．北京：中国人民大学出版社，2011：190－225．

高生态服务的质量，保证公众对生态公共物品的公共利益的享用，实现生态资源的公共价值。

二、"囚徒困境"与公共物品的市场均衡理论

"囚徒困境"是现代博弈论的重要思想，可以反映人类经济活动中的许多问题，它主要强调个人理性的非合作博弈往往可能是无效率的。这里用一个静态的博弈模型来说明企业在环境污染治理上出现的"囚徒困境"。假定政府不进行管制，市场是自由竞争的，在环境污染治理的博弈过程中，只有甲乙两个企业，它们对于污染可以选择治理或不治理的态度。假设两者均对污染进行治理，两者均得到 8 个单位的收益；当一方选择治理污染，另一方选择不治理时，治理污染的一方仅仅获得 2 个单位的收益，而另一方却能得到 10 个单位的收益；但双方都不治理污染时，两者得到的收益只有 4 个单位。这是现实生活中典型的非合作博弈情况，两个企业均从自身利益最大化出发，都希望对方在治理污染时自己能够从中受益。因为对方投资治理污染，生产成本就会增加，价格就会提高，它的产品就缺乏竞争力，那么自己的产品就以相对较低成本在市场竞争中受益。这样，同样理性行为的结果却陷入最坏的僵局，即两个企业的纳什均衡策略最终是不治理污染，双方都不愿意单方面改变这种局面，环境污染长期不能得到治理，加剧了环境污染程度。①

"帕累托最优"在指导自然资源开发中具有非常重要的作用，是一种理想状态，现实操作中很难完全达到。可以采用生态修复的方式，来进行适当开发。然而由于经济外部性的存在，在信息不对称条件下，利益主体追求不同的目标和利益，将导致博弈各方利益受到损害，直接引发经济体道德风险与逆向选择，引发区际冲突，最终打破区域协调发展平衡。

---

① 王军. 企业环境行为的经济分析与伦理构建 [J]. 江西农业大学学报（社会科学版），2009，8（1）：112 - 115.

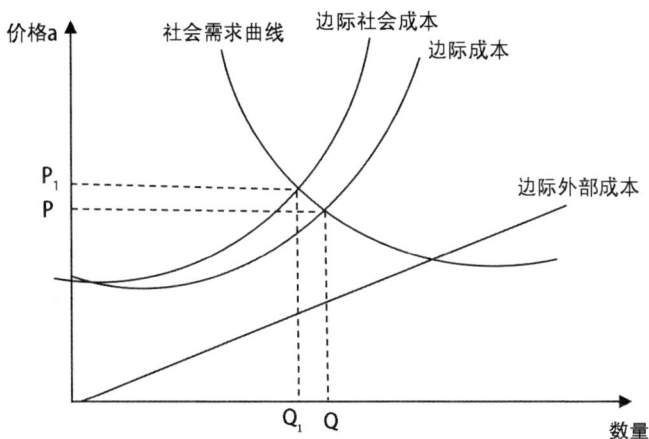

图 3－1 生态破坏的外部不经济性

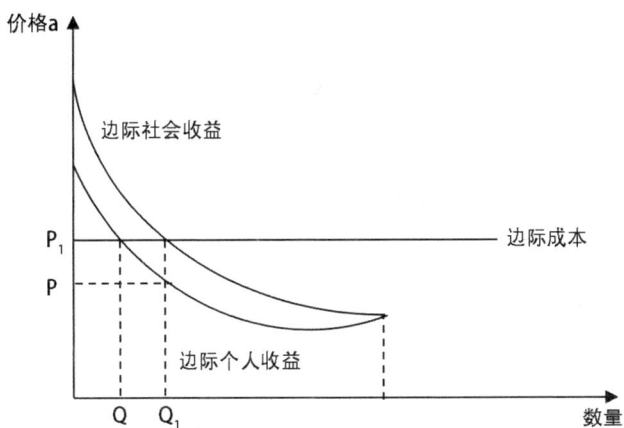

图 3－2 生态修复的外部经济性

如图 3－1 中整个社会对资源的需求曲线，即边际社会收益曲线。边际成本，也即资源的供给曲线，个人对资源环境造成的危害即边际外部成本，边际成本与边际外部成本之和，即边际社会成本。个人根据自己的边际成本进行开采，即由边际成本与需求曲线决定的 Q 点；但从整个社会来看，有效的资源开采量应该是社会边际成本等于社会边际收益时的资源开采量，即边际社会成本曲线与需求曲线的交点决定的有效资源开采量 Q_1。显然与资源开采的社会需求相比，由于区域经济活动的负外部效应，资源开采导致的社会成本大于对自身区域产生的成本，个人基于自身利益考虑会无节制开采资源。

生态修复对整个社会来讲是一件好事。问题在于，由于区域经济活动正外部性的存在，生态修复活动动机不足。在图 3-2 中，区域内将选择在其边际收益曲线与边际成本曲线相交处进行 Q 水平的生态修复。但对于整个区域来讲，有效的生态修复水平应该是边际社会收益曲线和边际成本曲线的交点所决定的 Q_1。显然，与社会对生态资源和生态修复的需求相比，生态修复不足，即生态修复的正外部性导致了生态修复水平太低和生态供给不足。

生态资源无偿地为大众提供生态服务，而非竞争性和非排他性决定了所有人共同享用生态价值，每个人都能从中受益，因而生态资源具有明显的外部性特征。由于生态资源在市场中并不能有效地赋予社会价值，生态资源被置于公共领域，呈现出明显的正外部性。保护生态资源，公众能从中获得一定的经济利益，但这种经济利益极其微小，而生态保护社会与生态的外部性溢出，溢出效益缺远远高于经济利益。由于生态修复的经济比较利益低下以及搭便车现象存在，很多个人或企业不愿承担修复成本或承担不了修复成本，抑制了个人或者企业生态修复的积极性。外部性的存在，使市场在调节过程中不能很好地发挥其作用，无法通过价格机制来纠正成本与收益之间的偏差，理性经济人也不会进行生态资源的修复。生态环境所提供的生态服务价值的权利不好界定和评判，而且生态资源具有保证人类生存、繁衍和发展的特质，要激励理性经济人自愿参与修复生态资源的行动，就必须通过政府的有效制度手段纠正扭曲的市场偏差。生态修复过程中边际社会收益大于边际个人收益，生态修复的数量由资源边际成本与边际个人收益共同决定，两者相等时的产量为个人最优生产量，供给量小于社会最优需求量，因此，在无干预情况下，存在生态修复供给缺乏的情景。

三、从经济学视角理解生态修复法治建设的必要性

生态资源的稀缺性迫切需求建设生态修复制度。人类的各种欲望需要用各种物质产品或者服务来满足，物质产品的生产离不开各种自然环境资源。然而自然环境赋予人类的资源是有限的。人类需求的无限性与自然资源有限性的矛盾便导致了自然环境资源的"稀缺性"。为了用稀缺的资源来满足人类无限的需求，人类社会就需要不断地保护、改善和修复自然环境资源，使自然环境资源能够可持续地被人类开发和利用。自然环境资源的稀缺性和具有的价值属性为生态修复奠定了价值理论基础，它要求在开发利用环境资源时，人类应当不断地改善、修复环境资源。同时它还要求将环境资源修复的具体行为引入社会关系内部，使生态环境损害者、生态修复执行者和受益者达到一般均衡状态。

外部性是导致市场机制失灵的重要原因之一。外部性经济的产生所带来社会的好处或影响，经济活动主体自身不能得到有效补偿，而对社会造成的外部不经济，经济活动主体不会为自己的破坏行为付出相应的成本。生态资源的外部性决定了必须建立完善的社会制度来纠正市场机制的失灵。为使社会福利最大化，市场资源配置达到"帕累托最优"，经济学家对经济外部性如何内部化不断探索，其中意义深远的是英国经济学家科斯和庇古。科斯认为外部性问题的本质就是产权问题，只要财产权是明确的，并且交易成本为零或者很小，那么无论在开始时将财产权赋予谁，市场均衡的最终结果都是有效率的，实现资源配置的帕雷托最优。即在产权明确情况下，为了个人利益最大化，他们会在市场机制的引导下通过谈判或者讨价还价的方式达成协议，最终能实现经济资源的合理配置。但如果双方交易费用过高、产权难以界定或界定成本也很高，那么科斯的产权理论就失去发挥作用的前提条件。科斯的产权理论虽然受到非议，但也明确了外部性问题不需要摒弃市场机制，如果只要交易费用不为零，但也不是很高的情况下，可以通过明晰产权或用新的制度安排方式来达到资源配置的最佳效率。

庇古提出政府干预手段即庇古税。庇古认为导致市场配置资源失效的原因是经济当事人的私人成本与社会成本不一致，私人收益与社会收益不一致，理性经济人追求私人最优导致社会的非最优。因此，纠正外部性可以通过政府税收或者补贴方式来矫正理性经济当事人的私人成本，其数额应等于社会成本与私人成本之差。税收或者补贴会对理性经济人产生抑制或者激励作用，使生产达到社会最有效率的水平，资源配置就可以达到帕累托最优状态。①

可以看到，科斯强调产权和市场，认为解决外部性不需要政府的干预，而庇古的观点是政府通过经济手段进行干预、调节和控制。解决外部性的方法也可以通过法律制度手段，该方法同样可以弥补市场不足，纠正外部性的缺陷，对提高整个社会福利方面具有积极作用。在不采取生态修复制度的情况下，由于利益因素的驱动，对于生态资源的需求远远高于生态资源的修复速度，可以预见到生态资源质量和数量下降的趋势，这比较影响生态效益的实现。因此，建立生态修复制度在我国是十分必要的，必须从法律上确立生态修复的重要地位，明确生态环境资源的所有权和使用权、生态修复的执行主体与责任主体的权利和义务，为生态修复机制的规范化提供法律依据。还要通过法律明确生态修复的修复对象、修复标准、修复途径、修复资金的来源、修复资金的管理等，使生态修复具有普遍适用性；同时用庇古的政策手段和科斯的市场行为相结合的方式对生态修复制度的运行创造条件，纠正生态修复的外部性，合理提高资源利用者的生产成本。在做好生态保护工作的基础上增加经济收益，切实实现可持续发展。

四、生态修复制度建设的两种经济学路径思考

通过前文经济学原理分析，单靠生态环境自身外部性的特征，导致市场均衡状态处于一个较低的水平，生态修复必须进行自然与社会共同治理才能

---

① 高鸿业. 西方经济学［M］. 北京：中国人民大学出版社，2011：190-225.

最终解决生态危机，所以生态修复也必须是自然和社会的双重修复才能是真正的生态系统整体的修复。生态修复问题的复杂性，使得我们建设生态修复制度必须从生态修复的两个方面去考虑和建设，而现阶段只是制度建设的一个方面，所以要进行制度的完善。通过生态修复制度的完善，加大生态资源环境公共物品提供，使得生态环境产品均衡状态处于较高的产量水平。例如就税法和补贴政策领域而言，生态环境资源是国家的一项重要资源，对于此类资源，不论其是否可再生或者是否可修复，都需要征收环境税或资源税。国家和政府征收资源税的最重要理论依据是地租理论。亚当·斯密认为地租是土地资本所带来的利息。马克思主义政治经济学也认为，地租是土地使用者由于使用土地而缴给土地所有者的超过平均利润以上的那部分剩余价值。由于自然环境资源多数具有不可再生性，国家凭对自然环境资源的所有权垄断，使生态环境资源产生地租，生态环境资源的地租表现为生态环境资源的租金，生态环境资源的租金体现了生态环境资源的价值。即使对于可再生或者可恢复的自然资源，由于其公共物品特性，其占用和消费具有外部不经济性，而修复过程具有外部经济性。政府对可再生或可恢复的自然环境资源消费行为课税，可以运用税收经济杠杆调节纳税人的收入，为企业间开展公平竞争创造外部条件，并诱导纳税人节约、合理地开发利用自然资源，以促进经济社会可持续发展。另外对生态环境修复和治理者给予补贴，补偿外部经济，使得企业收益与社会成本和社会收益相等，提高企业加大修复生态环境投资的积极性，使得生态资源公共物品的均衡状态处于较高的产量水平。①

再如，就制定专门的生态修复产业政策而言。生态修复应该是技术手段和制度手段两个层面密切结合的系统工程。生态修复制度的社会方面是要在治理环境污染、维护生态系统平衡的同时对经济社会转型等社会问题进行有效治理，从而最大限度地解决社会发展不平衡所引发的环境危机。让全社会

----

① 方世南. 制度创新：解决环境危机的根本出路 [J]. 领导理论与实践，2007（5）：24-25.

共同参与生态修复之中。另外，生态修复虽然属于公共物品，具有很强的外部经济性，但生态修复的内在经济本质决定了生态修复活动可以发展成产业，实现产业化运作。但是生态修复工程和生态修复产业属于人力、技术和资本都很密集的产业，这个产业的投入方式不可能由企业和个人独自承担，需要国家资本和社会公众共同参与，推广社会第三方治理和公私合营（PPP）模式，发展生态修复产业，以市场机制提高效率，降低生态资源环境公共产品供给成本。通过政策扶持和制度激励新兴生态修复产业的发展，培育生态修复市场，形成经济新的增长点，将生态修复工程和产业开展的外部经济性惠及全体生态修复的参与者。①

第四节 我国传统生态哲学思想之源

在我国，有关人与自然和谐统一的生态文明理念自古有之，它是对中华民族与自然相处的伟大智慧及其世界观、方法论的继承与复兴。我国古典生态文明理念和思想的存在印证了，生态保护理念从古至今无论在意识形态领域还是社会制度领域都是国家存在和发展的思想基础，也是我们这样一个民族得以延续发展的一以贯之的价值理念。生态环境保护自古就是中华民族的传统习俗。而这恰恰是生态文明制度体系构建的内在土壤和价值基础。我们党在新的历史时期，为顺应民族伟大复兴的历史趋势，将古典生态保护意识同国家现阶段建设实践相结合，从中汲取有益成分，旗帜鲜明地首先积极推动生态文明理念的复兴则是大国崛起，民族文明复兴的历史必然。

---

① 吴鹏. 论生态修复的基本内涵及其制度完善 [J]. 东北大学学报（社会科学版），2016（6）：628-632.

一、"天人合一"的生态哲学思想

"天人合一"的古代生态哲学思想是生态文明思想的启蒙与基础。对于"天人合一"思想对当前生态危机的解决是否具有实际意义，学界们存在较大争议，这一理论研究争论长期存在，这是事实。例如，有学者认为天人合一思想是建立在古代农耕文明的基础上，而不是现代的工业文明时代的基础之上。因此它不可能直接拿来用于指导当代生态危机的解决。① 更有学者对天人合一思想的环保意义持否定态度，并认为"天人合一"思想的目的仅仅是维护社会秩序。② 但本书认为"天人合一"思想是古代社会的人类思想结晶，它的借鉴与应用必然经历一个与当代社会融合和传承的扬弃过程。如果仅仅将这种"弃"单独放大，专注于其不适宜的地方，而不进行合理有益的理解和拓展，则世界上任何传统思想都不可能有实际价值，那么对于传统优秀文明的继承与复兴也就失去了实际意义。对于"天人合一"思想的传承与发扬，其关键并不在于教条地看待其本意，而是应当结合中华民族文明复兴的社会历史背景对其进行合理的解释与补充。

"天人合一"思想是人与自然关系的有益思考。首先，人为人类，而天是自然或自然界的代称，朱熹在论述儒家之"天"时，也曾将"苍苍者"即自然之"天"作为其中一义。该类自然属性的"天"，在儒家典籍中可见，有些学者因此断称它大体上相当于现代的"自然界"概念。春秋战国时期的孔子、荀子，汉初的董仲舒，宋代的邵雍、张载、"二程"，清代的陈确之等鸿儒皆对"天"字进行过论述，且多从其自然属性而言。其次，"天人合一"思想中的"天"又可以解释为某种自然的规律。③ 例如荀子即把自然规律称为"天常"，其《天论》认为："天行有常，不为尧存，不为桀亡。"管子书

---

① 佘正荣. 儒家生态伦理观及其现代出路［J］. 中州学刊, 2001（6）: 155.
② 李萃. 中国古代的天人合一观念与现代环境保护［J］. 东南学术, 1999（6）: 49.
③ 陈业新. 儒家生态意识与中国古代环境保护研究［M］. 上海: 上海交通大学出版社, 2012: 39 - 41.

《形势》亦有云："天不变其常，地不易其则。"由此可见，"天人合一"正是深刻论述人与自然的密切关系的思想。其中不仅蕴含着人与自然密切联系的观点，更包含有现代社会普遍共识的人应当按照自然规律行事的主张。我们现在所主张的生态文明思想的核心正是强调人与自然的和谐关系。它不仅要求我们关注并重视人与自然的密切联系，更要求我们严格按照自然规律合理利用和改造自然。因此不难看出，生态文明思想的渊源在于"天人合一"思想，生态文明思想正是崭新时代"天人合一"思想与国家社会经济发展实践需要相适应的文明传承。

二、注重自然修养生息的儒家生态哲学思想

儒家哲学思想不仅强调"天人合一"，从整体的角度看待人与自然之间的密切联系规律，更在此基础上总结并应用了一整套可持续利用自然资源，以及让自然休养生息的理论与实践体系。合理利用与保护自然资源，是儒家生态意识的重要内容，也是儒家的一贯主张。《礼记·祭义》："树木以时而伐焉，禽兽以时杀焉。夫子曰：'断一树，杀一兽，非以其时，非孝也。'"另据《孔子家语·辨政》记载，孔子在经过子路治理的蒲境时曾对子路合理利用土地、保护森林的治政之举颇为赞赏，而"三称其善"。这些记载均表明，儒家学说的创始人孔子十分关注生态资源的合理利用与保护。[①] 不仅如此，孔子及其后续的儒家学说的开拓与发展者们，均将针对人利用自然的行为之"禁"作为治国理政的思想和行动准则。例如在保护山林过程中，认为在一年中应当有一定的时间禁止采伐树木而允许其再生长。《逸周书·文转》载"山林非时不升斤斧"；《荀子·王制》言"草木荣华滋硕之时，则斧斤不入山林"。《禹之禁》云曰："春三月山林不登斧，以成草木之长。"《礼记·月令》有孟春之月"禁止伐木"、仲春之月"安萌芽……毋焚山林"、

---

① 陈业新. 儒家生态意识与中国古代环境保护研究［M］. 上海：上海交通大学出版社，2012：110.

季春之月"命野虞毋伐桑柘"的记载。此外，《礼记》《逸周书》等还记载了在什么时间适合进行砍伐，什么时间适合砍伐怎样的树木等内容。① 儒家生态哲学思想普遍认为人在利用森林这一自然资源的同时，应当按照其自然生长之规律予以必要的保护，使之能够进行自我恢复，以达到可持续利用的目的。

除了上述有关如何按照森林自然生长规律保护和恢复森林的思想外，更为先进的是，我国早在汉朝之前就已经形成限制人类活动促进森林自我恢复，以及利用人力进行植树造林以使森林生态系统获得修复的儒家生态哲学思想。例如，《荀子·王制》就记载"修火宪，养山林薮泽，草木鱼鳖百索，钏时禁发"；《礼记·月令》：仲春之月"毋焚山林"，季春之月"毋烧灰"；《春秋繁露·治水五行》：立夏后七十二日，"出使四方，无纵火"；《后汉书·王符传》载东汉王符云"夫山林不能给野火……皆所宜禁"。用火之禁不仅是儒家的主张，法家如管子者等，也都力主火禁。《管子·立政》则说："修火宪，敬山泽林薮积草。夫财之所出，以时禁发焉。使民于宫室之用，薪蒸之所积，虞师之事也。"在不同时节禁止火烧森林，限制人的无节制利用林木的养山行为可以说就是最早的生态恢复思想。在此基础上，我国儒家思想还进化出依靠人类技术和行为来种植树木，进行一定程度上自然修复的内容。《礼记》等文献记载轩辕黄帝时就已倡导种树，"时播百谷草木"。《逸周书·大聚》记载周公教导百姓曰："不可树谷者，树以林木。春发枯槁，夏发叶荣，秋发实蔬，冬发蒸丞，以匡穷困。"《逸周书·文传》也记有统治者要求百姓在不便种植作物的地方种植树木之事："润湿不谷，树之竹、苇、莞、蒲；砥石不可谷，树之葛、木，以为絺绤，以为材用。"唐代思想家柳宗元曾亲自为种树人郭橐驼作传，宣传其植树佳绩和培植树木的成功经验（《柳河东集·种树郭橐驼传》），足见儒者柳宗元也是极力主张植树造林

---

① 陈业新. 儒家生态意识与中国古代环境保护研究［M］. 上海：上海交通大学出版社，2012：111－112.

的。与提倡植树相联系，儒家对前贤保护山林等植被的行为甚是赞赏。如《诗经·行苇》就对周天子之"忠厚、仁及草木"的德行极其称扬，而将其爱护植物的行为载入诗集："敦彼行苇，牛羊勿践履。方苞方体，维叶泥泥。"①

值得自豪的是，在重视植物保护的同时，古代儒家思想中还充满对动物及其生境保护的先进内容，就是放在今天依然是较为先进的生态保护思想。例如"不可胜食"即出自《孟子·梁惠王上》中"数罟不入洿池，鱼鳖不可胜食也"一句。反映出孟子思想中对动物资源保护的内容，更反映了当时儒家思想中对动物资源利用的节制。再如儒家反对竭泽而渔，《礼记·月令》就力主在鱼之繁殖、生长的仲春时节"毋竭川泽，毋漉陂池"。即使是在允许捕鱼的季节，通常也严禁竭泽而渔。② 这其实与当今生境保护为核心的动物资源保护乃至生态系统平衡思想具有异曲同工之妙。

类似的史料还很多，也都在不断论述和发展儒家这种促进自然恢复，甚至生态修复的生态保护理念。它们的核心内容都反映出人不是这个世界中唯一的生物和主宰一切可以无所顾忌的存在物。人应当与自然和谐相处，人应当对自然的存在与发展给予必要的尊重，甚至是主动的维护。除此以外，儒家思想中还充满着以中庸为核心价值的内容。这其实构成了整个民族生态文明思想发展史中"和"（合）为贵的思想价值基础。这种"和"（合）不仅体现在人与人的关系中，更体现在人与自然的关系中。也恰是因为"和"（合）的伟大才创造了儒家生态哲学思想的不断演进与强大生命力，因为它已经原原本本地渗透到民族血液之中。无论是家国天下的民本思想中的"和"（合），还是天人合一思想中的"和"（合），无不透露出作为人在与自然相处中应当掌握的这种尺度。一旦超出这种尺度就必须拿出实际行动来对

---

① 陈业新. 儒家生态意识与中国古代环境保护研究［M］. 上海：上海交通大学出版社，2012：118–126.

② 陈业新. 儒家生态意识与中国古代环境保护研究［M］. 上海：上海交通大学出版社，2012：126.

自然的失衡予以修复，对社会的失衡予以修复。另外值得一提的是，"和"（合）这个字所体现出的重要的为公的观念。个人利益根本不是人与自然关系的主要方面，而只有天下人与自然的"和"（合）才是核心。无论是思想与行动，儒家生态哲学思想所集中表现出的"和"（合）的教化都是站在天下人利益的基础之上的，甚至是针对国家建构的合法性与合理性基础上的宏大叙事情怀。古人有意今人无知，把一种本土既有的思想硬要配以西式洋话，把生态修复甚至生态保护与个人财产性利益挂钩的思维和制度设计思路，实际上要比古人逊色太多。

三、法以自然：道家生态哲学思想

自觉以自然规律为师是道家思想的核心。所谓"道法自然"不仅在述说人与自然的关系，更是超脱人与自然关系后普遍的承认自然独立于人之外，并不为人之所需而存在的内在价值。现代生态伦理在讨论人与自然的关系后，不断演进出自然独立的内在价值理论，从浅生态到深生态，从人类中心到生态系统整体，无不再次论证自然不以人的意志为转移的存在方式。人的社会秩序尤其是安排人与生态系统关系的秩序应当充分回归并遵循自然规律，而不是企图完全独立于之而寻所谓纯粹之路。法以自然，以自然违法，这是道家生态哲学给予生态文明时代最根本的启发。

《道德经》载："人法地，地法天，天法道，道法自然。"此处道法自然的意思并不是很多人所认为的大道效法自然，这其实是将自然凌驾于道之上。然而道法自然中的"自然"只能理解为"道"所表现出来的那种属性、状态和法则，其本身无自性。其实质上是以"自然而然"的方式表现自身，以自身的方式存在着。"自然"是"道"在具体事物之中得以展现、表达自身的方式，是事物所处的完美、圆满状态。总体来说，道家所倡道法自然不是效法自然，而是人与自然共同遵循的道的规律，并在自然而然中互相尊重各自独立的存在价值。所谓"自然之道不可违"，就意味着"自然"的法则是一切事物所遵循的根本法则。① 这一根本法则也就是所谓的"道"。而在道家生态伦理思想中更为精妙的是与自然法则遵守之道相对应的"无为"思想。作为道教生态伦理规范准则核心思想的"自然无为"并不是简单地认为人对自然应无所作为，更不是人应当按照自然规律行事就是遵循了"自然"之"道"了。例如人掌握核武器和大规模杀伤性武器也是按照自然规律行事，但是随意使用之却不能称其为尊法"自然"之"道"。再如人可以应用各种科学技术对自然进行改造，对资源索取，这种改造与索取超过必要的限度就不再是"自然"之"道"。"自然无为"只是在说人的行为规范应当有度，而不是针对自然进行无限制的索取，也不可以对自然存在进行强加干涉。② 道与无为构成了道家生态哲学思想的精髓，反映了道家生态伦理对于人与自然关系的核心价值理念。道家关于生态的学说并没有直接对生态系统维护做出实质性的解说，但是却可以从道与无为的思想中对生态修复法律制度建设问题总结出两点启发。

第一，道法自然之道的思想要求生态修复法律制度的建构首先就应当认清自然与道之关系。生态修复是生态科学技术发展的产物，也是生态系统得以休养生息的关键之"道"。使用并发展这个技术是在遵循自然之道。让自然遵循自己的秩序而进行休养生息，进行生态恢复，当这种恢复被人为原因打破，就应当采取补救措施使之回到能够生态恢复的道路上来。生态系统平衡的轨迹可以被恢复或进行重建。这种恢复与重建不仅仅是有利于人类生存和发展的，而且是更加有利于人与自然关系的和谐。那么相应的法律制度的建构，首先应当是能够最大限度从人与自然关系的整体角度去思考，避免个人利益化倾向。因为，个人之道不是自然之道，更不是可法之自然道。

第二，"无为"之道的思想则说明生态修复法律制度建设不应当随意乱为。生态修复应当注重"道"之度，即修复生态系统的限度。生态修复理念

---

① 蒋朝君.道教生态伦理思想研究［M］.北京：东方出版社，2006：154－158.
② 蒋朝君.道教生态伦理思想研究［M］.北京：东方出版社，2006：164－165.

的核心是使生态系统整体重新回到平衡的状态，使生态系统的功能能够得到应有的恢复。这种平衡和恢复不仅仅为了人类本身，而是在遵循一种自然而然的存在状态。对人类生存和发展更加有利一定是这种状态下的外部性问题，或者说是兼顾和附加值似的得益。因此，那种纯粹创造财产利益损失而为补偿和赔偿的制度设计实际上是本末倒置，是谋求不当且过度的利益。按照"道"之说，生态的就是生态的，怎么能和人的财产性利益赔偿扯上关系？将生态之道与个人财产性利益之道直接联系，这本身就已经明显超出了生态整体利益的度。

但是我们必须意识到，由于时代局限，那个年代的"无为"与"道"之理念还是很原始的。今天我们可以进行更加创新的解读，但并不意味着那所谓的"无为"就可以无所作为，而那所谓的"道"就可以随意为无形无相之变化。生态修复及其制度设计从本质上来说是对无为理念的一种有为升华，是在自然之道下的创新，是结合生态文明时代的一次更加整体化的法律制度体系建构。它不仅包括自然生态系统自我恢复的"道"，还包括在促进其生态恢复基础上更加有意义的社会生态系统与自然生态系统双重修复之道。

四、取法自然：中国古代法律制度与生态环境保护情怀

笔者极其反感言法必称古希腊、古罗马的行为，故也有着手对有关我国古代环境法制进行必要之澄清梳理，这里正好可以用之一二。中国生态环境保护法律制度的历史源远流长，但只是因为没有现代西方所谓的法典或法条形式呈现，就广受诟病且予以刻意忽视。其实这些法律制度，或者更准确说是这众多以各种形式呈现的制度在国家秩序维护作用上已经与今天的法律制度没有太多的差异性。如果硬是用西方的现代标准来套中国特定历史条件下形成的法律制度形式的话，其实也许可以将心比心套一下同时代西方那些国家的法制历史。因此，我们当以唯物主义历史观去重新审视中国源远流长的生态环境保护制度史，从中汲取和复兴有益于当今生态文明时代的法治建设理念和制度设计思想。

我国古代法律制度中确有关于自然保护、生态保护以及环境保护的制度存在。这些制度的建构甚至普遍早于中国法家理论的形成。《周书·大聚篇》记载:"且闻禹之禁,春三月,山林不登斧斤,以成草木之长;夏三月,川泽不入网罟,以成鱼鳖之长。"可见至少在禹帝那个年代就已经出现关于生态环境保护的禁令。该禁令虽然远不能称之为现代意义上的生态环境保护法律制度,而且其也不完全是为了生态环境保护。但是在那个世界上很多文明大多处于混沌懵懂的时代,我国先人即早已从对自然的敬畏中总结出对人的行为进行规制,以及由此达到保护自然、实现社会经济可持续发展的秩序建构动机,着实令人赞叹。而且从这短短的一段禁令描述中甚至隐约可以感觉到通过禁止人的某些干扰行为,达到促进生态环境进行自然恢复的生态修复理念。其实促进生态系统整体的休养生息,于民于自然都是中国古代这类禁令的重要特征。不论是后世的《秦律十八种》,还是秦朝的《田律》中都详细规定了类似于今天所说的生态环境保护与促进生态环境进行休养生息自我恢复的具体条款;持之相继,不论是汉代《淮南子》一书中对社会经济发展提出的无为治国之策,还是《盐铁论》提出的国家资源垄断并予以保护的经济政策,又或是后续历代君主在平定天下后实施的一系列对社会经济休养生息的国策,无不浸润这种修复的治理智慧与国家制度建设思想。西方人可以在社会改革中找寻古义,复兴仅有的千年历史,甚至是构造的历史,而美其名"文艺复兴",我们身处另一个改革的时代,复兴我们自己真实存在的历史并加以改造升级又有何不可,又有何不可为?只是我们很多人、很多时候、很多原因不去解释也不愿意正视,甚至嗤之以鼻罢了。

不仅在法令上我国古代生态环境保护历史有章可依,而且在促进自然进行休养生息国家管理职能的设置上,也是有迹可寻的。《尚书》中有载,早在夏朝建立之前,舜帝时期就设置了掌管山泽鸟兽的官吏,称为"虞衡"。主要以保护包括动物在内的自然资源为己任。只是后来随着历史的发展,"虞衡"保护各类资源的职能含义几乎转向它的反面,即为朝廷提供木材用于新的建筑。① "虞衡"一职的设置及其演变历史，充分说明至少在环境保护与资源管理及其相应制度的建构上，我国领先西方何止千年。"虞衡"这一官职的设置从本质上来看是国家组织实施大规模生态环境保护职能的体现。可见，国家组织并实施生态环境保护工作在历史上就是有相应传统的。无视这个传统，而轻言社会或个人为主的生态环境保护并不一定就是可靠的发展道路，至少现今并不一定是有益的。社会和个人在中国现有体制下更有益的角色是生态环境保护的积极参与者、投资者和惠益分享者，而国家则依然是主要组织者、主要投入者与实施者。这一点是中国历史传统与现实的关键特征，而不是西方历史所谓的传承至今的个人主义与自由主义至上的特征。由此而言，当今的生态修复法律制度的建构就不能不顾这种历史传统与现实。相反更应传承某些历史传统，由国家进行统一组织并实施生态修复工程，并进行相应投入而使得社会与个人获得应有的分益；社会与个人则更应当履行有限度的参与和资金投资，在国家生态修复行动中既出力、出钱，又可以获得更大利益。完全可以纠正那种将生态修复法律制度理解为一种个人利益补救措施的罔顾事实的想法。

五、感悟与启发

中国古代生态环境保护思想其实体现为两个重要的方面：一是以生态系统整体维护的理念为基础的儒、法、道相结合的生态哲学和生命伦理思想，二是以休养生息为根本理念的生态环境保护法律制度的制定与官制的建构。以儒、法、道三家思想的充分融合为基础而产生的古代生态环境保护思想虽然也充满了神秘主义的特征，也在自然之外塑造一个外在的高于自然之力的力量，却从未像西方历史那样发展出以宗教信仰为根本的政教合一的政治体制，只是将自然看成与人合一的存在形态，共同在遵守着一种和谐之道，并

---

① 伊懋可. 大象的退却：一部中国环境史［M］. 梅雪芹，毛利霞，王玉山，译. 南京：江苏人民出版社，2014：21.

试图在这一道法之下构建一种人与自然和谐发展的秩序。中国古代生态环境保护思想是从自然关怀与敬畏起始，探索并时刻遵循着以人与自然合而为一又和而不同的天道法则。因此，中国古代历朝历代政府都重视以德配天，顺应天道的政权道德合法性的建构。这不仅反映在统治者对于自然的关怀，更反映在善于从自然关怀之中总结道的法则并以此约束和管制自己的修德与社会秩序的修德。例如，休养生息政策就是从自然之道中总结出的天道，是自然与人和谐相处的秩序法则。这不仅被统治者积极运用于自然资源的利用与管理之中，也普遍应用于社会经济的恢复和民心向背的政策建构之中。这俨然就是自然修复与社会修复和谐并用的生态修复理念。虽然这还相对原始和低端，但却可以说是生态修复法律制度的传统之源。

我们国家长期开展生态修复的传统需要进行革命性的复兴，并应用于现阶段的生态修复法律制度建设。这不仅意味着休养生息的传统思想的复兴，也可以使某些较为优良的能够应用于现代的法律文化、法治文明传统复兴。例如，设立专门的掌管生态修复的机构，由国家负责组织实施生态修复，用刑典、重典治理违反或怠于休养生息政策和制度之人等。除此之外，也必须反思我国现有环境保护制度中严重缺乏生态系统整体性维护制度，以及没有将制度的红利应用于需要进行休养生息的社会经济发展，实现社会修复。例如可以好好反思下新增加税种真的可以实现自然修复与社会修复吗？难道不可以从国家财政中像保障军费一样或者像保障对外援助和投资经费一样保障一定比例的生态修复费用吗？这些费用还可以用于生态扶贫，可以让国富惠及落后贫困的地区和人群。这其实就是一种修德的休养生息政策。再有，我们也需要拷问，生态环境保护法治建设真的只能像西方那样搞利益法治、自由主义权利法学、个人财产补救的法律制度吗？于民敛取财物去弥补他民，这难道就是生态修复法律制度的核心之义？其实休养生息不仅是一种传统的社会经济发展信仰，更是一种于民于国都有益的长久共存之策。很多地区的人们还没有充分享受到国家改革开放带来的红利，还有几千万的绝对贫困群体需要从社会经济高速发展的副作用中充分地休养并获得应有的生息机会。

如果把党和政府本意为休养生息宏观战略的生态修复法律制度建设充分理解为部分群体和个人利益得失的问题，其实已经偏离了生态修复的本来作用和意义，甚至还不如传统意义上的休养生息政策。可能我们需要对我们所认知的传统法学知识结构，尤其是个人权利至上的西方法学的种种理论架构进行全面反思甚至革新才好。

第四章

解开理论枷锁：关于生态修复法治理论的一些新思维

一般而言，传统法学所研究的主要关系是人与人之间所形成的社会关系。但很明显，这种建立在人类中心主义理想国家形态的社会关系，似乎解释不了人对于自然的义务。首先，建立在传统法学观念基础上的环境法学研究核心范畴很自然地将人作为权利义务的主体，以权利与义务为核心的学说已经严重束缚人对自然所应当担负的责任，以及人对于自然的充分尊重。其次，现今生态危机的根源是人过分自信而导致的在此伦理引导下无节制改造和利用自然的行为。并且人盲目地信任技术手段对自然的补偿和维护能力，从而将人对人的利益补偿或赔偿，甚至将环境利益必须通过人对人的作为看作环境法治维护生态系统平衡理所当然的措施。在生态危机的解决上，人类正深陷技术主义的泥沼。最后，在通过法律手段治理生态危机这个问题上，人仅仅意识到技术对自然生态系统的维护作用，而忽视了在更深层次中找寻维护社会生态系统平衡的必要性。进而，在社会治理中只考虑环境要素的一元治理进路，反而丧失了多元化模式下的生态系统整体治理的制度创新勇气。问题根节在于，我们现有的环境法治已经陷入了人类中心主义和技术主义的泥沼无法自拔，在人是所有利益核心的问题上越走越远。那么在固有传统法学研究范畴之下的环境法治建设正逐步丧失它天生的革新精神。

第一节　以权利为核心的传统法学理论需要革新

一、向"天赋人权"问一声于"天"何益？

"天赋人权"，一句豪言竟惹多少英杰折腰。权利正是人所独享而不能给予他物吗？又或者重复讨论权利是否应当给予人以外的其他物质存在时，就已经陷入了人类中心主义传统法学所精心搭建的研究迷沼？黑格尔曾经强调过，人们要过一种受理性支配的生活。并且他指出理性的基本要求之一是尊重他人的人格和权利。而法律则是增强和保护这种尊重的主要手段之一。①同理，在人与自然的共同体中，人们也应当像尊重人类自身一样去尊重和承认共同体的权利，法律才有可能成为增强和保护这种尊重的主要手段之一。而事实上，运用传统法学权利与义务思维分析现代生态危机解决路径的行为本身就是存在问题的。传统法学思维下的环境法治最关键的不足在于仅仅是在名义上尊重了非人类物质存在（如动物、各类环境要素等）的所谓权利。但事实只是限制了某些人的行为以换得非人类物质存在的空间，并最终满足其他人能够再持续使用。对于生态要素而言，人类所宣称给予了非人类物质存在的所谓权利是不真正存在的。因为无法付诸实施的权利根本就不是权利。这种障眼法式的权利理论并不承认人类与非人类物质存在所组成的共同体的权利是真实存在的，更不用奢谈以此思维指导下所指定的法律可以成为增强和保护这种权利的手段。

著名的环保主义者卡利南也批评说，我们的治理制度以错误的假设为基础。目前人类社会对世界的主宰建立在错误认识宇宙的基础之上。主要的错

---

① E. 博登海默. 法理学：法律哲学与法律方法［M］. 邓正来，译. 北京：中国政法大学出版社，2017：90－91.

误是人类与环境被分离了，以及在地球健康状况恶化的时候人类仍然能繁荣发展。主流治理制度无法提供停止或修正我们自毁式行为的措施。① 以人为中心的传统法学意识所培养出的一整套法治措施，实际上已经偏离了共同体的命运轨迹。然而，共同体理论又恰是我们进行生态文明体制改革，建设美丽中国的思想基础。由此而论，以传统法学理论尤其是西方那一整套个人权利至上为核心的法学理论为基础的制度建构模式，已经从根本上不再适应这一价值基础，需要进行彻底的变革。这一变革应当分为两个方面：一是以共同体理论为基础的核心法理的扩展与补充，二是以上述法理为核心的崭新制度体系的建构。可惜的是，卡利南的地球法理思想在批判传统法理对生命共同体的漠视问题上虽然走出了关键的一步，但是却并没有为其所谓的地球法理创设可信的理论基础。为什么传统法学理论要把非人类物质存在排除在权利的范畴之外？为什么传统法学理论的这种排斥不再是社会发展的主流意识，需要进行彻底变革？这一系列深刻问题并没有得到应有的解决。

二、传统法学理论无法与现代环境伦理进行对话

在法律发展史上存在有两种截然不同的自然法理念，一种是为后来人所熟知的以法学家西塞罗为代表的自然法理念，而另一种则是乌尔比安提出的。前者认为人的理性作为一种遍及宇宙的普世力量，乃是法律和正义的基础。并且神圣的理性寓于所有人的身心之中，不分国别或种族。因此存在着一种基于理性的普遍的自然法，它在整个宇宙中都是普遍有效的。它的要求对世界各地的任何人都有约束力。后一种自然法理论则认为"自然法是所有动物所通有的法律。这种法律并不是人类所特有的，而是属于生活在陆地或海洋中的所有动物，也属于空中飞翔的鸟类"。"就此而言，我们可以说所有

---

① 科马克·卡利南. 地球正义宣言——荒野法 [M]. 郭武，译. 北京：商务印书馆，2017：30–31.

动物，甚至包括野兽，都通晓此类法律。"① 可以看出，后一种自然法已经具备了现代生命共同体思想的雏形，但是却生不逢时，不被认为是具有代表性的观点且逐步淡出人们的视野。我们现在所说的自然法理论多是出自前一类自然法学说及其衍生。而正是在这一类自然法学说中可以窥见其后法理发展的核心理念——人之理性。这一理性的最大特征是将人之外的所有存在物，包括动物排除在理性之外。强烈的人类中心主义法学理论由此发端。

早期自然法的核心价值理念认为人的理性是构成法的必备因素，只有人的理性才能产生和运用法律，而非理性的东西应当被排除在外。在这一时期，法的目标是建立一个文明人类的法律共同体，或者说是一个理性人类的法律共同体。但这种共同体仅限于理性人类的范畴，对于人类之外的存在是决然不存在共同体的问题的。因此，法在其产生的伊始就将生态系统除人以外的要素统统排除在外了。所以早期自然法阶段的法学理论及其后续发展绝不可能与当代非人类中心主义的环境伦理观相一致，更不可能彻底实现法与现代生态化的伦理思想的科学对话。

三、传统法学理论割裂人与自然利益的一致性

无论是中世纪、经院主义自然法还是古典自然法，最大的统一特征是人定之法，并且它们均强调人的理性因素。法基于人的理性而存在，法离开人性将不再为人的道德所接受。所以自然法又完全可以理解为人类社会普世存在的为人们必须遵守之规则。"普世法"似乎比自然法的叫法更为准确。事实上，这是一种脱离了自然界，将人与自然完全隔离开的法治思想之起始。与乌尔比安所提出的那种人与自然共守之自然法完全不一样了。关键的问题似乎在于，人的自然法是否应当受到超出人类之外的地球命运共同体意义上的自然法（地球命运共同体共同遵守的自然法则）的指导。在人类共同体尚

---

① E. 博登海默. 法理学：法律哲学与法律方法 ［M］. 邓正来，译. 北京：中国政法大学出版社，2017：20 - 23.

未达到全面影响非人类存在物质的时代，这个问题明显是种假命题。但是当人与自然的联系达到如今这种前所未有的状态后，人与自然各自范畴内的利益已经难以分离了，甚至命运将是空前一致，人类共同体与非人类存在物的利益高度重合。如此，再人为割裂人的自然法同地球命运共同体的自然法则价值目标一致性的行为将变得极端不合时宜。那么抛开内生规律性的道德伦理（人类已经充分论证并科学证明了它的存在），过分夸大人的理性道德的优越性会变得更加违背现代人的理性。因为，随着科技的发展，人的理性更加注重与自然理性的充分融合与妥协，更加理性地承认并支持自然理性伦理的普遍存在，甚至逐步允许自然的理性法则改变或彻底革新人的理性法则。似乎现代社会更加呼唤那种超越人类自然法的地球命运共同体自然法的复兴。

面对如此严重的生态危机，最大的疑问应在于运用人类之法能否彻底解决或调整人与自然之间的关系。然而，遗憾的是多数学者认为所谓的真正意义上的直接调整人与自然万事万物之间关系的法律是不存在的。人们一般举出的例子是动物无法在人类的法庭上与人进行辩论以维护自己的权利。但这不过是人一厢情愿地将法限缩在了人之法的范畴之内造成的。也就是说，在人们讨论动物权利之前就已经否认动物的权利。动物的权利必须通过人来享有而不是与生俱来的。动物权利乃至其他非人类物质的存在，都应当在人所设定的法则范畴内享受理性的光芒。那么，人有无设定调整人与自然之间关系的法则的能力呢？现在的主流观点是人可以通过法律调整人与人之间的关系进而间接地达到调整人与自然关系的目标。这种逻辑确有其合理的成分，但是深入推敲起来又多存疑问。

首先，法仅指人类社会之法吗？或者说人类社会之法外，没有超越物种和各种环境要素的共同法则存在吗？如果在环境伦理批判人类中心主义之前，这种说法完全是没有问题的。但正是这种强烈的人类中心主义思维最大限度地危害到了地球生态的命运。事实证明，在人类社会秩序之外，依然存在着超人类的自然秩序。这意味着在人类社会之外显而易见地存在着另一种运行法则，这种法则在人类对法理解的早期就已经存在，并且这种源自自然的内在运行规则，曾经深刻为人类所尊重甚至信仰、崇拜。人类历史上自然法产生的伊始，以乌尔比安为代表的法哲学思想家们就曾指出过这种超越人类因素的自然法的存在。我国古代也有"天"之意识形态与之相仿。只是它的出现在当时甚至在生态危机刚刚显现的现代也都不被人们所理解，并刻意否定和忽略。但正当人类意识到自身伟大的同时也产生了对于自然的蔑视和不信任，进而逐步产生人类中心主义的意识形态。也正因为这种人类中心主义意识使得其并不为现代主流环境伦理意识所容忍。恰如博登海默所指出的，人类要求确立社会生活有序模式的倾向（人类建立社会秩序的倾向，作者加），绝不是人类所做的一种任意专断或"违背自然"的努力。人类的这种倾向乃深深地植根于整个自然结构之中，而人类生活则恰是该结构的一个组成部分。① 因此认为法仅是人类社会之法的观念本身就显得不正当。

其次，自然法则必须通过人类社会之法而发生作用吗？答案也是否定的。人类社会之法在此之前总是将人类与自然这一共同体刻意脱离。将人与人的关系看作处理人与自然关系的唯一媒介。由此才无视了自然法则在指导人类社会法秩序建构中的全面应用和重要地位。自然法则并不完全遵循人类社会之法的规律性。相反前者在一定情况下应当成为后者的规律性参照。例如，环境的自净法则、生态系统的自我恢复规律都是一种人类社会之法无法达到却应当尊重的自然法则。法律所要实现的那种秩序形态一定是在"自然"合理的秩序之下的一种理想形态。这种法律的秩序既要符合自然的规律，也要符合社会的规律。人类社会调整人与自然关系的法，如果按照一种任意专断的人类中心主义的意识去设计秩序，那必然是违背自然法则的法。这种所谓合理的设计恰恰将人看作权利的唯一享有者，除人之外的万事万物都要服从于、服务于人类及其社会的利益。其实这也是从根本上违背法理

---

① E. 博登海默. 法理学：法律哲学与法律方法［M］. 邓正来，译. 北京：中国政法大学出版社，2017：234.

的。就此而言，人类社会之法完全应当向这种自然法则或规律进一步演进，并与之保持高度一致，而不是将二者完全割裂开来，仍坚持用人的利益的实现代替自然利益的实现。

可见，之所以现今的人类社会之法无法彻底解释调整人与自然之间的关系，最根本的原因就是人类社会之法理的孤立性。低下人类高傲的头颅，重新审视自然之法存在的应然与实然如此重要。同时，全面革新人类社会之法的意识形态也刻不容缓。

第二节　生态修复法学理论的革新之路

对传统法学理论的生态化革新是生态文明法治建设一种崭新趋势。这一方面是由生态文明社会建设的生态内涵所决定的，另一方面也是生态危机背景下人类法治理性的再革新。生态修复法治建设则是这次革新的重要突破口。生态修复法学理论是遵循自然法则而产生的，而不是仅仅关注以人与人关系为核心的人类社会法则。从根本上来说，生态修复法学理论的根基不是人与人之间的社会关系理论，而是生态系统修复法则，这恰恰是一种跳出了人类法则范畴的自然法则。无论是对自然生态系统的修复也好，还是对社会生态系统的修复也罢，都是这种自然法则的演化与增进。

一、路在何方：探讨生态修复法的革新路径

生态修复是一种崭新的生态学理念，许多理论问题尚处于零的研究状态。也无怪乎社会科学领域对生态修复的研究普遍认知模糊。第一，是自然科学研究与社会科学研究本身存在天然的认识差异；第二，是社会科学尤其是法学领域对该理念的探讨更是存在想当然的因素，甚至是建立在所谓"实证"基础上的牵强附会。在这里并不想一一树立标靶，这对于问题的深究与认识共同体的构建并无益处。但不得不说明，生态修复法学研究的底线是建

立在自然科学认识范畴之上的社会科学升华，而不是特立独行从所谓法律实证主义方法论基础上总结判例实践的想象。必须承认，生态修复是一项生态文明建设中重要的工程措施，也是现代生态学发展基础上的生态系统整体维护的崭新理念。如果其法理论及其制度建设研究抛开生态文明社会背景，甚至傲慢地绕开现代生态学认识基石，妄图从法学本身那本就已经局限的知识范畴，孤立地研究这一新理念、新社会现象是不明智的。而现有法学领域对于此问题的探讨显得过于故步自封，不愿意或者说刻意忽略自然科学认识基础，似乎已经成为针对生态修复实践进行法学研究的一种习惯。不论从文章还是实践判例，甚至是学者间的言语交流都透露出对法学技术的深入痴迷，却绝难看出对新法学问题认知的创新与开拓意识。这恐怕与法学百年的发展和固守是有着密切关联。

确实，世界历史潮流造就了辉煌的法学研究史，但恰恰是社会的深刻变革也在不断发展和深化法学研究。法学研究尤其是法理论研究根本离不开人类社会任何一种科学领域认识的深化。全然独立于其他学科认识基础的纯粹法学研究并不存在，反而深受影响和感染的交叉型法学研究却无所不存。历史上的法学研究也是在自然科学推动基础上一次次革新认识并形成各种学派。如果抛开自然科学等其他科学领域已有的知识积淀，很难想象法学研究会取得今天的成就。正如此，法学研究尤其是其理论研究要创新、要开拓，就应当承认并谦逊地吸取其他学科知识已有的营养而为己所用，并在自我更新的道路上有所作为，而不是像生态修复法学研究问题上止步不前，自我陶醉。可以说，今天生态修复法学研究应有的作用和价值被严重低估了，使其与崭新的生态文明理念不相宜，与主流科学认知相背离。这正是法学学者，尤其是环境法学者主动放低研究视野，单纯地迷恋法律技术本身而产生的严重学科壁垒所造成的。如何打破这种对法律技术主义的痴迷，回归正当的、具有现代创新和开拓意识的生态修复法学研究路径，是生态修复法学研究的首要任务。故言之，传统法理论革新之路正在脚下，而为其敢行者，恰是生态修复法理论的基本形成与不断完善。

二、破除对传统法律实证主义方法论的依赖

关于法是什么的争论已有千年。然而，法深植于社会发展之中，因社会现象存在而探讨其秩序规则，因社会意识变化而又有法理论之始创与进步，乃是其内在规律。不论是自然法学派还是法律实证主义，都认为以秩序代替无序，以制度规范人类社会，以一般道德约束人们的普遍行为，是建立法律制度的初衷，法是人类社会的秩序规则已经成为共识。所不同的是，自然法学所认为的人之秩序的本源是自然的或者是上帝的；而法律实证主义则将这种秩序归结为强制力，即法律实证主义将法的本源看作人的行为本身。虽然二者皆讨论"正义"或"应当"的内容，但这种价值判断在自然法学意识之下则是一种源自人的意志范畴之外的伦理评判，而在法律实证主义之下则是因为人之强制秩序所形成的伦理评判。前者遵守自然秩序及其规范性规则，后者则是人之秩序与其规范性规则。我们对秩序本源在哪里的判断，直接决定了制定法律规范的基本形态和内容。如果说自然法学说靠"自然秩序"的假设而运行，实在法规则由特定人类权威"人为地"制定是自然法与法律实证主义之实质性分野的话①，不得不说，自然法那种来自自然或理性，甚至是"上帝"的秩序规则更符合环境保护乃至生态文明的根本理念。诚然，法律实证主义在现代法理论的架构以及法律规范制定过程中起到了决定性的作用，现代国家法律制度也都是遵循这种模式而形成的，但是法律实证主义先天的对自然规则和秩序的否定，或许是其不利于现代生态文明理念的根源所在。

现代生态危机迫使曾经无比自信的人们，或者说人文主义精神不得不亲历自然的复仇以及人文本身的深刻忏悔。回顾历史，那种"人定胜天"的好奇不得不现实地面对人终归难以摆脱生态系统整体"束缚"的现实尴尬。人们不得不认真面对这样一种事实，即那种对自然所谓的征服不过是在自然秩

---

①　凯尔森. 法与国家的一般理论［M］. 沈宗灵，译. 北京：商务印书馆，2013：538－539.

序掌控之下的生存改造，并且这种改造一旦超出自然秩序的范畴就必然失败并最终影响人类自身的生存。人无论如何都不可能离开自然秩序而独立存在。事实上，人类对秩序的追求，时常会为偶然情形所阻碍，有时还会被普遍的混乱状况所挫败。这种规律层面上的混乱与失调的情形似乎在人类生活中要比在非有机的自然界中发生得更为频繁。① 自然秩序规则对于生态系统（包含人类社会）的规范作用，远比社会秩序规则对于人类社会的规范作用更为牢固，自然界的秩序或者说生态系统的秩序相比人类社会的秩序更为恒定。这意味着，抛开自然秩序而凭空想象的社会秩序根本不可能成为维系生态系统整体运行的秩序规则，甚至会危害生态系统运行的本来秩序。

主客体二分关系为核心的实证主义法律意识是对生态伦理的根本背弃。人在处理人与自然关系之时经历的是一种从盲目敬畏自然到盲目自信再到反思自信进而理性敬畏自然的过程。而传统自然法学以及对之批判不已的法律实证主义的产生与发展过程，恰恰处在了人类这一系列思维进程的前两个阶段。虽然法律实证主义的进步意义显而易见，但是这种进步是建立在批判自然秩序之上的。然而，即使是当时的所谓自然秩序也都是有限认知之下的自然秩序，甚至那时的自然秩序还在信任上帝这样的超自然存在，可以说远没有达到像今天这样在科学高度发达背景下人类对自然秩序的认识程度。从这种角度来说，法律实证主义有节制的批判将是科学的和有利于法的发展的。遗憾的是，法律实证主义并未以此为限，而是选择了对自然秩序的全面忽略，在人之权威制定法的技术主义路途上走得很实在。法律实证主义这种发展路径在纯粹考察人与人之间的社会关系前提下没有什么好质疑的，因为它不涉及或者说并不关心人与自然的实际关系是怎样、会怎样、该怎样的问题。抛开自然本身或者自然秩序之因素，人之权威制定法的存在逻辑则具有时代的合理性。人之法无须考虑自然的存在，也顺理成章。但是，科学的变

---

① E. 博登海默. 法理学：法律哲学与法律方法［M］. 邓正来，译. 北京：中国政法大学出版社，2017：240.

革、历史的变革、伦理的变革，造成看似相安无事的人与自然关系正发生极其深刻的变化，史无前例也更具革命性。再延续原有的、纯粹的实在法视角显然已经过于顽固。

生态危机之前，人类哲学大多数将人与自然的关系统摄于主客体二分论之下，认为人及其社会是彻底脱离于自然之外的高高在上的主体，而自然也就是人类哲学视野中的被主宰之客体。因此人之主体，自然之客体二分关系深刻引导人们向着主体可以征服客体并进行无条件改造之的人类中心主义伦理旋涡迈进。这种意识形态既有其历史性和科学性，更有其必要性。这是人类认识自然并改造自然的自然选择，无可非议。但是随着人类改造自然能力的无限扩张，人类不得不与自然愈加融合。每一次人类科技的进步预示着人与自然一元关系的真相更加明确，直到现代生态学的产生。美国环境伦理学家罗尔斯顿甚至直接指出："人与自然间再也没有明确的界限，生态学不承认有一个高高在上、与环境对立的封闭的自我。"① 于是，曾经作为真相的那种以人作为主体并无条件支配客体的人类中心主义哲学和伦理瞬间变得不甚合理。现代生态学发现生态系统是一个整体，人与自然的关系应当是平等且包容的。主客体二分关系及其想象中的人类中心执念，以及一众围绕而生的思想受到前所未有之倾轧。其中就有传统的法学理论，尤其又以不承认存在权威造法之外的法律或自然秩序的法律实证主义为最。法律实证主义的逻辑是人为主体权威存在，因此人定法既规制人的行为规范也以人的行为影响并实质规制人与自然之秩序。自然在人与自然关系中始终是客体，无法参与也没有权利参与人与自然秩序的法律建构。只要人主观设定人与自然的秩序，人与自然的秩序就向着人是主体、自然是客体的社会关系转化，并合理地运作。

当前不论是环境法律法规，或是民法、刑法、行政法等法律规范都以人

---

① 霍尔姆斯·罗尔斯顿. 哲学走向荒野 [M]. 刘耳，叶平，译. 长春：吉林人民出版社，2000：26.

的行为结果及其利益实效作为规范的实质内容，说白了就是以人的利益最大化而替代对自然利益的正当关怀。与其说是保护环境、维护生态系统平衡，不如说是以环境或生态系统为客体进行的再次支配与改造。用人定法的手段将人与自然关系乃至人与自然的秩序重新割裂，使人在法理上具备了统摄自然的合理性，并使之向着人的意念方向进化。例如，通过民事诉讼在环境污染的背景下使人获得利益的补偿，并将污染后的环境通过法律运作变为固化的现实。以生态损害赔偿为名通过人与人的磋商与妥协，将生态系统平衡的实际价值转化为财产关系，使人受益，生态受损的实际被法律所确认。这也是当前无数所谓的生态环境损害赔偿实证判例多以赔偿费用高低一论成败，再论法律实际效力的根本原因。至于自然如何得到真正的补偿，生态系统如何再得以实现其应有的周转轨迹，都不再是法律的范畴与使命。

是为之故，法学尤其是环境法学研究中流露出的全然蔑视自然秩序的实证主义倾向并不是好事。从根本上矫正传统法学理论，尤其避免法律实证主义那种顽固以实在法为逻辑起点的方法论偏见，转而以自然秩序为基点探讨人与自然建立直接法律关系的可能性，这才是开拓一种全新法理论研究思维的有效路径。事实是，法律实证主义及在其基础上形成的所谓纯粹法学，只不过是19世纪末才逐渐产生并受到人们推崇的。而在此之前，法律科学从未间断过与其他社会科学、自然科学或人文科学的融合，也可以说它们从未分离。在法律实证主义之后逐渐出现的所谓专研法律内在规律的理念，慢慢停止了法学尤其是法理论与其他学科的交叉融合，转而形成一种形式主义的法学观，并影响至今。① 不得不说，法律实证主义或者纯粹法学在其产生之初确实起到了学科革命效果，但放在今天这种多种学科融合并迅速改变社会的背景下绕开其他学科，尤其是自然科学已有认知基础的闭门造法行径已经事与愿违。而建立在闭门造法前提下的所谓内在规律研究，又怎能奢望其会出现科学的法理论成果？法律实证主义研究生态环境损害赔偿问题时，分析

---

① 苏力. 法治及其本土资源（第三版）［M］. 北京：北京大学出版社，2015：250−251.

和探讨的所谓实证前提并不存在，那些所谓的生态环境损害诉讼中生态修复判例或制度，也并不是科学意义上的生态修复。再者，法律实证主义理论下那种以人与人关系为前提，进而探讨人与自然间接关系的人类中心主义的法学逻辑，在全面建设生态文明社会的今天愈加违背生态伦理，它在生态文明法治建设的全新时代背景下也不再无懈可击。法律实证主义者试图把法理学的探究范围严格限制在对国家制定和执行的实在法进行技术分析的方面。因此，法律实证主义者最大的问题是在面对环境危机这类新情势的过程中缺乏根本的变革精神和勇气。因为他们的思维已经被圈禁在了国家制定和执行的实在法的技术方面，且无法自拔。他们根本不去探究实在法存在的合理性，不去追究实在法及其法理根基的价值目标是否符合新情势下的伦理趋向。然而不幸的是，新情势已经对旧情势宣战并决心彻底变革它。

可以说，我们今天要讨论的生态修复作为一种崭新的科学现象、人类行为或自然过程，事实上并无实在的法律制度，又何谈法律解释，也更无所谓实证研究。生态修复真正作为一种正式的科学技术和学科理念发展起来只是近二十年的事情。而从知网论文发表统计来看，第一批关于生态修复法制问题研究的论文也仅仅出现在近十年。这样一种在理论上出现巨大分歧，更没有法理论支撑的自然科学现象，最高人民法院居然在2015年和2016年分别给出了两种相互抵触的司法解释。抛开这种急不可待的盲目立法冲动不谈，笔者更为遗憾的是，立法者竟然将这种生态学技术理解为民法上恢复原状。这种立法，或者说闭门造法的过程恰恰显示出法律实证主义在研究新生社会现象以及自然科学问题时存在的傲慢与偏见。其实，不少法学学者甚至是一些权威学者，在研究这一问题时与立法者们在犯同类的错误——闭门造法与迷信法律技术主义的冲动，正在使生态修复的法学研究走上一条歧路。正如费希特所认为的，对个人自我之自由的约束应当由一般法律来宣布，而不应当根据法官的个别宣判来规定①。正当的研究逻辑应当是，先研究并确定一般性的环境保护法律，再研究相应的判决案例。如果本不存在规定某一环境保护事项的一般法律，而去着手研究该事项所谓的判决案例，则是本末倒置。因此，如果并不存在合理、自由的生态修复法律则不应当出现相应的判决案例，更谈不上所谓的生态修复制度案例研究。可见，当前法学领域研究生态修复这一现象的逻辑基础是错误的，方法论是固化而不切实际的，认识论是混乱不清的，价值论更是扭曲和违背生态伦理基础的。

三、敢于开拓崭新的生态文明法学理论研究思路

传统法学理论不断显露出其在生态文明时代法治建设使命中的先天不适应，而生态修复法学理论是生态文明法理论革新的一次重要尝试。如果说仅仅从人与人的关系来探讨环境保护以及维护生态系统平衡问题，那么传统法学理论手到擒来。不论是何种传统法学观点，都将人及其社会作为研究的核心，认为人与人的关系才是法学研究的核心范畴。这对于前生态文明时代的社会现象乃至人类发展所面临的诸多社会现象来说都是可以理解的和一贯的。然而，生态文明时代下所有的传统法学理论存在的前提似乎都在发生前所未有的变革。首先就是以人为中心的伦理理念的深刻变革。随着环境科学的发展，环境哲学、环境伦理学、生态伦理学正在悄然发起一场针对人类基础意识形态的彻底变革。主要代表则是以生态中心论、生态整体论、深生态学以及现代人类中心主义为代表的反传统人类中心主义伦理学说的兴起。人类伦理影响并改变人之行为规范，因此紧随其而来的是环境保护运动以及绿色政治的出现。这一世界潮流深刻影响到正处于新一轮改革开放阶段的中国。以习近平生态文明思想为核心的中国绿色发展、美丽中国建设理念，正在积聚对旧的不切实际的人类中心主义发展理念全面改革的力量。传统法学

① E. 博登海默. 法理学：法律哲学与法律方法［M］. 邓正来，译. 北京：中国政法大学出版社，2017：87.

理论正在世界范围内接受绿化、生态化的改造，在中国，它也不可能不为所动。孤立看待人类社会已不能满足时代发展的要求，或者已经严重偏离事物发展的轨迹。生态文明，已经是一种超越前世文明的社会发展形态。这一时代的核心内容就是如何正确看待人与自然的直接关系。而生态修复法学理论的研讨，首先就矫正了人与自然间接关系的理论偏见，将人与自然放在对等的主体地位上，通过人的主动行为与生态系统的自我净化合力达到一种人与自然关系的实质和谐。而不是再假手人之行为实现人之利益，进而想象地认为不再恢复的自然现状就是秩序的正当选择。更不再以生态环境保护为名通过法律秩序确认自然秩序丧失的合理性为代价，实现人的利益的弥补。

社会现象或人的行为正在因生态文明思想的变革而发生深刻变化，现代生态学等自然科学引导下的人类行为的生态化，也在使原有的诸多社会科学理论面临无法自圆其说的尴尬，尤其是在法学领域。如果说工业文明解决环境问题的主要手段擅长从人与人的关系到关怀人与自然关系的话，那么生态文明所倡导的理念，则已经将人对于自然的直接关怀放到优先的位置。从此，由人到人的利益惠益进而关怀人之自然利益的理念路径，将逐步被人直接关怀自然进而实现人对人的最大利益惠益的理念路径所取代。这是两个完全不同的发展思维或者说时代核心价值取向。这种转变，传统法学并不适应，或者说其所固守的传统人与人关系，再到人与人化自然关系的人类中心利益思维，已经与时代核心价值趋势相背离。诉讼法被迫做出环境侵权举证责任倒置的妥协，可以看作一种法律绿化的尝试，也是一种法学理论生态化的逆转，但却远远不够。传统法学理论不仅在理念上，更在实际行动上落后现代生态文明意识太远。例如，将生态修复看作生态环境损害赔偿的措施，看成环境污染侵权的补救责任，甚至将其作为民法上恢复原状的扩张解释等，都反映出法理论不情愿接受生态文明改造，僵化看待新生生态科学现象的本质。环境法本身应当是兼顾传统法学理论与生态化法学理论的部门法学，其任务应当是二者的桥梁和纽带，本应当向着生态化法理论目标引导和推动传统法学理论发展。现实却是其在这种僵化与抗拒改造的传统法学理论压制下自我放弃与妥协，难以想象这样的法学部门可以走得更远。环境法可以不立法，因为时机未到，还有很多传统法学理论影响下的现实阻碍，但是也不能因此放弃变革传统法学理论的创新理论研究，转而迎合传统法学理论或法律技术主义的胃口制定违背生态学规律、自然秩序的法律制度。例如，生态环境损害赔偿制度中的生态环境修复制度。生态修复是生态文明建设的手段或者说重要措施，它应当是脱离了工业文明时代烙印的新生技术和理念。如果再用固有的传统法学研究思维看待它，可能不合时宜。是故，生态修复法学理论研究恰恰可以从问题纠结之处予以理论创新，抓住机遇，为环境法突破传统法学理论桎梏提出切实对策。

传统法学理论的巨大引力恐怕在于爱将任何人与自然的关系解释为人与人关系的客体，既限制人与自然的直接联系，也试图否认存在这种直接关系。这使得人在针对自然的支配上可以站在人类道德的制高点上而没有任何内疚。但是，按照生态马克思主义的观点，人与自然的关系和人与人的关系是统一的，合二为一的。其中劳动是人与自然关系的纽带，人类开发和利用自然的道德合理性通过劳动来体现。但是现代资本主义生产方式是造成人与自然关系中劳动异化的根本原因。① 人之所以割裂与自然的正常的、直接的关系，也正是资本主义生产方式使劳动远远超出了道德必要性，变成一种利润标的，并被不断追索，产生劳动的异化。这使得原有的、平衡的人与自然之间因劳动而产生的物质交换正当状态被彻底打破。而马克思主义的观点则认为，要恢复原有的物质交换，就要彻底恢复自然本身的新陈代谢，阻断人与自然之间利润化的、异化了的劳动纽带，即反对资本主义生产方式及其制度。而传统法学理论大多源自该类制度。必须承认，现有的法律制度很多都是改革开放后充分借鉴西方发达国家成功经验而引入的，多数尚保留了使劳动异化的传统法学理论特征。这也是我们为什么要进行社会主义生态文明法

---

① 聂长久，韩喜平. 马克思主义生态伦理学导论［M］. 北京：中国环境出版社，2016：6.

制建设的主要因素之一，即彻底变革传统法理论中不适应我国社会主义生态文明建设的理论基础，使人与自然的关系回归劳动异化前的轨迹。而恢复这种轨迹的最新手段就是生态修复劳动。生态修复不以利益得失为前提和追求目标，它是建立在人对自然无条件义务的基础上的。生态修复不以人的侵权行为为前提，也与个人的生态环境污染或损害行为之间不存在任何必然因果联系。应该说，生态修复是社会集体或国家代表人类利益共同体而为的"义务"劳动，是人与自然直接关系中的劳动纽带。

生态修复法将不再是以人的基本诉求或者说利益关怀为核心，它也将不再以人之利益弥补为核心内容。传统法学理论中，法律诉求以利益为核心是在所难免的。继而会有法益学说的产生。关键问题是这种已经法律化的利益并不是广泛的和毫无差异的，而是人类自认为理性之人才可以拥有的。所谓法益"是根据宪法基本原则，由法所保护的，客观上可能受到侵害或者威胁的人的生活利益"①。该定义实际上排除了非人类，或者说非理性物种，甚至是非人类物质存在。以至于只要说到利益，就一定是人类所特有的，而非人类物质存在皆为利益的客体。不少学者也将法益概念引入环境法研究中，进而将环境利益属人化。如果这里的"人"指的是人类社会整体，或者人类共同体，这种认识尚有一定合理性。但是如果把环境保护的利益归为私人利益，进而进行所谓的利益弥补，个人认为那仍然是人与人之间财产或权利纠纷的传统法学研究范畴。然而，问题是生态系统整体的维护所带来的利益仅仅归于人与人之间某种权利或财产利益合理吗？弥补了人的利益就意味着生态系统整体存在和发展的类似利益②已经获得相应弥补了吗？如果持肯定结论，则其伦理基础依然是人类中心的。而人类中心又恰恰与生态文明时代的主题或者说主流环境伦理认识基础极不相符，甚至根本背离。事实上，在环境法学中"法益"理论依然是传统法学人与人关系的延续，根本无法涵盖生

---

① 张明楷. 法益初论［M］. 北京：中国政法大学出版社，2013：172.
② 这里姑且先使用利益这种说法，虽然人们普遍并不认为生态系统或者环境要素拥有某种利益。

态系统整体所固有的，而被刻意忽略的与人类类似的利益问题。由此，生态修复如果仅仅是对人类社会，甚至是个人某种权利或财产性利益的弥补措施，岂不是对自然生态系统"利益"的极大蔑视，而这种蔑视带给人类社会的教训还少吗？生态文明时代的法学研究就应当为这种蔑视进行必要的弥补而不是延续这种蔑视。围绕生态修复所进行的法理论研究也当然应当进行全面调整，除了关怀社会生态系统的利益之外还应当充分尊重并实现自然生态系统的"利益"。

此外，法应时而立，法因势而立。生态文明是生态修复法学理论产生的时代背景。在一个崭新的文明时代如果依然全面沿用传统法学理论来看待新生的领域或事物，岂不是要辜负这个时代，更违背法治发展的基本规律？生态修复是生态文明时代一个崭新的学科领域，虽然它产生于传统的环境科学，但其核心内容或理论已经更新为现代生态学思想。并且随着环境与生态界限迥异而越来越泾渭分明，开展以生态系统整体维护理念为核心的生态文明建设，才更能突显与工业文明时代环境保护主题的根本差异性。生态文明思想从中国特色社会主义建设的实践出发，以马克思主义作为理论指导，扎根于社会主义制度的土壤，追求集体的长期利益以及人类和自然界和谐持续的发展，将生态环境的"自然价值"与"经济价值"统一于人民的利益之中，从而完全超越了人类中心主义与生态中心主义的狭隘视野。① 习近平总书记也指出，人与自然应当是一个生命共同体。生态文明的核心价值观认为人与自然关系中，"以人为本"不是否定生态系统整体核心价值存在，生态系统存在的价值反而更应当体现在人类社会的存在上，这是密切联系、辩证统一的。这需要我们在通过科学技术等手段改变人类文明存在和发展轨迹的同时，也要对人类自身不合时宜的思想进行全面革新。以崭新的共同体理念看待生态文明建设过程中法学思想和法学研究的革新问题。生态修复是生态

---

① 周光迅，李家祥．习近平生态文明思想的价值引领与当代意义［J］．自然辩证法研究，2018：124.

文明时代的重要技术措施，也更是一种崭新的生态系统整体维护理念。如果沿用人类中心主义的传统法学理论将与生态文明的社会实践根本背离。

总之，生态文明时代，生态修复法学研究的视野不能局限在传统法学的研究范畴之中。虽然，生态修复法学理论尚在襁褓，并不能离开滋生思想的传统法学土壤，但并不意味着生态修复法学理论及其具体制度的建构就必须沿用传统法学的基本套路。在这个新的形势与时代条件下，不仅是生态修复法学理论与具体制度建构实践不可以固守本分，就是法学本身都不可能再忽视社会思想、伦理、经济的巨大变革而反生态化，墨守成规。法学的生态化是这个历史时期内的必然趋势，生态修复法学研究唯有勇往直前，切不可后退禁锢。

第三节　路在脚下：生态修复法学研究应当关注并解决的问题

一般而言，法学对某种社会关系或社会现象的研究主要围绕着主体、客体、法律关系以及权利、义务等基本内容展开。这些概念在分析生态修复过程中的社会修复过程时也许是适合的。因为，社会修复的过程毕竟离不开人与人之间所业已存在的社会关系。但是这也似乎与原有的以人为中心的人与人之社会关系有所区别。此外，当研究涉及生态修复过程中的自然修复过程时，尤其是谁应该修复自然生态系统时却难以适应生态文明建设的基本要求。就现有的制度设计及其运行而言，不论是立法上，如最高院关于环境案件的司法解释，以及当前生态环境损害赔偿制度的改革方案等；还是具体判例中，如目前各地已有不少环境污染案件当事人被直接判决承担生态环境修复责任，都已经不约而同地将环境要素的污染防治等同于生态系统整体的维护。由此，环境修复甚至地表复绿等环境要素污染治理过程都被想当然地当成生态修复的全部过程。这是对生态修复的全面误解，既降低了生态修复在生态文明建设中的重要价值，更将生态修复制度建设推向违反生态系统基本运行规律的方向。必须改变这种实践引导或思想观念束缚，让生态修复法学研究及其具体制度建设实践能够充分沿着生态文明时代需求向着正确的方向良性发展。

一、应避免生态修复法学理论不见生态修复科学规律的现象

现代环境科学以及生态学等自然科学的发展已经从根本上撼动传统自然科学的某些基本认知。例如传统的生物学等自然科学普遍将人之外的有机体视为没有感觉的物质存在，而事实上最新的科学研究结论已经表明这是一种极端人类中心主义的科学结论。人之外的有机体同样具有感觉，甚至某种情感。类似种种进步与发现，不仅击破了传统自然科学的理论认知，更是无保留地将这种魄力传递到传统社会科学领域。不论是经济学、哲学还是伦理学与政治学，甚至史学研究都深受冲击并予以革新。然而，环境法学研究，甚至法学研究本身一直以来都有一种倾向，即注重所谓的实证研究，却忽视或者说回避价值研究。但是法学概念却往往是由价值引导，其内涵更是离不开某种价值的评判。正如"环境"这个众所周知的概念一样，其语词产生之初是五花八门，各有定论。但随着某种伦理观念的引导，尤其是反对人类中心的核心价值趋向形成之后，这一概念越来越回归其应有内容。譬如，之前环境科学所界定的环境是指围绕人群周围的空间及影响人类生产和生活的各种自然因素和社会因素的总和。① 这里的环境依然是以人为核心的。然而，随着环境伦理学对于人类中心的普遍反思，环境科学不得不对该概念进行必要修正。环境即被理解为"影响人类生存和发展的各种天然的和经过人工改造的自然因素的总体，包括大气、水、海洋、土地、矿藏、森林、草原、野生动物、自然遗迹、人文遗迹、自然保护区、风景名胜区、城市和乡村等"。这是我国环境法对于环境概念的界定，也是法学关于环境保护研究的一次决定性尝试。它将自然与人的关系归结于环境要素与人之间的关系，同时它也

---

① 方如康．环境学词典［M］．北京：科学出版社，2003：1.

尝试将环境看成一个除人类之外的整体，已经具有现代生态系统概念的雏形。

但是，正是这两个概念的产生实际上反映出法学研究在初面环境危机时所逐渐显现出的严峻问题。第一，人们所认知的环境依然是人的附属，虽然进行了一定的修正，试图尽量弱化这种反环境伦理潮流的观念，却依然跳不出为人无条件服务的利益圈子。第二，将人类社会完全排除在环境之外，虽然可以论证人们对环境所具有的义务，但更多的是家长式的和利己主义的，一旦使个人利益获得某种弥补就可以抛弃人类整体甚至环境的利益。将人的利益独立于环境的利益之外，这是反人类中心价值取向的缺失，只能使人们更加孤立于共同体之外，也更容易逃避广泛的、应然的生态系统整体维护义务。第三，孤立的环境要素治理虽然可以以局部的环境改善带来环境整体的某种程度好转，但却是不可持续的。因为环境要素总和是静态的、分散的组合，而不是相互联系具有能动因素的组合。这种孤立、静态的环境要素存在价值并不能通过人的利益的实现而体现出来，反而容易使人产生可以用财产等物质利益进行弥补的实践错觉。而事实上，环境要素之间，社会与环境之间，以及人与自然之间的关系远远超越了这种静态的关系而存在。也就是说，人与自然的共同体肯定不是人和自然的要素叠加体，而是人类社会与自然之间某种共同利益互动存在的关系综合体。孤立的环境要素治理只会催生并使得人与人之间以环境的利益为媒介进行物质利益交换的合法化，并最终导致环境的利益为人的利益牺牲的后果。当前，实践判例中只重损害赔偿金额而完全忽略环境治理结果的现象已经值得我们警醒。

如此来看，环境概念的错置或者说落后于现代环境伦理观的总体价值取向，已经将环境法学研究引入一个与生态文明时代不相适应的角度，更难以激起环境法学对传统法学的生态化革新荣誉感与使命感。因此，生态修复的法学研究必须从概念研究入手，改变环境概念错置状态或落后状态所带来的缺失。同时，生态修复法学研究还应当以正当的概念和能够反映时代内涵的价值取向为基础，积极应对上述三个严峻问题。

二、生态修复法学研究应当关注人如何服务于生态系统的整体运行

人与自然的关系问题是生态文明时代一个关键且永恒的研究主题。前生态文明时代之所以会产生如此严重的环境问题乃至生态危机，最大的因素就是因为人们乐于将人定于自然之上，认为人是理性而至高的物种。地球的万事万物都应当服务于人及其社会。但是事实证明，这种自封的意识观念完全脱离人与自然关系的实质。现代环境伦理学则索性将其统论为传统的人类中心主义，并加以深刻批判、反思，试图探讨人与自然的正确关系。其中较为典型的有现代人类中心主义、生态中心主义、深生态学等，这些理论虽然核心观念不尽相同，但反对那种自大的传统人类中心主义则成为共识。反传统人类中心主义的现代伦理学主流观点，正在创造并深化上述共识，逐步形成生态文明时代一种重要的价值取向。如果现代法学研究在处理人与自然关系问题上，依然延续那种传统人类中心主义的价值取向，显然是不可理喻的。然而，自然应无条件服务于人的利益，自然无利益，动物无权利等价值观念显然已然充斥于传统法学的固化思维之中。"法律关系就是人与人之间的社会关系"始终是传统法学的核心价值取向，"人与自然的关系依然需要通过人与人的关系来实现"。似乎都已经是固有的和不可推翻的法学真理。这种固执的法学理念如何能与现代话语权下的环境伦理甚至生态文明时代进行对话呢？所以生态修复的法学研究必须对此作出应有的革新与转变。

总体而言，生态修复的法学研究应当从如下几个方面来重新认知或认识人与自然或者人与生态系统的关系问题。

首先，生态系统是包含有自然生态系统与社会生态系统的有机整体，生态修复是生态系统整体的修复，因此，生态修复的过程应当包含自然生态系统修复和社会生态系统修复，即自然修复与社会修复的双重过程。人类社会是生态系统整体的重要组成部分，人与生态系统乃至自然的关系是被包含与包含的关系，而非绝对平等的关系。虽然人的利益确实可以通过社会修复过程来实现，但并不意味着社会修复过程就是人的利益获得补偿或赔偿的过

程，也就更谈不上生态修复就是对人的利益的补偿或赔偿。既然如此，将生态修复作为人的利益赔偿或补偿的制度设计本身逻辑上就有问题。

其次，如果人与自然关系是平等的，那也必然意味着自然可以无条件服务于人的需求的同时，人也应当无条件服务于自然需求。自然的存在并不以人的存在为前提，而人之存在恰以自然存在为依据。自然存在的价值或者说生态系统存在的价值并不以其能够服务于人的利益而实现。生态系统的存在价值完全是独立的，而人的存在价值却往往要体现于其中。生态系统失衡并不会因为人的利益弥补而自然得到完全恢复，人对生态系统整体平衡的维护也并不因为其具有服务于人的作用而具备恢复的价值。故而，生态修复更多是因为人无条件服务于自然需求而进行，并不是为了弥补人之利益而恢复生态系统服务功能。人无论是在生态修复全过程还是生态恢复的过程都只是一个至关重要的环节，而这一环节即使如此重要也不能就此认为生态修复是为了满足或弥补人的利益。因此，生态修复不仅是自然或者生态系统服务于人的需求的过程，更是人满足并服务于生态系统整体平衡维护需求的过程，即人无条件服务于自然需求。而目前的制度设计，只是在关注生态系统的整体平衡如何服务于人的需求，而根本上忽略了生态系统整体平衡的维护对人提出的无条件服务需求。

最后，从另一个方面来说，如果正视人以自然名义为借口实现自身利益弥补是一种既成事实的话，剩下的也应当是考虑人究竟要为生态系统整体平衡做些什么具体贡献的时候了。生态修复再恰当不过的存在意义就是它能够真正实现人为生态系统整体平衡无条件服务的义务。这其中最为关键的研究内容有三个方面：一是谁该为生态修复义务；二是谁有能力为生态修复义务；三是如何为生态修复义务。其中前两个方面是基础，是第三个方面内容的决定性因素，而第三个方面则是具体落实生态修复制度的基石。关于这三个问题的展开下文将着重论述，这里不再赘述。

总之，生态修复是自然修复也好，社会修复也罢，最终获益的如果仅仅是人的利益，或者说通过修复服务的是人的财产性利益，这未免太过于人类中心了。甚至如果仅仅是环境要素得以浅生态地治理，而更为宏观的生态系统整体平衡状态并未得到应有的改善，自然生态系统平衡并未重建，社会生态系统平衡被个人利益的弥补所代替都将不能代表人服务于自然义务的实现。恰如，生态环境损害赔偿如果最终赔偿的是某个人或组织的金钱，而生态系统依然是失衡的，这种制度设计多少有些戏弄生态系统的嫌疑。

三、生态修复法学研究应当重点解决生态系统整体利益的实现问题

谁应当承担生态修复义务？生态修复技术产生的初衷就是通过人工措施，"协助已经退化、受损或被破坏的生态系统回到原来的发展轨迹"。[①] 有的也把这种过程称为生态恢复，而在我国通常使用生态修复。[②] 因此，生态系统退化、受损以及被破坏都是进行生态修复的直接原因。造成生态系统退化、受损和被破坏结果的人为因素都可能引发当事人承担生态修复责任的不利后果，进而履行相应生态修复义务。然而，这只是其中一种情形。如果将生态系统看作一个自然生态系统与社会生态系统共存的整体，其中任意一个方面退化、受损以及被破坏均有可能带来另一个方面乃至整体的失衡。如果这个方面恰是社会生态系统的失衡所带来的，那么造成社会生态系统失衡因素的人理所当然是生态系统整体修复的义务承担者。但是，事实上，没有个人或组织有能力造成社会生态系统整体的失衡，只有国家才有这个能力，国家及其政府显然是生态修复义务的承担者。如果恰是自然生态系统中的自然因素本身，例如地震、火山喷发等所导致的生态系统整体退化、受损以及被破坏，这个生态修复的义务人又该为谁？普遍的倾向则是国家及其各级政府，因为国家负有环境保护的义务。

谁有能力履行生态修复义务？有能力履行法定义务是一项法律义务得以

[①] 国际生态恢复协会. 关于生态恢复的入门介绍 [EB/OL]. 国际生态恢复协会网站，2018 – 10 – 29.

[②] 安德鲁·克莱尔. 生态修复学导论 [M]. 刘俊国，译. 北京：科学出版社，2017：6.

落实的前提和基础。因此，考察谁有能力履行生态修复义务与探讨谁该承担生态修复义务同等重要。生态修复义务的履行能力应当取决于三大因素：一是生态修复概念及其内涵的界限；二是生态修复法律责任如何确定；三是生态修复义务人如何确定。第三个因素一般通过谁应当履行生态修复义务的研究可以予以厘清。重点在于第一和第二因素的研究。关于生态修复概念和内涵，又分为两大核心研究内容：第一，如何看待生态文明时代这一社会背景，将直接决定如何正确认知生态系统。如果仅仅将生态文明看作人类文明进化的必经过程，在这一过程中人们普遍认识到对自然的不当行为，并通过各种措施约束自己的不当行为，换取人与自然片刻安宁，从而达到更长远对自然的索取目的的话，那么该观念只能算是生态文明理念的初级阶段。这种观念往往将环境要素的污染防治看作是主要手段，只满足于浅生态的治理理念，进而把简单的地表复绿等自然生态系统的修复步骤，看作生态修复的全部过程。这种观念从本质上说还是将自然看成是人的仆从，把人看作人与自然关系的核心，进而将人完全排除在生态系统概念及其内涵范围之外。但是相比较传统的人类绝对的核心，这种观念的进步意义也是明显的，即它普遍承认了人对生态系统的保护义务。只不过这种义务的实现还是以人的意志为规则，只要是对人有利的就可以将其归入这种义务，并且这种义务最终生成的法律责任也落实在人的财产或权利利益之上。第二，如何看待生态系统将决定如何科学认知生态修复，进而确定生态修复法律责任的真正内涵。如果把人排除在生态系统之外，则仍然实现不了从生态系统整体角度看待生态文明的目的。生态文明本身就已经决定了人离不开生态系统整体的范畴。习近平总书记一再强调人与自然的和谐关系，其实就说明生态系统是包含了人及其社会在内的一个和谐整体，抛开人及其社会谈论人与自然关系，甚至生态文明都是片面的。既然生态系统是自然与人及其社会的和谐系统，也可以说生态系统的整体是自然生态系统与社会生态系统有机结合的系统。① 如是说，生态修复是生态系统整体范畴的修复，就只能是包含了自然修复与社会修复的有机过程。②

关于第二因素，本书认为生态修复法律责任确定问题的核心应是如何看待法律责任。传统法学认为法律责任就是针对违反法律规定行为而进行的制裁，也可以归结为违反第一性义务而应产生的第二性义务。但是，制裁的前提仅仅是违法行为，且至多也就是在主观意识上对违法行为进行"过错"之区别，这并不改变针对违法行为进行同等报复的人际关系实质。问题在于这种报复的目的何在？从这种概念界定来看，也只不过是人与人之间的同态复仇，而复仇的目标是使得人的违法行为得到应有的惩罚，并教导、训诫、警告秩序的潜在破坏者不得再犯。即这种复仇或者说制裁的全部目的是让人回到人的秩序轨迹。然而，这种轨迹恰恰并不为自然所依从，相反是人的秩序游离于自然秩序轨迹之外，是人想象的所谓理想化的人为核心的社会秩序。由此而来，即使法律对人之责任进行人之秩序的制裁，于自然何益？有不少人认为，约束人违反自然规律的行为就是对自然最大的益处，但这个问题恐怕连这些人自己也不能全然信之吧。那么生态修复法律责任延续这样一个人类自己设定的复仇秩序是否正当合理？值得深思。因此这个问题需要进一步深入探讨，可能必须进行更加生态化的变革才较为妥帖。另一方面，按照现代生态马克思主义的观点，商品的价格还应当包含"修复每个商品所造成的生态系统破坏"的成本。人对自然的剥削就体现在人通过承担很少的法律责任而将这种成本转化为针对生态系统剥削的剩余价值。即减少的"生态修复支出"来增加利润。③ 现有生产力及其支配下的传统法律关系都是建立在商

---

① 吴鹏. 以自然应对自然——应对气候变化视野下的生态修复法律制度研究 [M]. 北京：中国政法大学出版社，2012：44 – 46.

② 吴鹏. 论生态修复的基本内涵及其制度完善 [J]. 东北大学学报（社会科学版），2016（6）：630.

③ 特德·本顿. 生态马克思主义 [M]. 曹荣湘，李继龙，译. 北京：社会科学文献出版社，2013：125 – 126.

品的零生态价格基础上的，是剥削生态系统而获得的。要消除这种剥削就必须增加生态价格。而修复每个商品所造成的生态系统破坏，进而将失落于人类社会及其商品之上的生态系统剩余价值，返还给生态系统的行为就成为一种合理的义务——生态修复义务。可见利用经济学的成果解释生态修复义务的根源将变得极其顺畅。生态修复本身就是一种人类无差别的义务，而不单纯是基于损害、违法等理由。甚至可以说，损害与违法而生的所谓修复义务也基于反对生态系统剥削的生态修复义务而存在。

第三个因素是如何确定生态修复的义务人。其实这个问题也是分两个方面来看待的，一是生态修复本身就是人促进生态系统功能进行必要的恢复，义务的承担者当然是有能力承担这项工程的人或组织。二是谁有能力承担这一责任，履行相应义务的问题。从目前的技术状态以及社会发展程度来看，国家作为义务人不为过。因为，国家首先负有相应的义务，再者国家也比个人或其他组织都具有经济和社会管理方面的绝对优势。事实已经证明，那些所谓的以企业或个人担负的修复，不过是一种复绿类的浅生态治理，严格意义上只能算是对环境要素污染的修复。而真正的生态修复则是需要耗费巨大人力、物力以及财力的战略性工程。① 所以本书坚持过往的观点，还是应当从国家，即各级政府如何划分生态修复义务这个角度去讨论生态修复义务人的问题。例如，国家应当承担生态修复战略规划的义务，该义务如何分解落实为各部门相互配合的法律责任？再如，国家应当支付生态修复必需的经费，该经费来源为何，如何支付等。

总之，生态修复的最终目的不是为人服务。人的利益的满足是这一过程的附属品。生态修复的唯一目的是人与自然的平等发展，即和谐状态下的共存。正如上文所讲，生态修复法律制度的设定不能将人的义务履行目标设定为人的利益实现，更不能把生态修复义务人简单化，从而逃避真正的生态系统整体修复义务。义务人的不适格不仅导致的是生态修复过程的片面化，也

---

① 吴鹏. 生态修复法律责任之偏见与新识［J］. 中国政法大学学报，2017（1）：110 – 113.

易将生态修复手段当作人对生态系统干涉能力的全面胜利，坚定人们继续污染环境的意志，最终危害生态系统整体。同时，对于生态修复义务的减量化认可（将生态修复看作生态环境损害赔偿责任的一种具体措施）实际上是承认人对自然利益的绝对支配，人可以通过赔偿人的利益换取人对自然关系的和谐，而自然的利益则沦落为可以通过人的利益交换进行支付的有价产品。这类自然有价等偿思想实际上是对生态文明理念的曲解和违背。

第五章

生态修复的法律概念

党的十八大、党的十八届三中全会以及党的十九大多次强调实施生态修复重大工程及其法律制度建设的相关问题，但是相比较其他学科而言，法学领域对于生态修复法律制度的研究起步较晚，并且都是在生态修复法律概念尚不明确，甚至使用生态修复还是生态环境修复语词还存在很大争议的情况下，就不断探讨法律规范的具体问题。这种从法律规范到法律规范的研究思维严重误解了生态文明制度体系下的生态修复法律制度建设的本质。事实上法律概念才是法律规范产生的前提和基础，抛开法律概念的法律实证研究是在延续"规范主义"的研究误区。应当充分重视生态修复法律概念研究的重要意义，适用从法律概念到法律规范的法学研究逻辑看待生态修复法律制度建设，并对生态修复法律概念进行科学界定。

第一节 明确生态修复法律概念的重要意义

目前法学界在研究生态修复法律制度建构的过程中，一般就其规范性进行系统探讨，即围绕生态修复法律规范具体如何规定进行研究，并且其成果远远超过对生态修复法律概念本身的研究。这种现象出现的其根本原因在于"强规范主义"的深远影响。强"规范主义"立场认为，法律概念没有自身意义和语义所指，完全由包含它们的法律规范来决定其穷尽。事实上，概念是无法被还原为语词且不由语言层面的规范来决定的。法律概念在法律推理中发挥着首要的功能，反而纯粹的法律规范由法律概念的论证界限所决定，法律概念应当是法律规范的基础。因此，加强生态修复法律概念的研究，对生态修复法律规范的形成及其具体制度的构建具有引领和决定作用。

虽然在现有法理学中法律概念与法律规范都是法律要素的重要组成部分，然而不论是日常生活还是学术研究中，法律概念都是我们清晰思考和认知一种现象的逻辑起点。博登海默曾指出："概念乃是解决法律问题所必须的和必不可少的工具，没有限定严格的专门概念，我们便不能清楚地和理性地思考法律问题。如果我们完全否弃概念，那么整个法律大厦就将化为灰烬。"① 可见，法律概念应当是我们认识并创设一种法律规范的基础。但是，在生态修复法律制度的相关理论研究中却过多地看重其法律规范的创设，反而忽略了产生法律规范的概念基础。

之所以产生这种现象，主要是因为生态修复法律制度的研究者试图将法的一切要素都直接还原为法律规范，即"法理论上的规范主义"。这意味着法律概念至多是相关法律规范的组成部分，法律概念的意义可以由相关的法律规范来决定。换言之，它们并没有自己独立的意义。立法者在制定法律规范时很大程度上可以随意选择概念，而司法裁判可以回避对概念的理解而径直适用规范得出结果。② 但是亦如博登海默所指出的："如果不完成分类这一首要任务（不进行概念的界定），法律制度就不可能创制出任何得到公认的审判和诉讼方式。如果我们决定在司法时放弃使用概念判断，那么即使是想趋近法律确定性及审判可预见行的理想，也是根本不可能的。"③ 雷磊教授在批判法学研究的规范主义进而指出法律概念研究重要意义的过程中也强调，

① E. 博登海默. 法理学：法律哲学与法律方法［M］. 邓正来，译. 北京：中国政法大学出版社，1999：485.
② 雷磊. 法律概念是重要的吗［J］. 法学研究，2017（4）：76.
③ E. 博登海默. 法理学：法律哲学与法律方法［M］. 邓正来，译. 北京：中国政法大学出版社，1999：486.

对法律规范的推论分析并不能决定法律概念的意义，而只能提供关于它们的语义条件或特征，来帮助人们知晓其意义。而纯粹规范上的推论分析无法赋予法律概念以意义。并且他还认为，无论是日常概念还是专业概念，都无法仅由法律规范来决定，而必须或多或少存在或被相信存在与外部世界的对应关系。法律概念在法律推理中也发挥着首要功能。首先，很多时候需要由解释者对法律概念的语义进行确证或具体化；其次，特定法律概念是引发特定法律后果的前提，而不是相反；最后，法律概念的语义构成目的论证的界限，有时也会对目的论证施加论证负担。认为法律概念在法律推理中是可被对消的中项，完全由包含它们的法律规范来决定和穷尽的观点，是站不住脚的。进而他得出结论认为法律概念对于法律体系和法学而言具有根本性，甚至要比法律规范更为根本。① 因此，抛开法律概念的法律规范研究实际上只会把法律制度建设实践引入歧途。如果仅从现有法律规范出发去理解生态修复的法律概念，是一种本末倒置的研究方法。由此展开的所谓实证研究也只能是一种不符合科学实践的臆想。从这种意义上说，生态修复法律概念研究应当是其法律规范研究的逻辑起始。要构建科学、合理、合法的生态修复法律制度就应当在明确生态修复概念的基础上进行。

第二节　厘清生态修复的法律概念

总体上看来现阶段多数生态修复制度研究是在尚未搞清楚什么是生态修复，或者说并没有清楚认知生态修复基本内涵的前提下，想当然地将现有环境科学领域中的相近词汇进行所谓的法律理解。大部分学者仅仅关注到生态修复中的环境要素的治理过程，却并未考虑生态修复概念及其内涵演化为今天这种复杂、多样、有序的生态系统维护措施的重要社会价值，更没有深究

① 雷磊.法律概念是重要的吗［J］.法学研究，2017（4）：84-89.

生态修复概念在自然科学领域的准确界定，以及实践中的生态修复到底是怎么样的一个过程，继而根本无法全面认识生态修复的完整涵义。

一、法学研究领域对生态修复概念认知的混乱

生态修复是一个崭新的自然科学研究领域，它产生于现代生态学的研究，发展于恢复生态学学科体系之内。现代意义上的生态修复概念正是对恢复生态学中生态恢复概念的不断演进和创新。生态恢复是指协助已经退化、损害或者彻底破坏的生态系统回复到原来发展轨迹的过程。从这一定义中可以得知生态恢复的主要目的在于"回复"，强调的是原貌。① 而日本学者在界定相关概念时认为生态恢复并不足以描述生态系统在人工促进下进行修复的过程，因此，从语词准确性的角度出发开始使用生态修复概念。② 我国学者最先引入的也是生态恢复概念。但随着生态文明建设研究的深入开展，我国学者逐步意识到，生态系统的原始状态很难确定，特别是极度退化的生态系统，而且很多情况下在经济上也不合理、不可行。学者们逐渐对生态恢复的提法产生质疑。不少学者甚至认为生态恢复的定义过于严格，不切实际，而生态修复更科学与准确。③ 在这种认识之下，我国生态修复理论体系逐步形成。④ 生态修复理念受到党和国家的重视，逐步成为我国生态文明建设的

---

① 吴鹏. 以自然应对自然：应对气候变化视野下的生态修复法律制度研究［M］. 北京：中国政法大学出版社，2014：33.
② 生态学研究认为生态修复源于 20 世纪 80 年代末的欧美生态恢复理念。欧美学者 Diamond（1987）、Jordan（1995）、Egan（1996）等认为生态恢复是将生态环境恢复到原有状态。日本学者则普遍认为使用生态修复概念更准确，并强调其生态恢复基础上的改进，如细见正明（2013）等。关于生态修复法理基础研究，美国基督教联合教会（The Untide Chuerhof Christ，1991）提出的环境公正主张中将生态恢复作为环境正义追求的重要内容，这也成为国外生态修复相关法制建设最重要的法学基础理论。本书的主要内容并不在于论述这些问题，故不再一一举例说明。
③ 艾晓燕，徐广军. 基于生态恢复与生态修复及其相关概念的分析［J］. 黑龙江水利科技，2010（3）：45-46.
④ 王震洪，朱晓柯. 国内外生态修复研究综述［A］//发展水土保持科技、实现人与自然和谐——中国水土保持学会第三次全国会员代表大会学术论文集［C］. 2006：26.

重要措施。党的十八大报告提出实施"重大生态修复工程",党的十八届三中全会正式提出完善"生态修复制度"的要求。而在党的十九大报告中则提出要加大生态系统保护力度。实施重要生态系统保护和修复重大工程。这是党在阐述其相关政策的正式文件中对于生态修复这一语词的明确肯定。生态修复正在逐步取代原有的生态恢复理念成为生态文明建设的重要措施和生态文明制度体系构建的主要内容。

与自然科学领域生态修复研究不同,生态修复的法学研究起步较晚,仅有的研究也主要围绕生态修复的规范性问题展开。对于生态修复法律概念的界定也多采取回避和"拿来"的态度进行。例如,有学者认为生态修复等同于"生态建设",是对生态环境的恢复和改善。① 还有学者认为生态修复就是一种恢复过程。②更有学者认为生态修复就是土地复垦。③ 此外,还有学者将生态修复等同于污染环境的修复。④ 甚至还有不少学者直接使用"修复生态环境"这一模糊概念研究相关的责任问题。上述这些研究倾向除了反映出生态修复法学研究不足以满足党和国家建设生态文明制度体系建设需要之外,更大程度上凸显了法学研究规范主义倾向及其对于生态修复法学研究的巨大影响。从现有生态修复法律制度的研究中可窥一斑,生态修复法律概念严重缺乏较为系统的学理分析,仅有的概念界定,也仅仅采取了"生态修复等同于什么或是什么"的模式一笔带过。这一现象表明我国生态修复法律概念研究实际上是围绕着"从法律规范到法律规范"的逻辑范式展开的。根本上背离了"从法律概念到法律规范"的科学研究逻辑。故而,在相应的研究中极易出现对生态修复法律概念及其法律制度建设的曲解,主要表现为如下

---

① 王建平. 灾区生态修复的法律支持——以5.12 汶川大地震灾区生态修复条例制定为视角 [A] //生态文明与环境资源法——2009 年全国环境资源法学研讨会论文集 [C]. 2009: 630 – 631.

② 吕玉梅. 我国采矿塌陷区生态修复法律制度研究 [D]. 济南: 山东师范大学, 2010: 3.

③ 张晶. 我国矿区生态环境修复法律制度研究 [J]. 环保科技, 2008 (1): 13 – 15.

④ 易崇燕. 我国污染场地生态修复法律责任主体研究 [J]. 学习论坛, 2014 (7): 79.

两个方面：

一是将生态修复概念等同于生态恢复概念。这类研究主要是基于现有法律制度中已经存在的水土保持制度、植树造林制度等，是比较典型的从法律规范到法律规范的逻辑范式。虽然，在这类研究中并没有对概念进行过多阐述，却往往以实证为名，将现有制度中看似生态修复内容，甚至能够沾边的都统括在生态修复法律概念之下。更有学者以此为前提，在已然模糊化的生态修复核心研究范畴之外，探讨所谓的修复生态环境责任问题。事实上这种实证研究已经偏离生态修复法律概念过远。例如，有学者从现有的有关支付生态环境修复费用的案例和相关司法解释出发，探讨所谓的生态环境修复法律责任。其实就是在现有司法解释适用民法的"恢复原状"来解释生态修复责任的规范框架下理解生态修复概念。根本看不到生态修复与民法"恢复原状"概念的本质差异，甚至不能正确看待现有司法解释，或者说立法上使用"生态环境修复"这个语词的非科学性。

二是不能跳出法学研究的局限性，从社会科学甚至自然科学的角度去正确理解生态修复法律概念。这类研究一般是将生态修复完全等同于环境修复，将生态修复仅仅看作环境污染治理的具体措施，或者是生态损害的弥补措施。往往将生态修复法律制度的研究想当然地看作就是民事法律关系主体在环境侵权后应当承担的法律义务。进而在立法中盲目地赞同在民法典中适用"修复生态环境"这个概念。我们的法律实践者，特别是司法解释的起草者们也深受这种观念的影响，在生态修复实体制度尚未建立，甚至在生态修复法律概念尚未明确的前提下，就急迫地将生态修复规范为一种法律责任，把它仅仅看作是环境保护法律制度体系中的事后救济制度。这实际上是一种局限于现有法律制度以及法学学科研究逻辑，为了法律规范而设定法律规范的立法和研究行为。陈瑞华教授曾指出，一些法学研究之所以难以做出开创新的理论贡献，最主要的原因就是研究者往往站在一个制度的内部，在较为狭隘的视野下进行就事论事的研究。但是，社会科学的方法则强调问题是一切科学研究的逻辑起点，要求研究者不局限在法律条文的修改和解释问题上，而是可以站在法律制度之外观察法律的实施情况，从学科交叉的角度研究理论问题。① 环境法是一门极具特色的法律部门，它的最大特色就在于不同学科的交叉与融通。它既需要自然科学的理论支撑，更需要环境伦理、环境经济以及环境政治等社会科学的理论支持。如果仅仅从传统法学的角度看待环境问题，甚至会重新走上现代环境伦理所极力批判的传统人类中心主义的道路，从而造成人与自然利益的对立。这不符合生态文明社会建设需要，更不是社会主义和谐社会法治建设的要求。将生态修复理解为环境修复，甚至将生态修复解释为"恢复原状"概念下的法律责任都是错误的。而依据该类解释进行的司法实践，以及依据该类司法判例进行所谓生态修复法律制度的研究缺乏严谨的科学依据，是对生态修复科学概念的根本违背。

综上所述，在生态修复法律制度的研究过程中，人们往往并未从严谨的法律概念角度出发去探讨生态修复法律规范的应然性和实然性，而是就法律规范而谈生态修复法律概念，甚至回避这一概念，直接探讨生态修复法律规范本身。这就像法学研究者没有弄清法的概念而去探讨具体司法制度一样荒谬。这种研究方式美其名曰是实证研究，但实际上只是一种毫无意义的重复解释法律的行为。其基本研究只是"法就是法"的循环演绎，永远解答不了法究竟是怎样的，以及它应当怎样的命题，何谈构建科学合理的生态修复法律制度？

二、立法中语词乱用、混用现象普遍存在

立法中随意使用与生态修复相近词汇现象普遍存在，已经不同程度上造成了法律语词的混乱。例如在《中华人民共和国水土保持法》（以下简称《水土保持法》）中直接使用的是生态修复一词，而在其他法律法规中却再不见该语词，出现最多的只是"恢复"一词。不过，即使如此，水土保持中的生态修复也仅仅针对的是土壤等环境要素而言的修复，并非是完整意义上的

---

① 陈瑞华. 论法学研究方法［M］. 北京：法律出版社，2017：218.

生态修复。再如，2014 年修订的《中华人民共和国环境保护法》（以下简称《环境保护法》）第三十条使用的是"恢复"一词，而在第三十二条却直接使用了"修复"一词，虽然二者所对应的对象不同，但仍让人存有疑虑，到底是"恢复"包含后者"修复"的过程，还是"修复"就是"恢复"？事实上，生态恢复与生态修复之间是存在着根本差异的。①

而在不同的司法解释中则相继出现了"生态环境修复"和"环境修复"两个截然不同的语词，更加剧了立法上的这种混乱局面。2014 年中华人民共和国最高人民法院颁布并实施的《关于审理环境民事公益诉讼案件适用法律若干问题的解释》（以下简称《解释》），将环境科学领域饱受争议的"生态环境修复"一词直接照搬使用。这将给司法审判工作带来麻烦，更会直接影响法律的权威。因为很大程度上，《解释》中所谓的生态环境修复法律责任将根本实现不了。② 虽然，2015 年最高人民法院颁布的《最高人民法院关于审理环境侵权责任纠纷案件适用法律若干问题的解释》对该概念进行了及时的纠正，然而问题依然还是存在。在 2015 年的司法解释中，环境修复是对民事法律责任中"恢复原状"的解释，这点依然在犯《环境保护法》一样的语词使用错误。试想如果"恢复"和"修复"同义，特别是在法律概念中是相同意思，为何要用两种词汇？岂不自造混乱？

即使是出于将现有立法中的"恢复原状"责任适用到环境污染损害赔偿案件的迫切需要，司法解释也不能违背法律解释中的文义解释规则，无视其专业含义进行主观理解。③ 而从专业角度来说，生态学领域早已证明恢复原状对于生态系统的维护来说并不科学甚至是不切实际的。如果违背这种科学语境下的差异，硬要将"恢复原状"解释为所谓的"生态环境修复"，甚至是"生态修复"都未免过于牵强。在环境法律实施中，法院如果按照环境科

---

① 吴鹏. 浅析生态修复的法律定义［J］. 环境与可持续发展，2011（3）：63－64.

② 参见笔者专门撰文对此问题讨论的《最高法院司法解释对生态修复制度的误解与矫正》，发表于《中国地质大学学报（社会科学版）》2015 年第 4 期。

③ 王利明. 法律解释学［M］. 北京：中国人民大学出版社，2016：154－156.

学的理解裁判，将超越现有法律法规的规定，扩大义务人所承担的法律责任，对义务人不公正。因为生态系统的修复是宏观的上位概念，是包括自然生态系统与社会生态系统的整体修复，既有自然修复成本亦有社会修复成本，这不是所有主体都可以承受的。而仅仅是环境污染物的治理与环境要素的浅的修复则成本低廉得多，对于责任人而言才更加符合其承受能力。另外，环境是静态的物质存在，它包括人为之环境与自然之环境而目前我国环境法所说的环境仅指人为之环境，与生态系统整体概念相差甚远，缘何要用生态环境之判决来无限制扩展义务人之责任？实属不公。反过来说，如果按照法律法规的理解去裁判则又无法与环境科学实践相对接，造成实际执行不能，危害法治权威。那么到底应当是环境科学屈从于法律制度进行系统化的语词转换，还是法律制度应当尊重已有的环境科学共识？事情反而将因为这种混乱的解释变得异常尴尬。

三、司法审判中语词乱用导致判决不切实际、不公平、难以执行

2014 年江苏省泰州市中级人民法院审理了江苏省泰州市环保联合会诉 6 家化工企业环境修复案。法院审理后判决 6 家企业补偿环境修复费用 1.6 亿余元。而在 2015 年福建省南平市中级人民法院审理了自然之友和福建绿家园诉福建南平被告谢某等四人生态修复案，法院却判决被告承担修复生态环境的责任。两起性质相同的案件，被告人却承担不同的法律责任。前者仅承担环境修复责任，而后者则要在环境修复的基础上承担生态破坏的修复责任。但从损害结果来看，两起案件中责任人的行为都是生态破坏行为而非单纯的环境污染行为。

环境要素是生态系统的重要组成部分，对环境要素的污染都会产生不同程度的生态破坏，判决环境修复与生态环境修复看似没有实质性的区别。然而事实并非如此，判决环境修复，其责任范围仅限于环境要素的治理，而一

且将责任目标及于生态系统，抑或是生态环境，其范围则大相径庭。① 判决承担修复生态环境的责任将面临无法执行的尴尬。一方面，"司法判例所要求的环境修复重在修复环境生态功能和价值，体现了环境修复的本质和深层次要求，但是受制于司法管辖权和法院的角色，法院只能就当事人请求的修复事项进行审理，难以考虑受损害环境的全面修复"。环境修复的目标即可以理解为仅仅是对受到污染的环境要素进行治理，使之各项指标达到国家相应的标准，或是寻求对受害一方经济利益的弥补。② 也就是说，按照现有法律制度，法官能且只能从环境要素整治和经济利益弥补两个方面进行裁判。而对于环境要素之外的生态系统失衡问题则心有余而力不足。此外，法律责任的内容必须是法律规范明确加以具体规定的。没有法定的标准和规则就不能超越法律任意自由裁量。法院可以判决生态的修复，但是如何执行？遵从何种标准？特别是生态系统各要素之间的动态关系恢复到何种程度？如此自然科学的技术难题，又岂能是法官甚至法律可以解决的？即使有法院可以更加专业，提出技术规范，但判决执行自然科学都没有定论的生态修复标准，对责任的承担者能是合理公平的吗？既然如此判决的结果无法做到公正，就不能盲目将生态和环境两个截然不同层次的语词混合使用。法律的概念应当是尽量严谨的，而不是模棱两可。法律语词也和我们日常政府报告和日常用语中的概念有着本质区别。不能因为日常习惯使用了生态环境就将其与修复这个词直接复合转换为新的法律语词，这么做既不专业也不公正。

另一方面，从自然科学的角度来看，生态系统与环境概念之间既相互交织又相互区别，这在环境科学相关概念的解释中非常明确。判决承担环境修复责任，就理应无须承担生态破坏的责任，因为环境与生态系统是两个不同量级的科学概念。而判决承担生态环境修复责任，则应当在环境修复的基础上承担生态破坏治理的责任。但生态破坏治理的责任则包括了生物多样性保

---

① 自然科学领域已经较明确地区分了二者的概念，环境概念虽与生态系统有所差异，但从整体来看，其不过是生态系统的下位概念，其范畴明显小于生态系统整体。

② 李挚萍．环境修复目标的法律分析［J］．法学杂志，2016（3）：5－7．

护等诸多问题。那么同是环境污染行为引发的生态破坏结果，却又为何承担不同范畴的两种法律责任？可见语词的混乱将对今后类似案件的判决产生极为严重的影响——法官可以仅凭自由裁量权判决责任人承担生态破坏责任，也可以是环境污染的治理责任，甚至可以二者兼有之。然而所谓的"生态环境"的修复无论从工程量，投资数额还是技术层面，显然不是仅仅做到环境污染治理的环境修复所能够同日而语的。如此，责任人将处于一种法律的极大不确定性之中，对责任人极不公平。当然，这种语词的混乱仍应归咎于对生态修复概念及其法制建设认知的偏见。

四、狭隘理解的生态修复概念误导其法制目标

从现有法律制度来看，所谓的修复无非有两种目标：一是修复生态系统的功能，如《环境保护法》，但这里的生态系统并不包括社会经济生态系统，不是完整意义上的生态系统整体功能的修复；二是对环境要素的治理，降低污染物浓度使其达到标准或使之恢复原有功能，例如《水污染防治法》《土地复垦条例》等，即为环境修复。而从当前仅有的司法实践来看，修复的目标则普遍表现为两种：一是修复受到污染的环境，例如判决承担"生态环境修复""环境修复"或"恢复原状"责任；二是弥补由于环境污染而导致的人与自然之间和人与人之间关系的损害，如判决承担"生态环境损害赔偿"责任等。无论从哪个方面来看，现有立法都表现出寄希望通过浅生态意义上的技术处理及时使得受害者的权益得到一定程度的弥补，同时在短期内使得环境污染和生态破坏得到一定程度的表面修复的功利色彩。这种法制目标从长远来看极其有害。因为所有浅生态运动解决环境问题的方案通常是技术主义的，它们均试图在不触动人类的伦理价值观念、生产与消费模式、社会政治经济结构的前提下，单纯依靠改进技术的方式来解决人类面临的生态环境

危机。① 显然，这种浅生态的环境问题解决思维已经错误地影响到对生态修复法律概念的正确理解。它仅仅看重环境污染是否被治理，环境是否美观等"面子问题"，而并不关心导致环境污染和生态破坏的社会发展因素是否得到"善治"和"根治"。换句话说，它只关注并修复受到污染的自然环境，而并不深究社会发展失衡问题的修复。如此理解的生态修复显得过于狭隘，将误导其法制建设，亦与全面建设生态文明制度体系要求格格不入。

综上所述，可以说在初期的生态修复法制化过程中，不论是法学研究者、立法者还是司法者对于生态修复法律概念究竟是什么都是模糊不清的。概念不清这一问题直接导致了无论是在理论研究中还是法制实践中均存在语词混用、混淆，乃至误用等乱象，这种种乱象说明不顾生态文明建设的需要，仅凭旧有的生态恢复认识，又或是对恢复原状的理想化空想，根本不可能正确认知业已广泛实践的生态修复现象，亦不可能对其概念有准确界定，更不可能正确指引相应法律制度建设，也不利于生态修复法制化建设找到一个适合中国国情的正确路径。为彻底厘清生态修复的法律概念，为生态修复法律制度的建设提供应有的理论指引，在构建相应制度之前就必须探讨生态修复法律概念的准确界定问题。

第三节　生态修复法律概念应当如何界定

有学者认为法律概念的形成必须具备两个基本前提，一是法律事实的类型化，即为了形成法律概念，必须被一定意义的"生活类型"所引导；二是应当具备必要的法律观念，它包括实质性的评价观点和形式性的概念范畴。② 而对于法律概念的生成，有学者认为主要通过继承、移植和创造三种途径来

---

① 王正平．环境哲学——环境伦理的跨学科研究［M］．上海：上海教育出版社，2014：168.

② 毋国平．法律概念的形成思维［J］．北方法学，2017（5）：125.

完成。① 笔者认为，对于学科交叉明显的环境法学而言，如果从传统法学的两个前提来理解生态修复法律概念的确定，显然不够充分。因为，对于一个环境法律概念而言，在其产生之前就可能已经存在较为权威的自然科学、经济学乃至伦理学对相同概念的界定。这与环境法以上述学科为渊源有着密切关系。例如，"环境"一词，不仅环境科学有界定，其他与环境相关的学科都有相应界定。如果法学概念的界定抛开这种概念的存在，不仅实现不了法律的目的，更有可能是对自然规律的根本违背。故而笔者认为在探讨上述法律概念产生的两大前提之前，应当将自然科学等其他学科对生态修复概念的界定以及相应实践的描述作为其法律概念界定的前提和基础。因此，生态修复法律概念的界定首先就应当探讨是否存在生态修复这一概念，即使这一概念并不是法学领域的。对于已有的生态修复概念而言，在界定其法律概念时应当适用继承路径。这一继承应当包括两个方面，一是对其科学用语的继承，二是对其实际内涵的继承。其次则应当考虑在已有的非法学的生态修复概念之下，是否有相应法律事实的存在，并且这种法律事实能否被类型化，从而通过在法学领域的创造使得生态修复法律概念的界定准确、科学。

一、自然科学领域已有的生态修复认知

生态修复专家焦居仁先生将生态修复实践概括为五大方面，并认为生态修复的过程既包括"退耕还林（草）"等自然环境的恢复过程，也包括对影响生态系统平衡的社会发展问题的治理，例如"调整结构"和"生态移民"等。② 这一内涵的概括主要依据是环境科学领域对于生态系统的划分理论。例如，《环境科学大辞典》即将生态系统类型划分为自然生态系统、半人工生态系统与人工生态系统三大类型。我国学者也早在 20 世纪 80 年代即提出

---

① 吴丙新. 法律概念的生成［J］. 河南省政法管理干部学院学报，2006（1）：103.
② 焦居仁. 生态修复的要点与思考［J］. 中国水土保持，2003（2）：1.

"社会—经济—自然复合生态系统"的概念。① 这表明人类社会及其之外的自然万物都是生态系统整体的一个基本要素。因此，生态修复不仅仅要实现对自然环境的修复，更要实现对社会的治理。对此，我国水土保持领域专家王治国先生针对水土保持生态修复问题也提出了类似的观点：必须承认，在我国水土保持只有与发展区域经济和改善人民生活紧密联系起来，才能把工作搞好。② 这再次说明生态系统的维护必须与人类社会的自身建设相结合才有意义。生态修复的内涵明显应当包括自然与社会两个方面的内容。③ 由此可见，在自然科学领域对于生态修复的研究已经较为全面，并且对相应内涵的界定也较为统一。在语词的选用上更是明确地使用生态修复，而不是生态恢复或生态环境修复。如果法学领域对于生态修复概念的界定偏离这种较为一致的科学认知，只能造成法治与社会实践的直接脱离，语词不一，做法迥异甚至背道而驰，如何实践法律，实现法治的权威？因此，生态修复法律概念的界定，必须以生态修复实践及其普遍认知的存在为基础，而不能率性而为，偏离科学概念过远。

二、生态修复实践与类型化的生态修复法律事实

关于法律概念的形成与法律事实类型化之间的关系，博登海默曾指出，法律制度必须形成一些有助于对社会生活中多种多样的现象与事件进行分类的专门观念和概念。因此，法律概念可以被视为用来以一种简略的方式辨识那些具有相同或共同要素的典型情形的工作性工具。④ 拉德布鲁赫同样也认

① 《环境科学大辞典》编委会. 环境科学大辞典［M］. 北京：中国环境科学出版社，2008：577.

② 王治国. 关于生态修复若干概念与问题的讨论（续）［J］. 中国水土保持，2003（11）：21.

③ 吴鹏. 论生态修复的基本内涵及其制度完善［J］. 东北大学学报（社会科学版），2016（6）：630.

④ E. 博登海默. 法理学：法律哲学与法律方法［M］. 邓正来，译. 北京：中国政法大学出版社，1999：483

为，借助于大量的法律事实，法律概念才得以在其先验性中蓬勃发展，人们是由这些事实引向法律概念的。① 所谓法律事实就是指法律规定的引起法律关系产生、变更和消灭的客观事实。②

这里必须说明，虽然法律事实是由法律规定所引起的，但是法律规定并不是引起法律概念的前提。法律规定就是具体的法律规范，而法律概念则是法律规范的基础。如果由法律规定决定法律概念，则仍然未摆脱规范主义的研究范畴。这个问题必须从法律事实的分类来简要说明。现代法理学认为，法律事实可以分为法律事件和法律行为两种类型。法律事件是引起法律关系产生、变更和消灭的客观事件，而法律行为则是能够引起法律关系产生、变更和消灭的人的有意识的活动，包括作为和不作为。这两种事实并不都基于人的意志而产生。不论是事件还是行为都是一种客观存在的现象，只不过通过人为创设把某一类现象赋予了专门化的法律意义，而使其具有了法律上的概念特征。从而通过法律规范的形式将其固定下来，并反映在法律规定之中。其基本逻辑顺序依然是"由客观事实凝练法律概念再形成法律规范（法律规定）"。由此也可以看出，法律概念的形成必须是人有意识地对某种客观事实的总结和概括，而不是由法律概念创造某一类客观事实。因此，生态修复法律事实的类型化是在其作为一种普遍存在的客观事实，即相应生态修复实践普遍出现之后而产生的。这种事实不论是事件还是行为，在通过法律规范的形式表现出来之前，我们实际上已经或者必须对它进行一种类型化的概括，并赋予它能够准确指代其法律意义的专门语词，这才是生态修复法律概念产生的演绎过程。这就是说，在界定生态修复法律概念之前，必须对广泛存在的生态修复实践进行梳理和归纳分类。由此也说明，现有所谓的生态修复法律概念研究从法律规范角度出发进行臆想解释的荒谬性。因为它并不是对生态修复实践的反映，而是对主观臆断的生态修复法律规范的反映。

---

① 古斯塔夫·拉德布鲁赫. 法哲学［M］. 王朴，译. 北京：法律出版社，2013：39.
② 周永坤. 法理学——全球视野［M］. 北京：法律出版社，2010：126.

可以说，生态修复实践的存在是类型化生态修复法律事实的前提和基础。目前我国生态修复实践已经广泛开展，为生态修复法律事实的类型化提供了较为可靠的依据。本书重点以采煤塌陷区的生态修复实践为例，进行相应分析。所谓采煤塌陷，就是由人类的煤炭开采行为而产生的地表沉降现象。煤炭开采行为是人类利用资源过程中必然出现的客观现象，地表沉降的机理也是引力作用下，地质变动的自然科学规律。这并不以人的意志为转移，至少在现有自然科学定律下是一种客观事件。因此在煤炭开采过程中必然存在着法律行为与法律事件并存的现象。这意味着由此引发的相应治理活动必然引起一定法律关系的产生、变更和消灭。例如，塌陷地上附着财产赔偿法律关系的产生，征地后使用权的变更以及相关权利的消灭等。这一类法律事实的存在，现有政策文件中一般将其称之为"采煤塌陷区综合治理"。

当前，采煤塌陷区综合治理一般包括两个大的方面，第一是对沉降并稳沉后的土地进行治理。这包括对原有耕地进行土地复垦，对原有植被进行地表复绿等措施。第二是对因采煤塌陷所导致的社会经济发展问题进行综合整治。这包括对原有居民进行的搬迁安置，对其正常生活质量进行改善性恢复，对相关财产损失进行赔偿或补偿等社会治理措施。而如果按照现代生态学理论将生态系统划分为社会生态系统和自然生态系统两个基本的范畴，来对上述综合治理的行为或过程进行解释的话，前者就是对自然生态系统进行的综合治理，而后者就是对社会生态系统进行的综合治理。这两类行为或过程的主要目的都是对生态系统整体平衡的修复。从这种意义上说采煤塌陷区所进行的综合治理行为或过程就是一种生态系统整体平衡的修复行为或过程。并且这些行为或过程都有相应的法律规则对其进行系统地规范，如依据《土地复垦条例》建立起来的法律制度体系等。而这一系列法律规则又统一规范采煤塌陷区生态系统整体平衡修复这一类法律事实，我们据此可以将其类型化为一个完整的法律事实，姑且称之为采煤塌陷区生态修复法律事实。

因此可见，确定采煤塌陷区生态修复实践可以为采煤塌陷区生态修复法律事实的类型化确定相应的基础。而这一法律事实类型化又将为采煤塌陷区生态修复法律概念的确定提供前提。与此相类似，其他领域的生态修复实践也具有相同的法律事实类型化规律。例如，早在20世纪就已经开展的"三北"防护林建设，西部沙漠地区开展的防治沙化的生态建设，以及21世纪逐步开展的退耕环湖，湿地保护以及自然保护区建设等，都是生态修复实践的重要形式。其主要特征与采煤塌陷区的生态修复实践相类似，均包含了两个主要方面，一是对业已受到干扰或者脆弱的自然生态系统平衡进行修复，二是通过诸如生态移民、生态补偿等措施对社会生态系统的平衡进行修复。总之，以实现社会生态系统平衡以及自然生态系统平衡修复为目标的生态系统整体平衡的修复统称为生态修复实践，由该类实践涵盖下的相应法律事件及法律行为所确定的这一类法律事实即可统称为生态修复法律事实。

三、生态修复法律概念的继承与构造

生态修复这一语词已经广泛应用于社会实践，并为自然科学领域所普遍认同。在语词的选取上应当是一种简单的继承，这不仅便于立法者在法律制度的创设时避免法律概念的模糊性，也使得司法者能够根据科学结论确定判决的标准和具体依据从而避免裁量权的滥用，更有利于守法者能够便捷地理解其法律内涵，从而明确自身行为的法律评价标准，达到规范、约束自身行为的目的。这是一举三得的事情，然而这种简单的继承却在实践中变得异常困难。

立法者在司法解释中主观臆造了一个与生态修复截然不符的语词"生态环境修复"。这导致或将导致更多严重问题——同案可以不同判。因为法官可以裁判为生态修复也可以裁判为环境修复，而一旦涉及生态修复，这种成本将是巨额的，任何个人或企业将无法独立承受。但是同样的环境污染问题，却可以裁判其仅承担环境修复法律责任，这样的成本就小得多。那么两者的界限又在何处？对当事人何言司法公正？[①] 造成这种问题的原因在于，

---

① 吴鹏. 生态修复法律责任之偏见与新识 [J]. 中国政法大学学报, 2017 (1): 116.

生态环境修复概念根本不可能有类型化的法律事实作为依据。因为"生态环境"这个词本身就存在过多争议。

事实上在全国科学技术名词审定委员会公布的生物学名词中，并不推荐用"生态环境"一词。然而我国学者却已普遍将"生态环境"与"ecological environment"作为汉英、英汉双向对照名词（有时将"eco‐logical environment"简写为"eco‐environment"）。使得中国竟然已成为目前世界上使用"ecological environment"这一英文名词的第一大国。[①] 但环境与生态系统是完全不同的两个概念。环境是静态的、物化的存在，如土壤、水、动植物等。而生态系统除了物化的静态存在之外，还包括动态的能量转换过程，是动静结合的物质存在状态，如生产者与消费者之间能量转换等。硬是将二者合而为一，也不符合法律概念的准确性与严谨性，具有极大模糊性。到底一个法律事实是生态系统的范畴还是环境的范畴？这将变得极为不确定。虽然日常生活中我们对于生态环境概念的指代较为清晰，但是对于讲求严谨避免模糊的法律概念而言，这种指代就会变得极其不清晰。法律语词与日常语词，甚至是科学专业语词使用的差异性被人为忽略，反而激发了立法者对于选用生态环境这一模糊性语词的极大兴趣。

要减少这种不必要的兴趣，首先就应当正视法律概念界定中的继承途径。相对于立法者所选取的生态环境修复一词而言，生态修复一词早已广泛存在，并在实践中被广泛认同。法律的任务应当是予以忠实继承，而不是抛弃这种社会实践认可创造一个生态环境与修复复合的新语词。因为，实践中我们只有生态修复或者环境修复，而并没有所谓的生态环境修复。不能简单地将二者进行叠加，创设一个实际上存在很大争议的语词。将生态修复事实与环境修复事实简单糅合在一起的初衷是好的，但结果却创造出一个什么都不是的杂合体。

其次，则应当在生态修复概念的基础上进行必要的创造。即将原有浅生

---

① 王孟本."生态环境"概念的起源与内涵［J］. 生态学报，2003（9）：1911.

态的修复进行扩张解释，融入生态系统整体理念。对浅生态背后的深生态问题进行系统探讨。浅生态技术主义仅仅关注各类环境要素损害的综合治理，并将当作是生态系统整体进行整治。而深生态除了关注表面的环境要素治理外，还看重社会深层次的治理问题。这是从生态系统整体的视角重新认识生态系统平衡的维护问题。即生态系统平衡的维护不仅仅应当对自然而言，还应当包括人类社会。这恰恰与生态学视角下的生态系统所包含的自然生态系统与社会生态系统的认知相互契合。由此看来，生态修复原有内涵必须进行整体扩张。即在修复自然生态系统基础上进行社会生态系统的修复，甚至二者在很大程度上必须是同时进行的。

最后，还必须强调法律事实的类型化问题。现有司法解释中关于生态环境修复的理解是基于民法上的"恢复原状"法律责任而言的。但是这恰恰说明所谓的修复生态环境的法学研究在一开始便找错了解释的对象。因为，对于书本、桌椅等有形物而言，恢复其原状并不难以理解。围绕这些客体所存在的各种法律事实的类型化较为明确。但是对于生态系统而言，生态系统一经扰动便不可能恢复原状。因为生态系统平衡，特别是能量的输入和输出等无体物间的交互关系普遍存在，其法律事实与前述围绕有体物存在的法律事实之间有明显差异性。最大的问题就是这种能量的输入和输出也好，光合作用也好等现象都是无体物，根本无法用法律所要求的精确进行科学衡量。例子很明显，一棵树可以砍伐再种植，但如何保持这棵树与原有树木具有同等量的能量物质循环？目前环境科学是做不到这样精确的。也就是说，生态修复的法律事实并不一定都是与恢复原状所涉及的法律事实相对应的。如果植树复绿等行为算是恢复原状，那么这种行为从环境科学的角度，充其量只是生态修复的一种重要步骤而已。因此，用生态修复解释恢复原状是一种以大概念解释小概念的逆向思维。它所造成的结果就是司法解释的概念比被解释概念要涵盖的法律事实明显宽泛得多，从而根本上违背了司法解释的基本原则。综上所述，如果真正要实现对生态修复法律制度的构建，就必须对其法律概念进行创造而不是仅仅对其进行解释。

四、生态修复法律概念的重新解读

经过生态修复法律概念的演绎思路可以看出，生态修复法律概念的界定应当从以下三个方面思考并最终完成。

第一，生态修复语词必须是继承现有科学可以解释的准确语词，它应当是已存在的客观事实的准确描述。从现有较为混乱的概念使用来看，已有的备选语词有生态修复、生态环境修复、生态恢复以及生态重建。这里由于篇幅所限，不再分析各类语词差异性。本书认为应当继承并持续使用客观事实或广泛实践中业已受到认可的生态修复语词，而不能再将模糊与非科学的生态环境语词加以臆造使用。

第二，生态修复法律概念应当充分反映生态修复实践的成果和结论，总结并概括已有的生态修复法律事实。生态修复的实践主要包含两个方面：一是对于受扰动的自然生态系统平衡的修复，这包括土地复垦、植树造林等浅生态意义上的要素治理；二是对自然生态系统受到不断扰动而引发的生态危机进行深层次的社会治理，即对社会生态系统平衡的修复。这一修复过程应当包括了生态补偿，生态移民与安置，以经济发展能力为标准承担更多生态修复义务，由国家统一开展并实施生态修复重大工程等内容。由此，相应的法律事实也是清晰的，一是自然生态修复法律行为与法律事件，例如采煤塌陷区地表沉降引发的土地塌陷与土地复垦等；二是社会生态修复法律行为与法律事件，例如国家对于采煤塌陷区居民的补偿和搬迁安置等。

第三，生态修复法律概念的界定除了应当充分考虑上述内容之外，还应当考虑法律主体的问题。国家及其政府应当在生态系统整体维护过程中扮演主导者的角色。国家及其政府应当成为一系列生态修复工程组织者和主要实施者。可以说，环境保护作为一种公益性很强的事业，特别需要"国家"这个拥有特殊公共职能的主体发挥作用。在任何时候国家在环境保护中始终具有主导地位,这是由环境保护的特殊性质和国家的特殊职能所决定的。① 因此,生态修复的法律概念可以界定为生态修复是为适应生态文明建设需要,以生态系统整体平衡维护为出发点,由国家统一部署并实施的治理环境污染和修复受到干扰的生态平衡的系统工程,及在此基础上进行的促进当地社会经济转型发展,逐步缩小地区发展差距实现国家社会经济均衡发展的一系列政治、经济和文化等社会综合治理措施。生态修复制度即是保障生态修复系统工程及其社会综合治理措施顺利开展的一系列制度的总称。根据生态修复的双重内涵认识,生态修复法律制度或者还可以直接界定为规范并保障国家统一组织实施的一系列自然修复与社会修复工程的法律制度的总称。

---

① 夏光. 论环境保护的国家意志 [J]. 环境保护,2007(7):20.

第六章

美丽中国需要建设怎样的生态修复法律制度

虽然美丽中国理念的逐渐形成、生态文明思想的不断完善促使生态修复法律制度建设由起步到快速发展，但总体而言，我国的生态修复法律制度建设目前正处在一个复杂变换的十字路口。生态修复法律制度向何处去？这应当是生态修复法学研究的迫切待解之问。目前我们误解生态修复及其法律制度建设与研究，其根源在于没有实事求是地从中国问题出发看待生态修复法律制度建设与研究的问题，而是想当然地把西方法学研究与法律制度建设的经历当作真理，习惯在"看到西方怎么样，我国怎么这个样，进而认为我们应该也那样"的西方法学话语与逻辑枯井中仰望，这就是抛开中国实际空谈生态修复的表现，但最根本的还是百年来文化不自信、信仰不自信造成的中国法学理论研究自信心全面丧失的集中表现。正如张维为教授所言："中国人你要自信。"这种自信不仅反映在社会经济发展的模式选择上，更反映在中国社会政治制度、经济制度以及法律制度建设的模式抉择上。站在"美丽中国"的宏大战略视角看待生态修复法律制度，从中国实际需要出发，走出生态修复法律制度建设的中国道路，形成生态修复法律制度的中国模式是生态修复法学研究的最终使命。

第一节 中国的实际

中国作为一个文明型国家，在崛起过程中走了很多弯路，但也形成了较为独特靓丽的中国道路，造就了法治、经济、社会、政治等各方面国家建设的中国模式。这些中国模式的产生实际就是根据中国的社会经济发展现实需要出发，进行理性探索。"美丽中国"是一个值得几代中国人，甚至十几代中国人共同努力的民族复兴道路。"美丽中国"不仅要求有一个适宜人类生存和发展的生态系统及良好的环境因素，更需要有一种秩序能够不断改进并维持这一状态。这种秩序，现在看来就是生态修复法律制度。一方面，生态修复法律制度能够使原有的以维护人的核心利益为中心的法律秩序，转向对包括人类命运共同体在内的生态系统整体利益的关怀与维护；另一方面，生态修复法律制度能够使中国环境法律制度建设过分的经济利益价值追求，甚至是赤裸的货币化价值追求，逐渐演化为以维护生态系统平衡来促进社会保障利益最大化的价值追求。

一、从重建中国社会理论谈起

郑永年先生在《重建中国社会》一书中精辟阐述和分析了中国社会的失序现实与根本原因。他认为，中国社会正在失去其整合的经济基础和社会阶层基础，如社会道德基础不断流失，社会信任危机凸显，群体性事件频发，暴力行为丛生且毫无规则，社会文化凝聚力流失，社会财富与知识（主要是知识精英）不断"退出"，这些现象的产生深刻说明我国社会秩序正在逐渐丧失。并且郑永年把这种中国社会的失序现象出现的原因归结为三个方面：一是经济领域和社会领域边界的缺失；二是社会改革的缺位和社会空间的缩小；三是公民权的缺位，主要是分税制导致权力和财富的向上集中。①

（一）经济领域和社会领域边界缺失理论

郑永年先生认为，社会是由经济、社会和政治三者互动而生的有机体，其权力可以分为政治权力、经济权力和社会权力。政治、经济、社会是三个不同的领域，无论政治权力站在哪一方，都会改变经济和社会领域间的平衡，从而对社会秩序产生影响。所以政府和政治权力是个平衡器，必须时刻保证这三个领域的平衡，否则社会秩序和道德就会解体。郑永年先生还认为，中国社会失序的根源就是经济领域与社会领域之间没有边界，政治权力站在经济利益这一边，导致了经济领域和社会领域的失衡。② 我国政府在改革开放初期将国家社会经济发展工作的重心转到经济建设上来，成就了中国的高速发展，形成了当今民族复兴的基础，这是正确的历史抉择。但是改革开放最初我国政府并没有严格区分经济领域和社会领域，在政治权力的扶持下，经济政策被简单应用到社会领域，造成了社会领域过度市场化、货币化，集中表现就是医疗、教育及住房等社会领域的过度市场化与货币化。而真正需要充分市场化与货币化的经济领域，由于国有企业的普遍抵制，实际上并没有完成这种应有的经济转变。20 世纪 90 年代中期以后，医疗部门率先引入经济政策，医院成为"暴富领域"。1997 年亚洲金融危机期间，为了应付危机，有人建议教育产业化。尽管政府从来没有正式提出"教育产业化"的政策，但是实际上中国的教育从此走上了激进的产业化道路。2008 年金融危机之后，经济政策导入了另一个社会性很强的领域，即房地产领域。③

郑永年先生还将这种经济政策导入社会领域的现象总结为"GDP 主义"，即社会的经济数据化，最主要表现就是人的价值数据化，这也是导致我国社会和道德失序的一个根本性因素。将 GDP 主义引入法律制度建设中，直接导致我国法制建设失去了一个应有的高度，使得很多法律制度建设仅仅针对经

---

① 郑永年．重建中国社会［M］．北京：东方出版社，2016：10 - 72.

② 郑永年．重建中国社会［M］．北京：东方出版社，2016：55 - 56.

③ 郑永年．重建中国社会［M］．北京：东方出版社，2016：57 - 58.

济发展，为 GDP 增长服务。虽然近年来，用法律规制经济发展的制度建设方向开始出现，但是仍然没有转变到保护社会和保障社会的正确轨道上来。法律制度建设中普遍出现保护私有财产的倾向是好现象，但是并不能认为保护私有财产就是保护社会和保障社会的全部，这并不是可以替代的概念。①

（二）一点启发

本书对上述观点持赞同的态度。首先，中国法律制度应当以中国社会实际需要为出发点，中国社会经济发展形势的转变应当促成中国法律制度建设的方向性转变。中国已经从社会经济的高速发展中获得了巨大的成就，积累了大量的物质文化成果，也正是这种高速的、不顾及其他的、过度的货币化状态和 GDP 主义已经造成生态系统的严重失衡，即不同地区包括社会经济发展在内的社会生态系统的严重失衡以及自然生态系统的严重失衡。可以说，中国法律制度建设的这种价值取向使得中国环境法律制度建设只注重经济利益，而普遍忽视社会平衡发展秩序的制度保障。赔受害者很多钱，改善不了中国环境，也改变不了中国生态系统整体退化的现实状况。中国环境法律制度如果继续坚持这种只重经济规制、忽视社会保护的发展方向，将十分危险，同时这也是违背中国国情的。生态修复法律制度建设应当站在经济领域和社会领域重新平衡的视角看待重建中国社会平衡的实际需要，而不是在生态修复法律制度建设中过度强调赔偿，过度看重维护私有财产。为此，生态修复法律制度的设计可以通过使政治权力更加中立化，或者暂时偏重于社会领域，促进社会保护和社会保障制度的发展，纠正因过度货币化和 GDP 主义所导致的社会失序状态。

其次，关于如何实现社会领域与经济领域平衡的问题，的确不是法律制度或者说法学理论建设可以独立完成的任务，但是至少现在我们知道了社会失序的中国实际和解决失序的中国需要。其实郑永年先生的观点从环境法学角度来看，可以理解为通过生态环境保护法律制度建设促进社会保护与社会

---

① 郑永年. 重建中国社会 [M]. 北京：东方出版社，2016：59－62.

保障理论研究和实践发力，这恰是环境法作为新兴法学应当发力和进行努力革新的方向。环境法学在私权利的维护上不是做得不够，而是做得太多了。不论是环境侵权诉讼还是环境公益诉讼，最后得利的往往是个人、群体或者某个组织，生态系统的平衡如何修复、修复的结果如何甚至都被货币化。事实上，环境保护工作是一个很显著的社会领域范畴，是需要国家及各级人民政府大量投入的社会事业。这种投入不仅仅包括财政支持，更包括采取实际行动改变退化的生态系统状态，通过生态修复恢复生态系统的整体平衡。十八大以来，尤其是十八届三中全会以来，党和国家一再强调开展重大生态修复工程，并将其作为社会经济发展的重要手段和生态文明建设的关键措施来抓。习近平总书记发出"要实施重大生态修复工程，增强生态产品生产能力"的总要求；① 十九大报告中再次强调"实施重要生态系统保护和修复重大工程，优化生态安全屏障体系，构建生态廊道和生物多样性保护网络，提升生态系统质量和稳定性"；2018 年国家发改委发布的《生态扶贫工作方案》中要求"加强贫困地区生态保护与修复，在各类重大生态工程项目和资金安排上进一步向贫困地区倾斜"，通过实施重大生态修复工程促进贫困地区发展。这些举措和指导思想无不反映出生态修复与我们现有制度建设中所认知的货币化的生态环境修复制度具有天壤之别。党和国家政策理念中的生态修复完全是战略层面的社会保障手段和社会保护措施，是要通过生态修复实现社会秩序在某种程度上的修复，根本不是我们现在所理解的所谓货币化的、私益化的"修复生态环境"或生态环境修复。因此，生态修复法律制度建设的现阶段使命就是让这些正确的政策制度化，起到最终平衡经济领域和社会领域的效果。简言之，党和国家把生态修复及其法律制度建设作为战略

---

① 2013 年 5 月 24 日，习近平在中央政治局第六次集体学习会议上强调，要实施重大生态修复工程，增强生态产品生产能力。环境保护和治理要以解决损害群众健康的突出环境问题为重点，坚持预防为主、综合治理，强化水、大气、土壤等污染防治，着力推进重点流域和区域水污染防治，着力推进重点行业和重点区域大气污染治理。

性布局，其目的在于纠正社会失序状态。现阶段，不少环境法学者所理解和坚持研究并进行制度建设实践的生态环境修复制度的目的是继续走私有财产权维护的传统法制道路，而这条路恰恰是造成社会失序的老路，不符合当下的中国实际，更不是中国需要的路。

最后，中国社会秩序与经济秩序的重建其实就是本书开篇所提的观点，即生态修复过程中社会修复的过程及一系列措施。生态修复的全过程之所以具有重建中国社会秩序与经济秩序的功能，一方面是因为国家在生态修复过程中承担主要角色。生态修复不是指因为污染了环境、破坏了生态对受害者进行的补偿性或赔偿性行为，而是建设符合中国实际的生态文明社会，实现社会经济的平衡发展，减少地方发展、群体发展、个人发展之间的巨大不平衡，通过国家组织和领导重大生态修复工程达到重扶贫、促发展、补利益的目的，从而促进社会秩序回到相对平衡的状态。当前，生态系统的退化已经危及和谐社会建设，生态修复的提出正是为了实现"美丽中国"的战略构想，这就是生态修复中社会修复的重要意义和行动策略。因此，生态修复法律制度中的社会修复制度应当围绕这个核心目标展开设计。从根本上来说，社会修复制度是社会秩序重建和恢复平衡的重要保障，它的制度设计目的是保护社会和提供社会保障。另一方面，自然修复的最终目的虽然是为社会修复提供可持续发展的生态服务，保障社会的环境利益，但在具体措施上，自然修复是以技术手段为核心的。自然修复制度的设计不应当以经济发展的需要为标准，而应当以生态系统整体平衡的技术指标为主要标准，适当照顾已经存在的经济发展状态，通过技术手段促进生态系统平衡修复从而倒逼经济主体向自然让渡修复利益，主要包括控制资本无限扩张、降低低端生产的经济利润、倒逼技术投入以及增加治理成本等。

综上来看，建设怎样的生态修复法律制度实际上是由中国实际和中国需要所决定的。而中国最大的实际与需要不仅仅是发展问题，更是发展后国家出现的一系列巨大的社会贫富差距、阶层差距、地区发展差距及其导致的生态系统平衡维护能力上的巨大差距。要解决这些差距就必须看清中国社会失序的现实和本质，从平衡社会领域和经济领域的失序问题入手，从发挥政治权力的平衡器作用着眼，制定促进社会生态系统平衡修复的法律制度，即生态修复法律制度中的社会修复制度。生态扶贫方案的出台走出了社会修复制度建设的第一步，也是典型、关键的一步，这一步实际上已经宣告现在那些所谓的有关生态修复的司法解释及其制度建设的偏颇。

二、解决中国社会失序问题相关理论的启发

中国社会失序理论发人深省，同时也启发了生态修复法律制度的重要建设基点和发展方向。该理论从政治经济学的角度探讨了中国社会发展的现实问题，提出中国社会失序的种种现象正是"美丽中国"梦想实现以及生态文明社会建设面临的诸多制约因素。同时，该理论也为中国社会重建的道路提出了自己的建议：（1）经济结构基础的再平衡；（2）不再将 GDP 主义应用到社会领域，从而实现经济领域与社会领域之间的再平衡；（3）通过实现社会充分的自治来实现政治领域和社会领域之间的再平衡；（4）建设小政府和强政府进行行政体制改革；（5）建设大社会和强社会进行社会改革；（6）农村社会秩序建设的核心是解决土地问题；（7）实现和谐社会需要培养庞大的中产阶级；（8）加强司法制度建设，防止社会不信任的恶性循环；（9）建设安静型文化，提升国人幸福指数。[①] 上述理论虽然是为解决更为宏大的中国社会问题而提出的，但是其中一些措施和建议实际上也为生态修复法律制度中社会修复制度的建设提供了理论启发。

（一）土地问题

解决中国所面临的生态危机应当充分重视土地问题，因此建设生态修复法律制度的核心是建设完善的土地生态修复法律制度。在环境科学领域，土地和土壤不是一个层面的概念。土壤仅指地表具有肥力，能生长植物的疏松表层，它只是环境要素。而土地则指土地资源，包括已经被人类利用和可预

---

① 郑永年. 重建中国社会［M］. 北京：东方出版社，2016：81 - 167.

见的未来能被人类利用的土地，它指的是一个由地形、气候、土壤、植被、岩石和水文等因素组成的自然综合体。土地可以分为已利用的土地，包括耕地、林地、草地、工矿交通居民点用地等；宜开发利用的土地，包括宜垦荒地、宜林荒地、宜牧荒地、沼泽滩涂水域等；暂时难以利用的土地，包括戈壁、沙漠、高寒山地等。① 由此可见，土地本身就是包含了社会生态系统和自然生态系统在内的完整生态系统，可以称之为土地生态系统。现代社会经济发展中普遍出现的各类环境要素的污染和生态破坏活动也基本上都是围绕土地生态系统展开的，可以说土地生态系统的失衡就是生态系统整体失衡的集中反映。因此，生态修复的核心问题是土地的生态修复，生态修复法律制度的核心也就是土地生态修复法律制度。

完善自然修复意义上的土地生态修复法律制度建设。自然修复是浅生态意义上的修复，是技术手段下对自然生态系统自我恢复的促进以及对其自我恢复能力的改造与重建。因此自然修复不仅包括退耕还林、还湖、还草等自然保育措施，还包括植树造林、土地复垦、地表复绿、水污染治理、大气污染治理、土壤污染修复等多个环境要素领域的污染治理措施。此外，还应当包括对农业不宜种植、养殖农作物地区的禁产区的划定，农业退出等措施，甚至还应当包括城镇化过程中，生态红线的扩展与保护、绿地复植、水域恢复、划定城市生态调节区域和禁止开发区域等。关于这些内容，土地生态修复制度其实已经存在很好的制度基础，我们只需要重新整合和重新认识制度建设方向的问题。

土地生态修复法律制度的核心问题在于其社会修复制度的建设。从社会意义上来说，土地是财富之母、农业之本、农民之根。土地制度是一个国家最为重要的生产关系安排，是一切制度中最为基础的制度。② 由于土地制度

---

① 《环境科学大辞典》编委会. 环境科学大辞典［M］. 北京：中国环境科学出版社，2008：673 – 674.

② 中国经济网. 中央农办主任、农业农村部部长韩长赋谈中国农村土地制度改革［EB/OL］. 中国经济网，2019 – 08 – 14.

与农业生产和农村问题密切相关，因此，习近平总书记也强调过，新形势下深化农村改革，主线仍然是处理好农民与土地的关系。土地不仅与农业生产密切相关，同时也影响着城市发展与我国的工业化发展进程。土地问题解决不了，相关的其他社会问题都将无法解决，这也是我国历朝历代制度建设中无不以土地制度建设为重的根本原因。相同地，现代社会生态危机从某种意义上来说也就是土地危机，而社会生态危机正是社会修复制度设置的主要原因。正是因为社会经济发展极端不平衡，围绕土地产生的种种社会不公和环境不公现象越来越威胁到社会和谐，因此直接导致了中国社会逐渐失序。房地产价格的高涨，土地资源被地方政府用来进行土地财政，中央抑制房价的决策屡屡被地方保护和开发商共同绑架甚至抵制，85%的家庭买不起房，房子却有着50%以上的空置率。① 这些围绕土地发生的经济现象无不反映出我国社会逐步失序的重要事实。虽然土地问题集中表现为经济现象，但是也深刻反映出其作为生态系统重要组成部分，被经济政策绑架并被货币化以及极端市场化的问题。房地产崛起、过度垦殖、场地污染等这些城镇化繁荣背后出现的土地危机说明社会生态系统正在逐渐失去平衡，究其根本原因就是土地资源被看作地方政府财政扩张的成本，是企业利润的源泉，是社会财富集中到少数人手里的工具以及货币化资本。

不错，我们发展社会经济当然会开发和利用相应的自然资源，尤其是土地资源，但是这种开发和利用一定是经济领域和社会领域两个方面的。一方面从经济领域来说，农业、工业等各行各业的发展离不开土地资源的利用与开发，也当然会对生态环境造成一定程度的破坏。但是用马克思主义观点来看，这种开发与利用应当以人类生存和发展所必须为限，如果以之作为资本和利润不断追求的源泉，那就超过了这个限度，对于超过限度的利用和开发就应当付出应有的代价来修复这种破坏。另一方面，从社会领域来看，环境保护是社会领域的重要内容，环境秩序也是社会秩序的组成部分。如果环境

---

① 郑永年. 保卫社会［M］. 杭州：浙江人民出版社，2012：47－49.

失序，社会生态系统就会失去应有的平衡，社会就会失序。土地秩序既是环境秩序也是经济秩序，但它最本质的还是环境秩序。如果土地被作为货币化的资本，最终成为利润和财政的基础，那就失去了其作为环境秩序的特征；土地仅仅被看作资本和利润，调整土地关系的秩序也就成为经济政策。拿经济领域的经济政策来广泛地调整环境秩序乃至社会秩序，其结果当然是环境甚至社会的失序，这就像拿大猩猩的秩序标准来衡量人类秩序一样可笑。而经济领域的 GDP 主义显然已经成为阻挡土地资源重回社会领域的唯一障碍。

土地成为各地政府实现 GDP 的砝码而不是增进社会福利的砝码。虽然土地财政可以带来社会经济某种程度的繁荣，但毕竟是不可持续的，土地资源耗竭的负担已经开始逐步显现。由于中华人民共和国成立后百废待兴，一切以社会经济建设为中心，包括改革开放后很长一段时间内，社会经济的发展始终放在生态环境保护工作的前位。当然，这种工作重心的确定没有任何问题，这也是符合我国国情的社会经济发展顺序所决定的。但是在生态文明时代，特别是国家确定了建设美丽中国的发展蓝图后，那种以生态环境和资源为代价换取社会经济发展的工作方式显然不再适用，政府更应当为未来的转型买单，尤其是通过国有企业为这种转型提供应有的物质支持，而这是由社会经济可持续发展必须实现政治权力、资本权力与社会权力三者平衡的原理所决定的。任何国家的经济可持续发展、社会正义和政治稳定都依赖于上述三者的平衡状态。[1] 在我国 GDP 主义的盛行则反映了政治权力对资本权力的倾向性，导致三种权力的失衡，进而必然损害环境这一公共物品。[2]

长期以来被 GDP 主义刻意压低的地价导致了土地资源利用获得的最大财富集中在各级政府财政手中。而这些财富并没有反哺，或者说并没有运用到土地生态系统平衡的维护中，而是通过国有企业雄厚资本的投入甚至引导更多个人或组织参与到房地产的过度开发中。地方政府在利用土地获得巨大财

① 郑永年. 保卫社会 [M]. 杭州：浙江人民出版社，2012：83.
② 郑永年. 保卫社会 [M]. 杭州：浙江人民出版社，2012：85.

政的同时并不是将这些资本返还给社会，建设更完善的福利医疗、福利教育以及全面投资到重大生态修复工程中去，而是建设各类基础设施，无限度推进城镇化。这种基础设施以及城镇化建设，在一定限度内和特定的历史时期内，没有任何人会怀疑它的正当性，然而这往往也被 GDP 主义拿来衡量政绩，在这些政绩背后依然是自然生态系统更大范围的破坏与失衡。原属于自然资源的土地被作为资本强行纳入经济秩序中去，却没有相应的措施将这种自然生态系统的损失弥补回来（例如进行重大生态修复工程的投入），直接促使土地生态价值的贬值及其生态功能的退化：土壤污染严重，土地资源流失，人进自然退的现象层出不穷。土地资源开发的耗竭不仅过度消耗了社会信任和希望，更使生态系统失去了持续服务的功能。就好比张三近乎无偿地、在半推半就中夺了李四家的钱做生意赚了钱后，又欺负李四是哑巴，而且老实不敢造次，于是把利润和本属于李四的本钱都拿来装修自己家而不归还一样，既不公正也不道德。从可持续发展的角度来看，房地产逐步发展为我国经济发展的支柱产业并不是什么好现象。自然资源利用带来的生态系统尤其是土地生态系统的失衡以及由此引发的社会财富严重失衡，进而导致社会生态系统的全面失衡，已经严重影响到社会发展的平衡与社会秩序的稳定。而这样的"掠夺"型发展如不加以修复，最终带来的必然是社会彻底失序。

土地问题所反映出的生态系统失衡一方面着重表现为自然生态系统的失衡，另一方面更突出了社会生态系统的失衡。而产生这些失衡现象的背后则隐藏着土地利用中经济领域过度扩张，社会领域在政治因素作用下过度弱小，从而导致的深层次社会失序问题。要扭转土地问题上的社会失序状况就必然要对原属于社会领域的生态系统进行全面维护，修复其失衡的状态。首先，通过自然修复，运用技术手段来全面遏制对土地生态系统平衡的破坏和近乎无偿地利用与开发，促进土地生态系统的进一步自然恢复。其次，核心问题是通过围绕土地生态系统平衡进行社会修复，通过政治权力，特别是上层法律制度建设促进对社会权力的倾斜，重建资本权力与社会权力的平衡，从而恢复经济领域与社会领域的平衡，遏制社会失序。而上述两个方面的措施都可以总结为对土地生态系统进行全面修复，通过开展生态修复重大工程及生态修复法律制度建设来实现相应目标。

（二）社会保护问题

郑永年先生提出社会领域和经济领域平衡的概念和理论，虽然并未就社会领域与经济领域各自的范畴进行详细界定，但其至少提及了社会领域的四个方面：房地产、教育、医疗和环境保护。正因为环境保护是社会领域的重要内容，环境保护的政策或制度设计则更应当向着保护社会的角度去发展。然而很遗憾，由于我国长期以经济建设为中心的工作思维惯性，GDP 主义至上的政策与制度设计惯性，导致环境保护政策与制度的设计被经济政策化，甚至有人认为环境保护政策与相应的法律制度设计就是经济手段的延伸，环境保护法律制度建设就是通过制度调整经济发展模式转变的措施，从而使得环境保护法律制度的设计，无论是基本法还是某个要素治理领域的单行法律法规，都朝着政府向个人、企业要钱治理环境的方向跑步前进。这一方面是由国家改革开放初期面临的社会经济发展实际需要所决定的，有其合理性和必然性。另一方面，从根本上来说，是环境法没有从本质上认清自身与民法、刑法、行政法等其他部门法不一样的社会使命和属性。有关生态修复的司法解释被设计为向损害者要钱的制度；生态修复的政策也被误解为生态环境损害赔偿的一种措施，进而设计出向破坏者要修复费的政策；在学术界甚至出现将生态修复制度落实为一种纯粹货币化的赔偿与补偿的生态损害弥补措施的趋势。凡此种种反映出环境保护法律制度的设计没有彻底认清美丽中国建设的大形势与大背景，更没有认清生态文明这个大时代到来所要求的生态修复重大工程及其法律制度建设能够带来的巨大社会改革意义。

诚如所论，郑永年先生把中国的改革分为三个步骤：一是经济改革，二是社会改革，三是政治改革。其中社会改革是当今时代的重要特征和改革方向。十六大提出建立"和谐社会"就是社会改革的目标。① 习近平总书记也多次强调建设和谐社会以及"着力保障和改善民生，促进社会公平正义"。② "和谐社会"建设事关社会秩序的稳定，是生态文明社会与美丽中国建设的前提和保障。而构建一个和谐的社会最主要是能够有一整套完善的社会治理与保障制度，并且这一治理和保障制度建设的内容和目标都是为了保护社会，这包括完善的医疗保障体系及其制度建设、更加公平的教育制度建设、强有力的社会保障制度建设以及具有时代特征的生态文明法制体系及相应制度建设等多个方面。而包括执法和司法在内的新时期生态文明法治建设的重要目的之一，正如习近平总书记所说，是"让天更蓝、水更清、空气更清新、食品更安全、交通更顺畅、社会更和谐有序"。③ 可见党和国家已经逐步认识到社会改革的重要性与紧迫性，更是将环境政策包括各类环保法律制度逐步放在社会领域的各项改革中看待并加以着重建设，同时强调通过国家的法制建设实现社会秩序的"和谐"与"有序"。

国家法制建设一方面是将秩序化的经济领域主张及其政策上升为国家意志的法律，并使其能够为国家经济发展提供秩序保障；另一方面则是将秩序化的社会领域主张和政策用国家强制力确定并推行以维护社会公共利益。前者是后者的物质秩序基础和前提，后者则是前者目标能够顺利实现的社会秩序保障和稳定剂，这本是法制建设互惠的两个方面。如果将维护社会领域秩序的法律制度，完全套用经济领域的制度设计方式就会出现问题。环境保护是社会领域的内容，环保政策及其法律制度所调整的对象是人与自然的和谐秩序，是社会公共利益。如果强制性将其市场化、货币化，甚至资本化，用纯粹的民事手段或者传统的行政管制手段完全代替社会政策的调节方式，就偏离了环境法制建设的社会属性。传统的法学研究深受微观经济政策包括环

---

① 郑永年．中国改革三步走［M］．北京：东方出版社，2012：15－22．

② 习近平．在庆祝改革开放40周年大会上的讲话［EB/OL］．新华网，2019－08－21．

③ 习近平．全面深入做好新时代政法各项工作 促进社会公平正义保障人民安居乐业［EB/OL］．中国共产党新闻网，2019－08－21．

保政策思维的影响，普遍将环保政策看成是经济政策的重要内容，深受微观经济政策包括环保政策①思维的影响。但事实上社会政策有广义和狭义之分。广义的社会政策包括社会事业政策，如人口政策、劳动政策、社会保障政策、医疗卫生政策、环保政策、文化体育政策、社会服务政策、教育政策、居民收入分配和消费政策、社会治安政策等，这与美国的社会政策定义较为相似。狭义的社会政策只涉及社会生活的某些领域。前任国家总理温家宝曾经将社会主义市场经济条件下的我国政府的社会职能分为两大块：公共服务和社会管理。前者是指提供公共产品和服务，旨在通过满足市民基本需求和发展社会公共事业来解决市场无法解决的社会弱势和社会公平问题，其政策目标是保障生存权利，鼓励社会参与，提升市民福祉，促进社会公正和社会团结。这一部分内容和我们常说的社会福利比较接近，但其范围比社会福利要广。后者是指政府为解决市场无法解决的负外部性问题所做的各种制度安排，旨在通过调整社会关系和规范社会行为来维护社会秩序、改善社会环境，其政策目标是消除外部性问题，确保社会正常运行，创建良好社会环境。显然，从广义上看，基于政府的社会政策应该包括上述两个方面。② 可见我国国情背景下的社会政策是包括为社会提供公共产品、能够影响人的生存权利以及具有负外部性特征的环保政策的，因此环境保护实际属于社会领域而非经济领域，环境法制建设属于社会法制建设而非经济法制建设。由此而言，用经济政策的视角建设完全市场化、货币化和资本化的生态修复法律制度完全弄错了环境法制所属的领域。

不可否认，从某种意义上来说环保政策与经济政策有一定的联系，作为环保政策组成部分的环境法制的内容甚至具有经济政策的特征，这其实是现代国家以经济政策为主逐步向社会政策为主转变，以及现代国家福利职能所带来的影响，并不能改变环保政策属于社会领域的本质。如果我们承认环境

---

① 张新文，李文军. 反贫困战略下经济政策与社会政策的关系探讨 [J]. 广西民族大学学报（哲学社会科学版），2010（3）：126.
② 黄晨熹. 社会政策概念辨析 [J]. 社会学研究，2008（4）：179.

问题越来越成为影响人生存权和发展权的问题，为什么还会将环保政策简单地归入经济领域呢？这并不符合逻辑，也不符合我国国情。因此，属于环保政策框架下的生态修复法律制度应当属于社会领域而非经济领域的内容。将民事侵权领域的经济弥补手段以及把简单的政府罚个人或组织的行政管制手段与生态修复相提并论，是对环保政策属于社会领域这一基本科学常识的误解。

生态修复法律制度建设是国家环保政策的重要内容。法律与政策并不完全一致，二者尚存在巨大的差异，但这并不妨碍我们将生态修复法律制度理解为国家环保政策一部分的事实。环保政策属于社会政策，意味着生态修复法律制度的目的是保护社会而不是保障市场充分竞争等其他经济政策目标。如果说经济政策的目标是建立并不断完善社会主义市场经济，促进经济有序、健康与可持续发展，那么社会政策更看重如何将经济发展的红利公平地惠及人民。在西方主要发达国家，社会政策被普遍视为社会福利政策，甚至被简要定义为"为影响社会福利的一系列政策活动"。① 建立社会福利政策并不意味着国家向福利国家转变，过度的福利也不利于国家社会经济的科学持续发展，但是社会政策的福利倾向是由我国社会经济发展主要矛盾的变化所决定的。

习近平总书记在党的十九大报告中指出："中国特色社会主义进入新时代，我国社会主要矛盾已经转化为人民日益增长的美好生活需要和不平衡不充分的发展之间的矛盾。"不平衡不充分的发展指的就是我国社会领域与经济领域发展严重失衡的基本国情，要扭转这种失衡，一个重要的方面就是进行并不断深化社会改革，通过社会改革"促进社会公平正义、增进人民福祉"。显然，增进人民福祉是生态文明时代我国实现社会改革的一个重要目标。人民福祉包本应当属于人民的各种社会福利，包括医疗、教育、社会保障以及环境保护等多个方面，因此环保政策作为社会领域的内容，更应当

---

① 杨团. 社会政策的理论与思索［J］. 社会学研究，2000（4）：17－18.

坚持向增进人民福祉、给人民带来社会福利这个目标去发展，生态修复法律制度建设也应当如此。将生态修复法律制度完全看作经济政策就会不自觉地将生态环境利益当作资本，即可以用货币衡量的利益，从而设计出货币化的利益弥补方式。这种弥补在某种意义上有其合理性和存在的必要性，但是从整体上来说并没有在实质上使国家改革开放的红利惠及全社会，它只是在局部实现了对私人权利的某种经济利益上的补偿。从本质上看，这种制度设计将导致政府财政成为最大的生态系统平衡修复的受益者，而民众不得不面临再被收费的局面，开展重大生态修复工程就彻底失去了其社会修复的意义。

不少人基于污染者付费原则，想当然地认为造成生态破坏和环境污染的主体应当为其行为承担治理和修复的义务，生态修复理应由这些主体负责进行。但是这种意识站在传统法学同态复仇思维定式中来思考崭新的人与自然的关系，把人与人的经济利益关系强加在人与自然的关系中，因而不自觉就会通过经济政策来调整本应当属于社会领域的内容。因此在司法中产生所谓的生态修复虚拟治理成本以及将论证其合理性作为判决依据，并妄图依此判决的种种理论和实践就不难理解。现在看来，这些问题实际上都是由于理论界，特别是环境法学理论界都没有关注到国家提出实施重大生态修复工程所依据的基本国情与社会改革形势，错误地固守经济改革的思维来套路生态修复法律制度建设的社会改革意义。重大生态修复工程从本质上来看就是促进社会公平正义、增进人民福祉的一项具体国策，是国家社会福利政策的重要组成部分。实施重大生态修复工程的目的不仅仅是实现退化的自然生态系统的修复，也是借此过程来实现社会福利，从而修复社会生态系统。生态扶贫就是最好的例子。如果按照某些人提出的修复生态环境是人与人之间的经济利益弥补措施的说法，那么如何解释国家实施生态修复工程进行生态扶贫的行为和现象？难道还要走上将生态修复概念狭义化、广义化的理论套路？

从国家通过实施重大生态修复工程进行生态扶贫的政策与实践来看，很明确地说，生态修复法律制度建设就应当是社会福利政策的一部分。这一法律制度的目的是通过国家（主要是各级人民政府）组织实施重大生态修复工程来带动生态脆弱地区或生态退化地区的社会经济发展或促进经济发展模式的转型，使当地人民获得发展的福利。这一目的实现的关键在于福利的社会性，当地人民的社会福利应当通过促进当地社会领域的各项改革和制度建设来实现。其措施包括进一步深化土地改革，通过开展土地生态修复工程实现土地制度的改革；通过国家财政转移支付与鼓励社会资本投入来实施重大生态修复工程，带动地方经济发展模式的转变，减少地方政府对土地财政的依赖，逐步消除房地产领域对人民财富过度掠夺的消极影响，使房地产重回社会领域，甚至成为社会福利，实现藏富于民；通过生态修复工程的红利来支持地方进行医疗、社会保障以及教育的社会化改革，使其回归人民福祉的本质。让国家改革开放积累的财富红利以及地方人民政府多年来土地财政的红利，通过更加公平的收入分配方式回归社会福利。说白了就是通过国家（各级人民政府）和社会共同投资重大生态修复工程，把社会经济落后地方的经济发展模式进行彻底改造，合理平衡地区发展差距，通过更加优惠的社会福利政策为人民（个人、民营企业等）增加福祉。

（三）国有企业的问题

2017 年 12 月 12 日，习近平总书记在视察徐工集团时强调："国有企业是中国特色社会主义的重要物质基础和政治基础，是中国特色社会主义经济的'顶梁柱'。要按照党的十九大部署推动国有企业深化改革、提高经营管理水平，使国有企业成为贯彻新发展理念、全面深化改革的骨干力量，成为我们党执政兴国的重要支柱和依靠力量。"① 国有企业作为中国特色社会主义经济"顶梁柱"的作用不言而喻。国有企业担负起国家经济领域改革的重要任务，为国家经济稳定和社会经济发展提供了坚实的基础。可以说正是国有企业"顶梁柱"作用的发挥使得国家积累各项社会建设的物质基础。党和国家提出建设小康社会、和谐社会，尤其是十九大之后全面加强生态文明建设

---

① 习近平：深入学习贯彻党的十九大精神 紧扣新时代要求推动改革发展［EB/OL］. 人民网，2017 - 12 - 13.

之后，社会改革已经成为国家深化改革的重要内容和目标，国有企业理所应当担负起更多的社会责任。

国有企业不仅是国家引导社会经济发展、落实各项经济改革政策的重要执行者，同时也是国家稳定社会秩序的重要参与者。郑永年先生就指出，国有企业在中国经济中扮演着很重要的角色，必须不断深化改革，在社会改革的时代中承担更多的社会责任。他认为，今天我国国有企业不是不够大，而是扩张过度，把本应当由国家垄断的经济领域的事业扩展到了不应当由国有企业参与的社会领域，例如房地产业等。国有企业在很大程度上违背了国家设立国有企业并控制某些关系国家经济命脉领域的初衷，政府需要不断深化改革才能使国有企业发挥其应有的社会改革作用，回归其应有的角色。① 虽然"国有企业的地位和作用不容置疑和动摇"的理论有其局限性，但从另一个侧面给重大生态修复工程的实施以及相应法律制度的建设提供了一个有意义的思考方向。

这里最应当讨论的是国有企业上缴利润。国有企业应当上缴利润给权益人进行分配，这是企业合法存在的基本义务。在我国，从某种程度上说，国有企业就是全体人民委托国家建立的企业，全体人民就是企业的出资人。国有企业的管理部门及其委任的各级管理者实际是全体人民的企业经理人，是代表人民管理和运营国有企业的，全体人民通过缴纳各种税务为国有企业提供其最初生产和发展所必需的资金。《中华人民共和国公司法》第六十四条第二款明确规定：本法所称国有独资公司，是指国家单独出资、由国务院或者地方人民政府授权本级人民政府国有资产监督管理机构履行出资人职责的有限责任公司。因此，如果国家代表人民管理和经营国有企业的话，那么全体人民就是国有企业的出资人。虽然这种理解过于简陋，但大的方向应该如此，我们姑且以此立论。国有企业上缴的利润，按照现代公司管理与经营理念，理应将其按照一定比例给持股人或出资人分红，这也是现代公司合法存

① 郑永年. 大趋势：中国下一步［M］. 北京：东方出版社，2019：181 – 206.

在的基础。

　　然而 1994 年至 2006 年国有企业根据国家政策享受了长达 13 年的利润不上缴期。从 2007 年以后我国国有企业上缴利润虽然逐年提高，但依然维持在 25% 以内。[1] 国企上缴利润比例普遍较低，一直备受诟病。第十二届全国人大常委会第三次会议审议 2012 年中央决算报告时，彭森委员曾提出，2011 年国企的利润收入有 2.1 万亿，能够集中收上来体现在财政收入中的只有 900 亿元左右，比例不到 5%，这个钱主要还用于整个国有企业的再投入。吴晓灵委员也提到，上缴来的利润 90% 又返回到国有企业中去使用。花纳税人的钱建设的国有企业并非民营公司，每一个国民股东都有权对国企的利润流向提出疑问。[2] 按照十八届三中全会的决定，2020 年前国企利润上缴比例提高到 30%，但按照国际惯例，上市公司的股利分红比例一般应占据税后利润的 30% ~ 40%，而国家向国有企业征缴的利润收入分配比例基本都高于此，比如英国盈利能力较强的国企，其每年上缴的利润甚至达 70% ~ 80%；[3] 而丹麦、芬兰、法国、德国、新西兰、瑞典、韩国、挪威等国家的国有企业利润上缴比例最高的达 80% ~ 90%。[4] 国有企业利润上缴比例过低已经严重影响到其对国家社会领域改革应有的经济和物质支持。作为公司，其出资人合法分红的利益尚不能保障，怎么能指望其对社会领域的环境保护工作承担应有的社会责任？

　　按照经济学理论，资源性行业因资源稀缺而获得超出正常利润的超额利润就可以称之为资源租金。资源租金由两部分构成，一是应该为资源所有者获得的资源稀缺性租金，二是应当包含在资源产品价格中，本应由资源开采

---

① 戚聿东，肖旭. 国有企业利润分配的制度变迁：1979—2015 年 ［J］. 经济与管理研究，2017（7）：38 - 39.

② 叶祝颐. 提高国企利润上缴比例重在还利于民 ［EB/OL］. 中央政府门户网站，2019 - 08 - 26.

③ 卢馨，丁艳平，唐玲. 国有企业利润去哪儿了? ［J］. 经济与管理研究，2016（5）：47.

④ 王晨，乌晓雷. 国企利润上缴比例提高 5% 提比例是把双刃剑 ［EB/OL］. 人民网，2019 - 08 - 26.

者支付而未支付或未足额支付用于环境保护和生态修复所需要支付的费用所产生的收益。而我国的国有企业却在长期的权力规制缺失或者说某种程度默许情况下，利用环境、资源税费制度的缺失，获得资源稀缺性租金，并通过国有企业的垄断地位，尤其是行政垄断地位转嫁或逃避本应由其承担资源开发与利用所产生的边际社会成本（包括环境治理和生态修复成本），从而让稀缺性租金和应承担社会成本转化成了生产企业的暴利。① 这些资源开发和利用型的国有企业也正是借助这种截留本应当大比例上缴的利润所转化的"暴利"继续在社会领域和经济领域进行市场化扩张，而这种扩张完全是在不承担相应生态修复、环境保护等社会责任的前提下进行的。因此国有企业不担负社会责任的无节制扩张并不利于我国正在进行的社会改革。

国家统计局 2018 年发布的《中国固定资产投资统计年鉴》显示，至 2017 年，我国固定资产投资中住宅建设投资达到 86985.34 亿元，而国家统计局 2018 年发布的《中国环境统计年鉴》显示同时期我国环境污染治理投资总额为 9539 亿元，仅占 GDP 的 1.15%，且前者投资总额竟是后者的 9.1 倍，这种落差反映出我国很多国有企业对环境保护等社会责任的承担明显不足。以安徽省淮南市采煤塌陷区的治理为例，财政部《关于下达 2018 年中央对地方资源枯竭城市转移支付的通知》显示，2018 年中央对地方资源枯竭城市转移支付总额为 55.12 亿元，其中安徽省支付 2.24 亿元。淮南矿业集团 2018 年营业收入 445 亿元，利润总额 26.28 亿元。② 目前虽然没有淮南矿业集团统计实际投入采煤塌陷区治理经费总额的有效数据，但是从其房地产投资规模可以看出，其能够拿出用于采煤塌陷区治理的经费肯定远远超过其实际能够上缴的利润。例如，原属于淮南矿业集团旗下的淮矿地产公司，截至 2017 年 10 月 31 日，其房地产项目数量总计 27 个。其中，拟建项目 9 个，合计土地面积为 48.67 万平方米；在建项目 12 个，合计土地面积为 136.85 万

---

① 贺绍奇．"国有企业利润上交制度方案"研究报告［G］//中国经济改革研究基金会 2010 年研究课题汇编．2011：55－56.
② 淮南矿业集团概况［EB/OL］．淮南矿业网，2019－08－27.

平方米；竣工项目 4 个，合计土地面积 45.29 万平方米；此外，淮矿地产还拥有两个一级开发项目，合计土地面积 2250 万平方米。① 而仅 2017 年 8 月 23 日淮矿地产成功竞得淮南市 HGTP17039 地块成交总价就达 2.18 亿元。② 上述数据也足以反映出目前类似淮南矿业集团这样的国有资源开发利用型企业并没有将利润的大部分用于社会领域的建设，例如采煤塌陷区的生态修复等。虽然淮南矿业集团每年按照地方相关法规和政策规定缴纳恢复保证金以及青苗补偿费用，也对采煤塌陷区治理进行了一定程度的投入，但实际上仅仅是其巨额利润的一小部分，其中大部分利润都经过各种渠道流入高度市场化的房产投资或金融投资领域，进而向社会和普通公众赚取更多利润。

综上可以说，是时候要求国有企业承担更多环境保护义务了，国家组织并实施重大生态修复工程也完全可以通过国有企业来具体实施。要使国有企业承担社会责任，真正为社会改革做贡献，承担本应当承担的环境保护和生态修复社会边际成本，就应当对国有企业进行更加深入的改革。这种改革应当首先在国企参与并承担环境保护义务领域展开。从社会领域来看，国有企业运行的目的不仅仅是利润，更重要的是使利润能够用于增进人民福祉，实现人民的共同富裕，承担其社会责任。环境保护工作需要坚实的物质基础，属于增进人民福祉的范畴，是国有企业履行社会责任的重要方式。因而国有企业加大环境保护工作的投入力度，自觉进入环境保护领域是其履行社会责任使命使然。尤其在社会改革过程中，国有企业利用其掌握的技术优势、资金优势、政策优势、规模优势和资源优势投入重大生态修复工程中将带来决定性的成果。将国有企业的大部分资金从房地产等其他社会领域的市场化投入中抽脱出来，给国有企业的投资，尤其是在社会领域的投资划定边界，把其公司的逐利性关在笼子里，进一步规范并促进其广泛投资生态修复等环境

---

① 卢志坤，颜世龙. 信达地产吞下淮矿地产净利润规模或倍增［EB/OL］. 新浪网，2019 - 08 - 27.

② 淮矿地产掷金 2.18 亿在淮南山南再夺一地碧桂园陪跑［EB/OL］. 淮房网，2019 - 08 - 27.

保护领域本就是在矫正其社会主义属性（国有企业本就不应当参与社会领域的过度市场化建设，例如过度投资房地产），通过国有企业利润的再分配来平衡由于国家环境保护投入不足带来的社会分配不公平现状。可以考虑通过对国有企业提取一定比例的税费来实现对广泛环境保护工作资金投入的保障，同时还应当提取一定比例的生态修复专项税费来实现对生态系统平衡维护资金的保障。这一保障应当包括实施重大生态修复工程所需的资金以及通过实施重大生态修复工程促进当地社会经济发展，增进人民福祉所必需的资金。此外，还应当将部分具有基础设施建设能力的国有企业，尤其是其参与房地产建设的能力转化到生态修复工程及其基础设施建设中来，让这类国有企业直接参与相关建设。对于直接从事资源开发与利用领域的企业还应当在增收资源税与环境税之外保持一定比例的生态修复成本投入，加大专项生态修复费的提取额度。

三、生态修复及其法律制度建设能为重建中国社会做些什么

生态修复不是要把社会改革其他领域的活一揽子包圆，中国社会失序不是一个生态修复工程可以解决的。在生态修复这一机制下，通过人与自然关系的调整，平衡修复自然生态系统，从而达到一个社会生态系统平衡相对修复的状态，最终实现生态系统整体的平衡发展，这才是生态修复的目的。生态修复不是要消灭发展和绝对的平均主义，而是从形式上将发展放到一个相对较为公平的状态下，修复社会秩序，修复自然秩序。简单地说就是修复自然与社会的失序状态，使其恢复原有的平衡发展状态。虽然生态修复是一个生态学概念，它从生态学走出，却完全可以放在社会科学研究的视野下使之获得更多的内涵和作用，因此不能将生态修复浅生态意识化。事实上，国家政策从提出生态修复，到强调实施重大生态修复工程以及建立并完善生态修复制度的总要求，都反映出党和中央政府对于生态修复的理解已经慢慢超出了浅生态意识以及技术主义的视角，生态修复及其法律制度建设被提升到一种修复自然进而修复社会的思维高度。这一步升华必须突破传统法律制度建

设观念和传统法学研究理念的束缚，甚至必须突破传统生态学观念浅生态意识的束缚，如此，才能真正看清生态修复的本质，才能看准中国需要怎样的生态修复，才能最终把握"生态修复可以为重建中国社会做些什么工作"这一实事求是的问题。

（一）生态修复及其法律制度建设是和谐社会的修复液

解决生态修复及其法律制度建设能够为中国社会重建以及社会改革做些什么的问题，还必须将视野重新放在美丽中国这一中国社会发展的主旋律。

首先，美丽中国的价值核心在于"和谐"。党中央和中国政府已经将和谐作为社会主义核心价值之一。建设和谐社会的理念，可以说是全面推进社会改革的第一步，这一步是在充分认识到经济发展以及经济改革之后所面临的社会发展严重失衡导致一系列社会矛盾进而产生社会失序现象后所做出的一项重大政治抉择。包括法治建设在内的社会改革其目的是建设人与自然、人与人之间和谐发展的社会状态，和谐社会是社会经济发展的稳定剂，因而是美丽中国建设的重要措施之一。要进行社会改革，构建和谐社会必须要有具体的实施手段或载体，不仅要正确认知并承认我国社会失序的实际，更应当将这种失序同和谐社会与美丽中国的建设联系在一起。

其次，应当认识到和谐社会建设是我们党为民谋利的使命担当，更是我们党充分认识到社会经济发展所带来的诸多社会矛盾而提出的应对政策。社会经济的快速发展在取得巨大成就的同时，各种由此衍生的矛盾不断出现，例如环境问题、教育问题、医疗问题以及房地产问题等，都牵动着社会各阶层群体的切身利益。尤其是环境问题的出现，已经严重阻碍了人民群众对于美丽中国幸福生活理想的迫切追求。这不仅反映在人民的生命健康受到切实威胁，更反映在生活和生存环境受到严重威胁。然而，人民在针对污染环境和破坏生态行为宣泄不满情绪时，依然会将这种危机的存在迁怒于政府对社会秩序的维护能力上，进而对政府产生较大的信赖危机。社会上层出不穷的各类环境污染事件及其引发的各种无序的环境抗议活动，已经对社会的稳定和社会秩序造成了极大挑战。这些看似偶然的事件和活动背后均反映出更加深层次的社会矛盾与不和谐。这种不和谐因素首先体现于人民对于政府治理环境措施及能力的不满，更重要的是体现在人民对于政府保卫社会环境公共利益的信心受到严重伤害。再加上地方政府这两年不断促成医疗事业、教育事业等社会事业的无节制市场化以及无节制的土地财政促使房地产价格的不断上涨等问题，造成社会发展严重不平衡。人民利益没有得到应有的保障，就很容易将这些问题统统归结为政府尤其是地方政府对社会利益保护的不足，造成人民与政府的不和谐以及人民之间不同利益群体的不和谐，最终影响社会秩序的稳定。要恢复人民对于政府治理环境的信心，乃至重建人民对于政府进行社会改革的信心就必须修复上述不和谐局面。政府通过实施生态修复工程不仅是向自然生态系统展现人修复与自然和谐关系的能力与责任，更是向人民展现政府尤其是地方政府致力于修复生态环境的决心和能力。通过政府投入财政修复生态系统的平衡，诱导各类财政和社会建设资金投入相应的社会保障建设中，例如生态移民、生态扶贫以及生态城镇建设等活动，这本身也是在修复已经存在的社会发展不平衡状态，修复因为政府和企业生态环境治理投入不足带来的严重社会生态系统失衡问题。

最后，生态修复法律制度的落实是将生态修复义务社会化最有效的制度保障。我国是社会主义国家，保护社会公共利益是社会主义国家的根本特征之一。实现社会和谐，构建和谐社会实际上就是社会主义国家职能的根本体现。中国环境法治的根本任务，或者说马克思主义的、社会主义的、生态文明的环境法治的根本任务不再仅仅是争取个人权利的实现，而是社会公益秩序的维护与平衡，这是中国环境法治区别于传统法律部门所公认的法治任务的一个突出特征。西方的所谓权利法治在中国生态文明时代应当进行彻底的革新，环境法治中的生态修复法律制度也许就是这革新的新兴力量。我们的文明强调在混沌中求同存异，强调一个"和"（或"合"）字，而不是争求权利。所有的权利争取也好，利益博弈也罢，最终的目的就是"和"（或"合"）。如此来看，生态修复及其法律制度建设就是重建社会和谐的修复液。

（二）生态修复及其法律制度建设是中国经济转型发展的润滑剂

全国各地都想进行转型发展，然而空想不行，必须有相应的行动作为实质载体，但是有了实质载体而不顾实际，像苏联那样进行休克转型也不可取。因此转型发展一是应当有实际行动的载体，二是应该有保证稳步过渡的润滑剂。前期的粗放型经济发展给社会经济带来了前所未有的变革，国家面貌焕然一新，国家采取先富带后富的改革开放政策，允许一部分地区和一部分人先富先行也给这个国家的改革带来了巨大的活力和动力，这无疑是国家迅速摆脱落后的贫穷面貌的良策。事实证明，它确实从根本上改变了我们这个贫困了近两个世纪的国家，让我们彻底摆脱了经济上的困境，实现了财富和资本的积累，也为社会经济的可持续发展转型完成了必要的物质积累和精神积淀。但是问题也是伴随而生的，并不是说我们国家的环境污染问题、生态破坏问题是改革开放后才普遍存在的，事实是这两个问题一直伴随国家建设的全过程，只不过在经济发展到一定阶段，社会过渡到更加高层次文明发展形态时，这些问题必须进一步加深改革并逐步消除。实事求是面对和理解环境污染与生态破坏逐步显现的过程才能够正视解决这些问题的复杂性，才能够清楚认知新一轮改革浪潮中解决这些问题所需要的不仅是勇气，更重要的是一种转换的耐心。毕竟几代人发展产生的问题不可能一代人就彻底解决它，而是必须准备长期的奋斗。

也正是因为生态环境保护问题的长期性与转变社会发展与经济增长方式过程的复杂性，决定着我们不可能走西方国家"耐心"给我们灌输的人权斗争式的休克型社会改革道路。生态环境保护问题归根结底是生态系统整体平衡的问题，而不是某个个体甚至某个种群的利益的问题。从个体角度甚至从人的权利角度理解生态环境保护，本身就过于片面，就好像硬把私有制拿来改造公有制一样不可理喻。既然是生态系统整体问题，就不能仅仅从某个方面着手去解决，而是应当有一个更加宏观战略性的着力点。这个着力点除了应当解决自然生态系统本身的问题，还应当一揽子解决相对应的以社会经济可持续发展为核心的社会生态系统的问题。如果说环境污染问题可以从更加微观的角度具体解决生态系统受损的问题，那么生态破坏就不仅仅是自然或人一个方面的问题。为此，我们的行动方向就不能是问题或者矛盾的某一个方面，而是应从整体的角度去解决之。从这个意义上说，生态修复就不可能仅仅考虑人或自然的某一个方面，在制度安排上也是如此。并且这个制度的建构也不可能是一个所谓的司法解释、一个单行的立法可以解决的。这个制度的建构需要我们长期地、耐心地、实事求是地从整体的角度去织造一个更加宏大的制度体系，同时利用这个制度体系促使原有的法律认知和法律制度进行彻底的变革。

承上而言，在思想和制度安排上反映生态修复复杂过程才能够保障我们的思想和制度改革有一个稳步过渡的过程，这正是可以作为社会经济发展进行全面转型的重要保障。我们以前总是说不能走西方国家污染后发展的老路，结果走着走着就成了这个结果。老路不是不可以走，因为可能它最终结局是实现了污染的彻底解决，关键是对已经造成的或者正在发生的事情不能不管不顾，而只去围堵还未发生的问题。预防作为生态环境保护的重要措施不是不对，而是不能作为这个工作的全部核心。相比较预防而言，我们更加缺乏的可能恰恰是污染发生之后以及生态系统失衡或者生态系统出现退化之后的积极遏制过程。从本质上说，污染与破坏都是我们国家生态环境保护的历史欠账，历史欠账就不能总去"憧憬未来"，就应当实事求是地抓紧时间和机遇去偿还这笔巨额欠账。社会经济发展的不计后果已经产生了不当的后果，那么就需要从根本上扭转这个后果，并使之有一个彻底的转变。我们讲集约型发展代替粗放型发展不是不对，而是仅仅理解了这个转型的一个方面。集约型发展不是仅仅指社会经济今后发展的道路问题，而也更应当包括如何解决粗放型发展所带来的巨大历史亏空的问题。这个弥补亏空的过程就是为今后真正实现集约型发展的一个稳步面向未来前进的基石，也可以说是未来与过去相承接的一个缓冲地带，是未来与过去磨合的润滑剂。

生态修复及其法律制度的建设就是这个润滑剂，它直接面对的就是社会经济发展所带来的针对生态系统整体平衡维护历史欠账的弥补问题。站位不同，也就好理解为什么不能将生态修复进行低位阶理解了。要实现这种社会经济发展所需要的润滑剂作用，就应当将生态修复工作及其法律制度的建构理解为一个独立并完整的系统性工作和法律制度体系。国家组织并实施各类生态修复工程，可以对经济结构进行再调整，促进国有企业承担更多的社会公益责任，将国家投资固定在一定的比例，直接投入一个新兴的产业和事业中去，从而开拓并培育一定的市场，由此带动其他民营企业或个人资本进入这一领域，参与并获益。同时，通过国有企业在这一新领域的投资，迫使其放弃加热房地产市场化的积极性，促使其承担更多的社会责任以弥补历史欠账，为国家生态系统平衡建设打下坚实的基础。最后也可以通过国家开展生态修复扶贫工程，促进更多地区的就业与基础设施建设，开发生态旅游等创造更多社会经济发展的模式。

总之，生态修复这个润滑剂必须用好、用对，生态修复法律制度也应当从更加宏观的视角进行建构。第一，生态修复是处理生态系统平衡与社会经济发展关系的宏观问题，通过法律制度将其降格到人与人之间财产利益关系的调整本就不可理喻。第二，最为关键的是，生态修复法律制度是为国家组织和实施生态修复工程服务的，它的目的是国家弥补历史欠账，促使社会经济发展平稳转型，维持生态系统整体平衡。因此相应法律制度就应当以"国家如何实施生态修复工程，哪个部门拿钱，谁负责管理这笔钱，谁来用这笔钱，用在哪里，谁来受益"等问题进行具体设计。由此，生态修复法律制度才能够达到引导和培育新兴产业，增加生态系统维护实际投入，取得更多实质性生态系统平衡发展福利，并促使这些福利向弱势地区和转型发展困难地区进行补给，通过自然生态系统平衡来协调社会生态系统的平衡等一系列目的。最终这些目的将更加平顺地落实到社会经济转型发展上，并为之建构一整套新型的制度保障、物质保障和动力保障基础。简言之，生态修复及其法律制度建设就是促使"国富＋民不均富"发展形态平稳转化为"民富＋国愈富＋国恒富"发展形态的润滑剂。

（三）生态修复及其法律制度建设是深化社会改革实现社会转型的"雪种"

"雪种"是一个空调系统良性运转的重要媒介，空调能够运转靠机械运动，这种运动必须加入必要的媒介才能够实现冷却运动，从而实现制冷的效果，俗称"冷媒"，又叫"雪种"。之所以把生态修复及其法律制度建设比作深化社会改革实现社会转型的"雪种"，最根本的原因就是它可以将社会改革中各种利益机械摩擦的过程转化为更加舒适的凉爽空气，在社会最需要降温的地方降降温，减少社会不公平的暴戾之气。社会改革肯定触及很多既得利益，尤其是一些垄断行业的利益，同时也会让一部分先富起来的人和地区有失落感。但是这是促进社会更加公平的必由之路，谁都没有理由和权利阻挡民族复兴和国家可持续发展的社会改革进程。同时也应当充分理解和照顾到既得利益群体，因此必须将种种阻力请进恒温的空调屋里，以减轻改革的压力与阻力。生态修复及其法律制度建设就是使空调屋能够保持制冷效果的"雪种"。

改革开放之前，由于社会处于近乎绝对的平均主义状态之下，人们对于不公平的理解仅限于阶级斗争领域。随着改革开放，社会经济的迅速发展，经济利益的角逐开始逐步成为促成新的不公平的起点。一部分人和地区先富从而带动后富在迅速改变社会落后面貌、国家经济崛起等方面起到了巨大的激励作用，人们从这种激励中获得了久违的奋斗激情。然而，激情过后，面对社会发展的极端不平衡，很多不公平现象逐步浮现，社会迅速发生较为严重的两极分化，这是现实也是社会发展带来的必然阵痛，也是社会发展的规律。即使是规律性的东西，如果不加以引导，社会发展的列车依然会从良性轨道上滑脱出来，造成无可挽回的后果。既得利益者或者集团是改革的先期探索者，他们确实为社会改革和经济改革做出了应有的贡献，但是不可否认在社会秩序失去原有的平衡后，这些人或群体已经成为阻碍深入改革和促使社会秩序恢复平衡的重要障碍。

社会秩序应当恢复原有的平衡状态，无论是经济利益分享还是发展机遇，甚至是享受生态环境的机会都应当进行彻底矫正，这必然触动既得利益者或集团的利益底线，也必然会招致他们的反对。然而"先富带动后富"是国家改革开放的庄严承诺，我们是社会主义国家，资本不应成为也不能让它成为社会发展秩序恢复的绊脚石。像高铁企业很多都在亏损，城市的公交线路也在亏本赚吆喝，却是支持社会经济发展的社会责任使然，它不应以绝对的资本利润作为追求的目的。这与资本主义国家的国情是完全不同的，甚至具有绝对的差异性。但是生态修复工程作为非国家必须垄断的社会领域，那些人未必会有热情。国家不投入，国有企业不主动担当，只靠社会和个人力量，很多生态修复工程是绝对完成不了的。比如生态移民工程、采煤塌陷区的居民安置工程、流域的生态补偿、自然保护区居民的安置、生态扶贫工程等，哪一样不是既浩大又长期的社会发展秩序恢复工程？这不仅需要政府的直接财政支持，更需要国有企业的投入与直接参与，也需要并欢迎、鼓励社会与个人的广泛参与。很难想象这样一种复杂的工程，在中国没有国家及其各级政府的参与，没有国有企业的全身心投入，仅靠人对人的赔偿，企业对人的赔偿就可以完全实现。更难以想象没有相应的法律制度建设，没有政府相应的生态修复问责制，既得利益的人、企业或地区会心甘情愿地进行必要的投入。

在社会经济的发展过程中，资本的投入往往换来的是直接的利益，说白了就是一群人从另一群人那里赚得利益。那么如果它赚得利益时付出了对等的成本那就是公平的，社会秩序也是平衡的。但是如果这种利益的赚取是在近乎无偿消耗社会公共利益的部分，例如生态环境利益，那就是不平衡的，这种利益的赚取就失去了合理性和合法性。现在再想利用生态环境利益获得相应的投资利益变得困难重重，这对于后来参与这种赚取游戏的人也并不公平。所以就需要在先的利益赚取者分享其既得利益，只有这样，对被赚取利益而没有参与游戏的人和积极参与游戏的后来者才是公平的。打破社会失序状态，重新恢复社会秩序平衡的举措必然产生严重的对立。既得者必然会想方设法延迟或阻碍任何有这种念头的后来者或非参与者（或者统称为非既得者）。既得者的"赖账"也是趋利本性使然，可以理解，但是继续维持这种对抗对于社会秩序的恢复并无益处。那就可以考虑创造一种双方都可以接受的平台，都出钱都出力，把社会尽可能拉回原有的平衡发展的轨迹。然而即使如此，既得者们依然应当区别对待。

生态修复无非就是增加既得者的社会责任，使其付出更多的成本，而非既得者则利用这种成本的付出去赚取应得的利益。在生态修复工程这个平台上，既得者可以心甘情愿（虽然是制度使然）担当社会责任，而非既得者则可以安心地进行投入，继续在成本与利益角逐的游戏中参与下去，最终成为新的既得者。或许这就是生态修复工程开展的循环机制，无论是何种人都可以在这个过程中成为既得者，最终实现双赢，达到合作的目的。从这种意义上说循环机制顺利运转，不断保持其不因过热而产生绝对的退出的状态，社会秩序就会形成一种良性的运转规律，而处在一种恒温的状态，生态修复法律制度"雪种"的作用就显现无遗了。

换一种说法，其实生态修复与生态修复法律制度就是社会经济发展这架高速运转汽车的空调与"雪种"。如果不迫使既得者进行生态修复，这架高速运转的汽车必然产生更高的热量，其追求利润从而放任社会严重失序的愿望会越来越强烈。现在让他们承担更多的生态修复社会责任，就是减少他们对追求利润和放任社会失序的热情，使他们降降温，停下他们越来越快、越来越无所顾忌的脚步，而生态修复法律制度就是生态修复工程这个超大型空调顺利制冷的"雪种"。

（四）生态修复及其法律制度建设是生态文明法制体系建设的催化剂

《中国百科大辞典》中将催化剂解释为"能改变化学反应速度而反应前后本身的化学组成和数量不变的物质。正催化剂能加快反应速度。负催化剂（阻化剂或抑制剂）能减慢反应速度。助催化剂能提高催化剂的催化效率，但本身不具有催化作用。通常所说的催化剂指正催化剂"。《环境科学大辞典》则简略地称之为"能够改变化学反应的速度，而本身又不参与反应生成最终产物的物质。使反应加快的称为正催化剂，减慢的称为负催化剂"。而《海洋化学大辞典》的解释与《中国百科大辞典》较为相近，即"如果把某种物质（可以是一种到几种）加到化学反应体系中，可以改变反应的速度（即反应趋向平衡的速度），而本身在反应前后没有数量上的变化，同时也没有化学性质的改变，则该物质称为催化剂。这种作用则称为催化作用。当催化剂的作用是加快反应速度时，称为正催化剂。当催化剂的作用是减慢反应速度时，称为负催化剂或阻化剂。通常由于正催化剂用得比较多，所以一般如不特别说明，都是指正催化剂而言"。《海洋化学大辞典》还进一步明确了催化剂的三大基本特性："（1）催化剂能加快反应到达平衡的速度，是由于改变了反应历程，降低了活化能。至于它怎样降低了活化能，机理如何，对大部分催化反应来说，了解得还很有限。（2）催化剂在反应前后，其化学性质没有改变，但在反应过程中参与了反应，即先与反应物生成某种不稳定的中间化合物，此中间化合物再继续反应而生成产物和原来的催化剂。（3）催化剂有特殊的选择性，某一类的反应只能用某些催化剂来进行催化。"诚如上述解说，能够被喻为催化剂的事物或事务至少应当具备三个方面的显著作用：一是能够促进与之共存之事物的全面改变，二是其本身不会因为他物改变而导致最终的变异，三是适用环境的独特性。把生态修复及其法律制度建设喻为生态文明法制体系建设的催化剂，是因为生态修复及其法律制度检索对于生态文明法制体系建设而言具备了较完整意义上的催化剂作用的三个关键方面。

1. 向着崭新的方向前进

生态修复建设实际上是早于生态文明法制体系建设而存在并被长期实践的。例如广泛存在的荒漠化遏制工程、水土保持工程、三峡库区及各类自然保护区建设中的生态移民、土地复垦及采煤塌陷区的综合治理、植树造林尤其是三北防护林工程的建设等一系列工程建设。生态修复一直是我国生态环境保护工作的重要理论研究内容和技术实践过程，并且这些理论研究与技术实践积累到一定程度后才有生态文明及其法制建设理论与实践的出现。生态文明建设从本源上来说，是包括生态修复在内的各类理论与实践积累的结果，生态修复的理论与实践研究本身也在不断修正与进化。正如开篇几章文字中所描述的，生态修复理论与实践的形成也经历了从懵懂到成熟的发展过程，这个过程不断催熟生态修复，使生态文明理论的产生有了新的支点。

生态文明建设理论简单地说至少基于两个方面的理论基础：一是环境保护理论的发展及其生态化，二是社会科学领域对于生态文明的解读和拓展。从单一要素治理的传统环境保护理念到生态系统整体维护理念的发展，即环境保护理论的全面生态化是生态文明建设的正式起点。如果说环境保护中要素治理或者说较为传统的环境保护理论仍然是自私而原始的，那么它的生态化就是一种向着生态系统整体平衡视角的崭新文明进化。从个体到整体，从技术主义到社会伦理，这是这一文明进化的最显著特征。事实上促使这种转变的就是从生态恢复理论到生态修复理论的进化与升华。没有生态恢复时，我们总想着环境坏了，用技术手段治理下水就清了，天就蓝了，直到它再次变坏甚至变得更坏，才促使我们转念想一想是不是在环境要素之外还有一个更加宏观整体的世界存在，是不是在环境本身之上还有一个更加整体化的人与自然的关系运行过程或规律。在这种技术升华到伦理的思考中我们发现人对于自然的存在似乎还应该有一种作为的过程，那就是生态恢复，采取措施让自然生态系统得以有效地自我恢复。紧接着我们又发现，只有自然生态系统的恢复远远不能解决人与自然矛盾的根本问题，正如我们古代治国智慧所展现的，除了让自然顺应天道而进行休养生息之外，还应当让这个逐步失衡的社会秩序得到应有的休养生息之机会，这就是社会生态系统平衡的修复。二者合二为一，生态修复的思想就诞生了。渐渐地这一理论在实践中被总结并首先被生态学成功地进行实践检验和继续改进。在此基础上，社会科学理论升华，使之最终成为我们今天能够理解和感受到的样子。

因此，生态修复理论的产生与发展与其说是环境保护理念升华的结果，不如说是生态文明理论产生和发展又一坚实的实践与理论基石。生态修复理念的产生与发展已经从根本上宣告了传统的以人为中心的那一整套人与自然关系和矛盾处理方式的理论和价值体系的破产，更加速了以生态系统是一个"自然—社会—经济"不可分割的整体的整体主义思想和价值体系为核心的生态文明理论的形成，同时它也呼唤并催促着一个生态文明时代的早日到来。从这种意义上说，生态修复理论的产生与发展是生态文明建设的催化剂。

生态修复理论在促进生态文明建设的过程中，也催促着法学领域的彻底变革。以权利为核心的法学认识论以及以利益衡量为核心的法学认识论不断受到来自生态修复理论本身的巨大冲击，因为生态系统并不在传统法学的研究视野之内，这本身可能就是最大的、最根本的促使传统法学尤其是西方权利主义法学为之一颤的根本性因素。法学只识人之利益、人之权利的研究思维不得不发生应有的变革。自从生态系统这一概念产生的那一天起就已经宣告了传统法学研究理论体系和价值体系开始崩溃。如果说关于人的法学依然可以保留其人与人关系的话语阵地，那么人与自然关系就应当翻开法学研究的另一历史页面，因为生态修复不是基于人的利益得失而设计的技术措施，更不是基于人的权利丧失而产生的补救措施。生态修复理论从本质上说是在生态系统功能退化以及受到严重干扰无法维持原有平衡状态的情况下而产生的。生态修复价值取向中充满的不仅仅是对人的个体的关怀，更主要也是根本要实现的是对自然生态系统与社会生态系统和谐发展的整体主义的关怀。这样，要求生态修复技术实践转化为法律制度的那天起就从根上已经在对传统法学的认知进行挑战和改革了。生态文明建设涵盖了生态修复，生态修复理论加速了生态文明理论的形成与不断进化，生态修复法律制度就是生态文明制度体系的重要组成部分，这意味着生态修复法律制度的建设必然促进生态文明制度体系建设向着一个崭新的法学研究方向前进。

2. "不忘初心，方得始终"

作为催化剂必须保持其性质根本不变化，不论情况有什么样的改变，它都会再回到其原有的形态。虽然催化剂在作用于各类需要催化的事物时会牺牲自己原有的性状来促成被催化物的改变，但是它在完成使命后还是依然坚守那份"初心"。生态修复技术理论及其实践的重要任务就是造就或者说是重塑一套完善的人与自然世代和谐相处的文明发展机制，其法律制度的建构依然也是围绕这个"初心"使命，要完成这个过程必然要付出应有的促进代价。生态修复概念在其产生之初备受争议，并被误解，很多把生态修复看作环境要素的覆绿等浅生态治理措施的理论和理解大行其道，早期的生态修复理论是在被严重低估价值的状态下不断默默行动的。通过各类大型生态修复工程的开展，我们才逐步认识到，浅生态治理的技术主义理论已经难以解释生态修复理论了，由此生态修复理论才得以被人们重新认知。也就是说，生态修复在误解中产生并在被低估中体现出其应有的固始作用与价值。生态修复是在默默通过实践不断更新人的固有认识，并在质疑中体现其本意的。当人们惊喜地发现一种新的力量在重新改变人与自然关系时，人与自然的裂痕已经开始被逐步修复。可见，生态修复作为一种更加宏观的实践与理论体系并不在乎被误解和低估，或者说在其产生伊始就已经将这种"名誉"上的牺牲刻意忽略了。

而对于生态修复法律制度的建构来说，也极为相似。人们不断论证它的权利与利益属性，根本不去探究它到底是什么，甚至在自然科学、政策措施都已经确定生态修复的内核理念时，人们对它依然视而不见，完全是以高傲的态度对待新生事物，哪怕这一事物已经被证明是错的却还要顾及颜面一味圆场解释。看着国家组织投资并实施的一系列重大生态修复工程的出现，党的十八大报告、十九大报告关于实施重大生态修复工程与建立生态修复制度的文字描述历历在目，《生态扶贫工作方案》已经出台很久了，《关于建立激励机制加快推进矿山生态修复的意见（征求意见稿)》也可以被查看了，关于海洋生态修复制度的国家和地方立法也都有了，请问你们难道没有认真地看看生态修复到底是指什么吗？承认并认真研究已经被科学界定的生态修复难道就这么难吗？不过不管他们对此认不认可，已经无所谓了，生态修复及其法律制度的实践始终在向着正确的方向前进。生态修复及其法律制度建设甘做生态文明制度体系建设催化剂的本性从未改变，所谓不忘初心，方得始终。给予旧事物、旧认知自觉进化的时间已经不多了。

（五）生态修复及其法律制度建设是中国特色与中国模式的增色剂

生态文明理论及其制度体系建设思想的提出实际上就是用中国的话语在解答人与自然应当如何相处以及在此基础上人类社会到底如何发展的问题。之所以这种话语深深打上了中国特色的烙印，就是因为其站在更高的层次，从生态系统整体、人类命运共同体的角度来思考新的文明时代究竟是怎样的。

1. 中国化的生态修复及其法律制度建设

如果说西方极端自私的人的理性思想严重迫害了人与自然的关系，那么在此思维基础上产生的法律制度也是唯命是从的迫害急先锋。在西方传统的个人主义与自由主义的熏陶下，法律制度已经成为个人利益的保护伞，唯知人之权利与个人权利，无论人之外其他物之存在合理性。动不动创造个权利来加固这把早已破旧不堪的伞，已经成为西方传统法学研究的固有套路和偏见习惯。在这种状态下，一整套西方的人与自然非对等相处的话语体系早已固化并被认为是普世的，是可以终结历史的。因此，一旦遇到生态修复这种事情，首先想到的肯定是个人利益受损了，一个人就要赔偿或者补偿另一个人，某个人或某个组织就要拿钱去修复环境，至于修复成什么样全靠所谓的科学计算甚至预算，没有人在意生态系统平衡到底是否得到应有的修复，只要判了钱，一部分人拿了钱，好像就一切合理了。

与之相对比，中国话语下的生态文明是整体和谐的文明，它其实是要在实现生态系统整体文明基础上使个人得到更多文明的惠益。思考的起点不同，思考的结论就必然存在差距。因此，生态系统整体主义的，区别于西方话语套路的特殊文明形态在中国诞生了。而作为生态文明制度体系的生态修复法律制度也使之增色良多。生态修复在中国语境下已经变成了人与自然整体惠益的过程以及人与人个体因此充分获益的过程。生态修复并不是建立在谁损害谁的利益由此引发的补救基础上，而是建立在国家代表人们主动就人与自然和谐共存状态的修复开展必要之行动基础之上。之所以会有这种差异，主要是国家在中国历史发展中的固有使命所决定的。国家在中国传统思想中以及民众心目中的地位是西方话语所难以体会和表达的。家国天下，有国才有家是根深蒂固的中国特色，中国人骨子里的秉性应当表现出这种家国情怀，也正是这种家国情怀造成自由主义的个人权利意识在中国难以指导或解读生态修复及其法律制度建设的家国情怀。生态修复思想在中国产生与发展伊始就已经被深深中国化了，其法律制度的设计如果不遵从这种中国化就只能走形，这也是本书一直坚持用中国话语解读生态修复的整体主义内涵，并用这种思路讨论生态修复法律制度建构的重要原因。

生态修复及其法律制度建设增加了生态文明及其制度体系建设的措施和手段，也从国家组织和实施的视角看待了生态系统整体平衡的建设道路，更从骨子里反映了中国传统家国思维所提倡的"和谐共生"的文明发展模式，既是中国特色，也增加了其中国特色的合理性。生态修复要修复的是一种共生的状态，修复的前提不仅仅是因为谁损害了谁，更是提供一种共同应对未来的能力。生态修复及其法律制度建设骨子里体现出中国人的一种和谐精神，并把这种精神进行完整的实践。这着实使得那种西方的、技术主义的、个人主义的、自由主义的、权利主义的法学研究方式瞬间变得格局小了很多，反而给中国生态修复法律制度建构模式平添几分特殊色彩。从另一个角度来说，中国特色社会主义建设这条路虽然思想开端于西方，也应当汲取各国先进经验，但其最关键的就是那句"实事求是"，就是要使有益的思想和建设方法打上深厚的中国特色标注。生态修复实践尤其是法律制度建设的实践源于西方某些先进的科学理论和技术发展，但在其引入中国的那天起就已经在做与中国特色社会主义建设相结合的努力。

2. 中国模式的生态修复及其法律制度建设

由于本书的主要论题不在于中国模式的环境法治，所以仅围绕生态修复法律制度做部分探讨。关于中国模式的讨论起源于政治经济学领域，但并没有被中国法学所研究，更没有引起环境法学的充分重视。① 我们的环境法出现了明显的两个常态，一方面很多学者看不见中国模式讨论的必要性，而一味采用拿来主义，习惯于在西方传统法学知识体系框架范围内讨论法律制度的建设问题。另一方面很多学者一再抱怨中国的环境法没有起到应有的效果，还有很多人抱怨为什么在环境立法过程中总是把学者眼中理想的制度，尤其是西方模式的制度删改得面目全非，甚至予以弃用，然后成为与其理想中全然不同的另类法律制度。这其实反映了一种普遍矛盾的心理，也凸显了环境法治建设依然非常迷茫，而这背后的原因很大程度上就是不在乎中国模式的讨论。

中国模式的讨论并不是一种推广与强制，它仅是对中国发展道路中有益经验的总结和解释。当前，国内外有很多关于中国模式的争论，有些人甚至怀疑这种说法是否会引来其他国家的担忧和威胁。个人认为，中国模式不是我们自己不说或者不提就不被他人所指戳的。正如张维为教授在其系列演讲"这就是中国"里所比喻的，中国已经是姚明了，不可能再隐藏在潘长江的身后。自信点探讨或更加准确地总结中国特色社会主义道路，并把它升华为中国模式没有什么不合理的。生态修复其实从它来到中国的那一天起就已经被中国的学者进行了中国的理解，可以说，中国在进行生态修复实践时一直都是走的中国道路，不论是森林还是矿产领域的生态修复各类工程始终都是在国家的组织与实施下进行着。法学界开始广泛介入这个内容的研究时，突然生态修复就被理解为恢复原状和权利救济措施了。事实上，生态修复无论在《中华人民共和国水土保持法》（以下简称"水土法"）中还是在《中华人民共和国海洋环境保护法》（以下简称"海洋环境保护法"）中都一直遵循着中国特色和中国模式，只是我们很多人视而不见或者不想见而已。

我们可以从生态修复实践在我国发展的脉络总结我们中国模式的生态修

---

① 我们熟悉的是讨论法律制度的本土化和中国化的问题，但是它们与中国模式的讨论是不同层次的讨论。中国模式的讨论显然更加务实和具体，而且中国模式的讨论具有很强的实时特征。

复所具有的典型特征。第一，国家组织并实施。国家及其各级政府无论是在遏制和治理荒漠化等水土保持工程建设中，还是在海洋生态修复工程中都起着组织者和实施者的作用。并且这种组织和实施不是空头支票，政府往往还是带着巨大的财政投入参与其中的。第二，广泛而长期筹资并投入。例如采煤塌陷区的生态修复工程，一般都是几年甚至十几年的长期投入，有时一年的工程投入就高达几个亿。除了进行土地复垦、矿山覆绿回填等工程外，还有整村的居民移民搬迁安置点及其配套设施的兴建工程，例如安徽淮南的凤凰湖安置工程。第三，主动与被动介入相结合。生态修复工程在生态系统失衡之后进行的主动人工介入，例如腾格里沙漠生态修复工程、三北防护林工程等。也有被动的如封山育林、让自然生态系统进行休养生息的各种自然保护区工程等。还有增强生态系统平衡能力，减缓或消除生态系统退化的各类工程等。这里任何一项重大生态修复工程都凝聚着国家及其各级政府坚持不懈的努力，法律制度的建设怎可视而不见？又有什么理由把这种已经在逐步实践并形成机制的中国道路再扭转到社会管社会、个人斗个人的西方治理模式中去呢？第四，社会与个人的市场参与。特别是在采煤塌陷区生态修复过程中企业投资并参与惠益的模式较为典型。国有企业作为市场化治理的主要担当者之一，各级政府财政引导与社会服务购买模式正在不断吸引民间投资的介入，都正在培育一个逐渐成长的生态修复工程产业链。在这种状况下，贫困的人群或者落后地区的人们开始逐步成为生态扶贫与移民安置政策的惠益分享者。虽然现在还存在着很多的尖锐问题，但并不代表这种已经存在的中国模式的生态修复实践就可以完全推翻。

我们国家是社会主义国家，坚定走中国特色社会主义道路就要培育中国模式的生态修复法律制度建设的充分自信，而这种自信不是靠照搬西方的法律制度建构模式而来的。实事求是地尊重制度传统、制度现状以及生态修复工程的实践现状才是这种自信产生的根本。国家作为生态修复工程的组织者和实施者，进行长期稳定并逐步提高的财政支付，集中力量做大事，这是实施重大生态修复工程的根本保障；坚持主动介入与促进自然休养生息相结合，把以社会秩序平衡、经济发展平衡为核心的社会生态系统平衡和自然生态系统平衡的修复与养护结合在一起是我国实施重大生态修复工程实践的客观总结，也是重大生态修复工程的核心内容和主要目标；社会与个人积极参与，出资出力，并从国家的这种建设中充分获益，以至于摆脱贫困，实现新的生存与生活方式，进而培养一种崭新的中国特色社会主义的生态文明信仰。这些内容拧成一种宏大的美丽中国蓝图下的秩序修复机制，并运用法律制度使之能够有效运转起来，这才是中国模式的生态修复法律制度建设。

四、生态修复法律制度建设的中国实际

在我国的水土保持法律制度形成之前，生态修复法律制度的建设多处于懵懂时期，相应理论建设充其量是一种启蒙，甚至难以说是完全意义上的启蒙。随后，水土保持立法首开我国生态修复法律制度的先河，首次明确采用生态修复字样，并开始尝试构建用于水土保持的自然修复法律制度。而我国的海洋环境保护法，尤其是地方的海洋环境保护立法尤其重视海洋生态环境的综合治理与恢复，甚至开始尝试建构独立的海洋生态修复法律制度体系。紧接着，随着大规模的采煤塌陷区生态修复工程实践的广泛开展，地方采煤塌陷区生态修复法律制度建设逐步展开，并影响到全国的采煤塌陷区生态修复法律制度建设尝试。

（一）首开先河的水土保持法律制度

水土法作为中华人民共和国第一部较高位阶的国土整治法律，第一次从生态系统整体主义的视角看待了国土生态系统平衡的维护问题。该法1991年颁布并实施之初，并未就生态修复制度进行明确规定，但是已经开始逐步体现生态恢复制度的内容，为后来立法中使用并建构生态修复制度奠定了坚实的立法实践基础。

1. 1991年水土法

1991年颁布的水土法共分六章四十二条，其中就水土保持监管体制及管

理机制、预防、治理、监督和法律责任等内容进行了全面详细的规定，具有一定的开创性和重要的历史意义。该法中制定的众多恢复性法律制度对于后来形成中国模式的生态修复法律制度具有重要的指导意义，也规范并促进了中国模式生态修复实践逐步走向成熟。事实上，水土保持本身就是一项通过人工促进土地生态系统恢复原有平衡状态的行为，它已经具有自然修复的性质并逐步涉及社会生态修复的问题。虽然该法在颁布时使用了大量"治理""综合治理""恢复"概念和语词，这是与其所处的那个没有生态修复认知的时代有很大关联的。甚至在那个年代，生态系统的概念在我国都才刚刚出现。人们尤其是学术界思想中还都是传统的环境要素污染防治的知识体系，恢复生态学及其核心的生态恢复思想都还只停留在生态学研究的领域。因此，立法有这种局限无可厚非。

即使如此，水土法的先进性与创新性在今天看来依然不过时。首先，该法第一次较为系统地看待了自然、社会、经济之间基于生态系统而密切联系的复合关系。这已经与今天普遍产生共识的"自然—经济—社会"复合生态系统的生态系统整体理念有着高度的一致性。例如该法第七条第二款明确规定："县级以上人民政府应当将水土保持规划确定的任务，纳入国民经济和社会发展计划，安排专项资金，并组织实施。"这实际上不仅将水土保持视为社会经济发展工作的重要组成部分，也为水土保持工作的财政保障提供了切实的法律依据。这种制度的设计虽然具有过于原则性的弊端，但是对于几乎同时期出现的《中华人民共和国环境保护法》来说已经有很大革新。因为当时的《中华人民共和国环境保护法》第四条只不过将其环保工作纳入计划，并未提财政保障甚至专项资金保障的问题。环保工作在当时还处于财政专项保障之外，与社会经济发展不可同日而语的状态下，水土保持理念却早已蕴含着生态系统整体平衡的先进思想。

其次，水土法较为全面地看待生态保护的问题。该法最初的版本已经开始关注由资源尤其是各类农业资源的利用与开发带来的土地、森林、草原等生态系统的退化问题，将社会生态系统与自然生态系统通过农业生产为纽带联系在一起进行综合治理。同时还将我国传统法律制度中的休养生息思想融入其中，形成了具有中国特色的水土保持法律制度。由此，也将水土保持法律制度建设同当时刚刚兴起的生态恢复学理论与实践结合在一起，形成了早期生态恢复理念指导下的中国特色的水土保持法律制度。较为典型的条文如该法第十三条规定："各级地方人民政府应当根据当地情况，组织农业集体经济组织和国营农、林、牧场，种植薪炭林和饲草、绿肥植物，有计划地进行封山育林育草、轮封轮牧，防风固沙，保护植被。禁止毁林开荒、烧山开荒和在陡坡地、干旱地区铲草皮、挖树蔸。"第十六条第一款规定："采伐林木必须因地制宜地采用合理采伐方式，严格控制皆伐，对采伐区和集材道采取防止水土流失的措施，并在采伐后及时完成更新造林任务。对水源涵养林、水土保持林、防风固沙林等防护林只准进行抚育和更新性质的采伐。"第十七条规定："在五度以上坡地上整地造林，抚育幼林，垦复油茶、油桐等经济林木，必须采取水土保持措施，防止水土流失。"第十八条第一款和第二款规定："修建铁路、公路和水工程，应当尽量减少破坏植被；废弃的砂、石、土必须运至规定的专门存放地堆放，不得向江河、湖泊、水库和专门存放地以外的沟渠倾倒；在铁路、公路两侧地界以内的山坡地，必须修建护坡或者采取其他土地整治措施；工程竣工后，取土场、开挖面和废弃的砂、石、土存放地的裸露土地，必须植树种草，防止水土流失。""办矿山企业、电力企业和其他大中型工业企业，排弃的剥离表土、矸石、尾矿、废渣等必须堆放在规定的专门存放地，不得向江河、湖泊、水库和专门存放地以外的沟渠倾倒；因采矿和建设使植被受到破坏的，必须采取措施恢复表土层和植被，防止水土流失。"这些条文的出现不仅反映出一种前所未有的社会经济发展与生态系统平衡维护同等重要的理念，同时也预示着在环境污染之上还存在着更深层次的生态恢复理念。从此法律制度建设开始进入一个前生态修复理论与实践状态，并开始为生态修复法律制度建设时代的到来进行必要的积淀。

2. 2010 年修订后的水土法

继而，伴随着生态修复理念与实践的不断发展与成熟，2010 年水土法经历了一次较大规模的修订。2010 年的水土法可以说焕然一新，其中第一次开始出现"生态修复"语词，宣告了中国模式的生态修复法律制度建设时期全面到来。新法在总则部分首先删除了原法中第八条规定的"从事可能引起水土流失的生产建设活动的单位和个人，必须采取措施保护水土资源，并负责治理因生产建设活动造成的水土流失"。这虽然可以理解为将这种单位和个人作为法律责任承担者放在第一章中不合理，但更多意味着在水土保持领域，国家及其各级政府才是组织和实施水土保持生态修复工程的适格主体，而单位或个人是参与这项工程并获益者。这种法律制度建设思想在新法第九条的修改中较为明确地显示："国家鼓励和支持社会力量参与水土保持工作。对水土保持工作中成绩显著的单位和个人，由县级以上人民政府给予表彰和奖励。"紧接着，该法在第三十三条明确规定："国家鼓励单位和个人按照水土保持规划参与水土流失治理，并在资金、技术、税收等方面予以扶持。"第三十四条则规定："国家鼓励和支持承包治理荒山、荒沟、荒丘、荒滩，防治水土流失，保护和改善生态环境，促进土地资源的合理开发和可持续利用，并依法保护土地承包合同当事人的合法权益。承包治理荒山、荒沟、荒丘、荒滩和承包水土流失严重地区农村土地的，在依法签订的土地承包合同中应当包括预防和治理水土流失责任的内容。"可见，国家对水土保持等重大生态修复工程的制度安排模式一以贯之，即国家及其各级政府是组织和实施者，也是财政的保障者，而个人或单位则是参与者与获益者。这与我国根本政治制度与管理体制、机制的长期运行模式有根深蒂固的联系，可以说，这种制度的安排符合中国国情，是中国模式。

中国作为一个超大型的国家，与西方传统法律制度存续的典型国家具有截然不同的环境。虽然西方的环境决定论带来严重的种族歧视和民粹主义倾向，但是其中关于环境甚至生态系统对于一个国家文化与社会制度发展的影响的理论仍有一定的合理性。《人类简史》中就有关于人类进化与生态系统进化密切关联的论述，该书作者总结出人类不同祖先有的走向消亡，而有的则继续繁衍生息下来，不仅仅与人本身的进化有关，更与人甚至种群的生存方式、习惯以及生产方式等因素有着巨大联系，而这些因素又与当时人们所处的生态系统的状况有着不可割裂的关系。就像尼安德特人虽然进化出最为强壮的体格，但是其食物来源单一，生产方式以狩猎为主，因而在生态系统中处于较为脆弱的种群，最终被从事农业生产、进行农业革命的智人所淘汰。农业生产方式或者说人类农业生态系统的产生推动了巨大的生产力进步，并最终使得智人走出了完全不同于貌似更加强大的游牧人种的生存和发展道路。这种人种的进化完全可以说明，中国人这样一个从农业生态系统中走来的民族及其国家政权组织形式是全然不同于从游猎生态系统中走来的西方民族的，这更可以解释为什么中国人完全可以走不同于西方的制度文明道路。虽然我们近代以来被打败了，但归根结底来说，并不是中华文明或者本质意义上的中华文化被打败了，主要是因为当时的制度没有跟随已经进步的中华文明进化，反而日趋保守和反动了。既然我们已经推翻了它，建立起符合我们自己国情的政治制度和政权组织形式，就表明我们的法律制度必须适应并不断使我们特有的文明保持生命力，而不是通过不断加码去引进所谓的西方法律制度来遏制其进化。这个问题后面还会展开论述，这里就不再跑题了。

面对生态危机的出现，即使是西方法律制度及其法学研究本身都没有有效及时的应对措施，似乎更加措手不及，何况我们呢？我们需要做的是进行比较，是需要自信地在平等的视角下看待我们自己业已形成的法律制度与西方法律制度，甚至在中西方法律传统的平等比较视角下去找寻应对生态危机的法治进路，绝不是把西方的法学理论拿来硬套中国的国情。搞权利法学必须用对地方，而生态修复法律制度建设绝不是权利理论可以科学建构的。2010 年的水土法完全走出了和西方套路不同的法律制度建构模式，也更加符合长期实施的水土保持领域重大生态修复工程实践道路。水土保持并不是谁的权利，说是义务也较为牵强，只有把它作为一种国家职责，国家实施、民众惠益的责任，这种模式才符合这一制度的实际。

（二）初见成效的海洋生态修复法律制度

我国海洋环境保护立法是较早尝试建构生态修复法律制度的立法之一。不仅全国立法以生态修复法律制度建设为重要内容，而且各地方在制定各自的地方海洋环境保护立法时均予以充分重视和着重体现。不仅明确了海洋生态修复的主体，确定了生态修复资金的来源，还规范了生态修复工程的实施与监管，同时也规定了相关法律责任，使得生态修复制度不仅贯穿于各地海洋生态环境保护工作的始终，也在海域使用、无居民海岛等海洋资源保护立法中得到了体现，甚至有的地方还制定了专门的海洋生态修复立法。例如2016 年 8 月 1 日起施行的《宁波市海洋生态环境治理修复若干规定》就系统性地从生态修复的组织与监管主体、实施主体、管理机制、生态修复工程的开展与监测评估以及生态修复的具体措施等方面进行了详细规定。可以说地方海洋生态修复立法对我国生态修复法律制度建设具有重要的指导和推动作用，值得我国在各个领域尤其是海洋生态环境保护领域进行的专门的生态修复立法充分借鉴。

1. 国家层面的海洋生态修复立法

我国第一部海洋环境保护法诞生于 1982 年，历经一次修订、三次修正。现行的海洋环境保护法 2017 年修正后实施。目前，该法分为十章九十八条。相比较现行版本而言，1982 年的海洋环境保护法只有八章四十八条，许多制度都仅有原则，尤其是关于海洋生态保护并没有独立成章。1982 年海洋环境保护法的主要规制对象是海洋环境要素的污染行为，这也使得其在实施过程中存在相当大的问题。最关键的是与海洋生态系统保护相关的海岛保护、物种多样性保护等重大问题并没有具体规制，特别是针对近海越来越严重的珊瑚礁破坏和植被破坏等现象更是难以有效遏制，海洋环境保护中最关键的生态修复过程并没有受到应有的重视。为此，1999 年我国针对海洋环境保护法进行了一次重大修订工作，并于 1999 年 12 月 25 日第九届全国人民代表大会常务委员会第十三次会议审议通过，2000 年 4 月正式实施。1999 年的海洋环境保护法相比较 1982 年的版本而言，最大修订在于增加了《海洋生态保护》一章，这对于仍旧处于环境要素治理为纲的 20 世纪环保立法思想来说，无疑是具有开拓意义的。尤其是在《海洋生态保护》一章中融入了生态系统整体保护的思想，不仅从环境要素污染防治入手，还规定了海洋资源开发利用与海洋生物多样性保护之间相互协调的关系。同时在该版海洋环境保护法第二十条第二款中创新地提及了对被破坏的海洋生态进行整治和恢复法律制度。这一制度在后续的历次修正中都予以了保留，为该制度演化发展为海洋生态修复制度体系的建立奠定了稳定的立法基础。

基于海洋生态整治与恢复制度的存在，与之相呼应的海洋自然保护区制度、各类海洋资源保护制度等海洋生态保护法律制度开始逐渐将生态修复作为一项关键的制度内容纳入其中。例如 2010 年颁布的《中华人民共和国海岛保护法》第二十一条明确规定："国家安排海岛保护专项资金，用于海岛的保护、生态修复和科学研究活动。"值得一提的是，《中华人民共和国海岛保护法》第二十五条第二款规定："进行工程建设造成生态破坏的，应当负责修复；无力修复的，由县级以上人民政府责令停止建设，并可以指定有关部门组织修复，修复费用由造成生态破坏的单位、个人承担。"该款虽然提及生态破坏后的修复，但却避免直接使用"生态修复"语词，与第二十一条国家出资进行的生态修复行为进行了准确而严格的区分。显然，在生态修复问题上，立法者明显清楚个人或单位所进行的修复与国家生态修复工程在法律上根本不是一码事。从另一方面来说，这也为将个人和单位进行的生态破坏后的修复与国家组织实施并由国家财政保障的重大生态修复工程进行制度的区分提供有益的先例与尝试。

2. 地方专门的海洋生态修复立法

基于海洋环境保护法第三章《海洋生态保护》内容，尤其是第二十五条第二款关于海洋生态整治与恢复的规定，地方海洋生态修复立法进行了卓有成效的尝试。通过笔者对地方海洋环境保护立法的调查，截至 2019 年 6 月，各地人民政府规章以上海洋生态环境保护立法已经达到 73 部，其中省级人大立法 23 部，设区的市人大立法 20 部，省级人民政府立法 18 部，设区的市人民政府立法 12 部，内容涵盖了海洋环境污染防治、海域使用、海洋生态保护（渔业等农业资源除外）、人文遗迹保护等多个海洋生态环境保护领域。有的地方还制定了专门的海洋生态修复立法。2016 年 8 月 1 日起施行的《宁波市海洋生态环境治理修复若干规定》（以下简称"若干规定"）就系统性地从生态修复的组织与监管主体、实施主体、管理机制、生态修复工程的开展与监测评估以及生态修复的具体措施等方面进行了详细规定。这可能也是我国第一部较为详细规范海洋生态修复行为的专门立法了。

遗憾的是若干规定没有直接使用"生态修复"一词。当然这也是我国地方立法的一贯问题，即对上位法相关制度的遵守与沿用。在海洋环境保护法中使用的词是"治理修复"，所以这里继续使用"治理修复"一词，倒是符合立法惯例，却也遗憾。若干规定把规划和计划制度作为生态修复法律制度的重要组成部分。规划是我国法律制度中重要的内容，几乎涉及国家治理的方方面面。这与我国长期以来形成的国家按照计划按部就班完成一定社会经济发展目标的治理方式有关，是我国国家治理手段的集中反映，也是我国国情，更是生态修复法制建设中行之有效的中国模式之一。

若干规定的第三条规定："治理修复工作应当坚持政府主导、陆海统筹，重点优先、经济可行，损害担责、综合治理的原则。"第四条则规定："市和县（市）区人民政府应当加强对治理修复工作的组织领导，协调解决治理修复工作中的重大问题，为开展治理修复工作提供资金保障。探索建立政府与社会资本合作、个人捐助、国际援助等多元化投入治理修复机制以及海洋（海岸）工程建设项目生态补偿机制，推进治理修复工作。"第六条则就治理修复工作的具体措施进行了详细分解："开展治理修复工作可以采取下列措施：（一）清理海洋（海岸）工程废弃物；（二）海岸防护、人工补沙、植被固沙；（三）湿地恢复、开堤通海；（四）海底清淤与底质改造；（五）改善海岛地形地貌和基础设施；（六）恢复岛陆植被；（七）清理海域污染物；（八）改善海域水质；（九）开展生态养殖、碳汇渔业；（十）渔业增殖放流；（十一）建设人工鱼礁；（十二）建设海洋牧场；（十三）其他治理修复措施。"这三条实际上反映了宁波市政府对海洋生态修复工程管理体制与机制的基本认知：第一，海洋生态环境的整治修复工程是政府投资并组织实施的；第二，海洋生态环境的整治修复工程并不排斥个人与社会甚至国际资本的有益参与，并积极探索相应的合作机制；第三，海洋生态环境的整治修复工程并非仅针对受损的生态系统，还针对综合的生态系统退化问题。这种生态修复工程的实践基本上反映了国家及其各级政府对于生态修复这一概念的认知和真实意图。可见，从现有国家政策和地方海洋生态修复立法实践来看，生态修复本就不是生态损害或环境污染的救济手段这么简单。

虽然若干规定可能尚未达到海洋生态修复立法的要求，但是这已经是一次难能可贵的尝试。在众多误解与虚浮中，该部立法能够准确把握国家对于生态修复法律制度建设的根本目的，实属难得。该规定对于今后我国建立海洋生态修复法律制度体系，乃至构建符合中国国情的生态修复法律制度体系，都具有重要的参考价值。首先，该规定已经明确了生态修复工程开展的引发机制，即生态系统的退化。其次，该规定最大的亮点在于遵循了国家关于开展生态修复工程、进行生态系统整体治理的宏观构想，同时明确了政府主导、社会和个人参与的生态修复法律制度的中国模式。最后，该规定开拓了生态修复专门立法的先河，为今后出台全国性的生态修复专门立法提供了有益的借鉴。但是，若干规定的遗憾在于并没有直接明确"生态修复"这一概念，仅仅在内容中对生态修复的社会修复过程与自然修复过程进行了具体的制度设计。

3. 生态修复制度在其他地方海洋环境保护立法中频繁出镜

海洋生态修复法律制度建设实际上在各地海洋环境保护立法中已经进行了卓有成效的探索。在宁波的若干规定出台前后，很多地方人大或地方政府就已经将海洋生态修复制度写入各类海洋环境保护立法中。例如2018年修订后的《山东省海洋环境保护条例》第五条在设计湾长制及其相应职责时就规定："沿海县级以上人民政府应当建立健全湾长制，实现区域内重要海域全覆盖。各级湾长应当分级分区组织、协调、监督海洋空间资源管控、污染综合防治、生态保护修复、环境风险防范等工作，改善海洋生态环境质量，维护海洋生态安全。"这表明，生态修复已经成为山东省海洋环境保护政府职责的重要内容之一。

无独有偶，2015 年修订的《浙江省海洋环境保护条例》第四条明确规定："沿海县级以上人民政府海洋行政主管部门（简称"海洋行政主管部门"，下同）负责所管辖海域的海洋环境的监督管理，组织海洋环境的调查、监测、监视、评价和科学研究，负责防治海洋工程建设项目和海洋倾倒废弃物以及其他有关海洋开发利用活动对海洋污染损害的环境保护工作，组织海洋生态保护和修复。"可见浙江省立法者也是将组织海洋生态修复看作政府海洋环境保护职责的重要内容之一。同样，2015 年修订的《广东省实施〈中华人民共和国海洋环境保护法〉办法》第十七条也规定了"沿海县级以上人民政府有组织开展红树林、海草床、珊瑚礁、滨海湿地等典型海洋生态系统的保护和修复的重要职责"。

除了上述省级立法之外，很多地市也根据本地实际专门建设了海洋生态修复法律制度。2018 年新修订的《青岛市胶州湾保护条例》就已经在第六章设专章规范海洋湾区生态修复制度。该条例把市人民政府及其规划、建设等职能部门作为开展湾区生态修复工程的组织者和实施者，这与新一轮机构改革的职责有一致性。例如该条例第四十八条规定："市人民政府应当组织编制胶州湾生态修复规划，确定修复目标和主要措施。"第四十九条则规定："市规划部门应当根据胶州湾生态修复规划和胶州湾沿岸陆域控制性详细规划，组织编制胶州湾岸线整理规划。"

在生态修复专项资金的保障制度上，2018 年修订的《天津市海洋环境保护条例》第七条规定："市和滨海新区人民政府应当将海洋环境保护所需经费纳入同级财政预算，并根据经济社会发展状况逐步加大资金投入。本市鼓励多渠道筹措资金，用于海洋环境保护和海洋生态修复。"此外，2011 年颁布实施的《浙江省无居民海岛使用金征收使用管理办法》第九条也规定：

"无居民海岛使用金纳入一般预算管理，主要用于海岛保护、海岛管理、海岛生态修复、海岛调查、海岛基础设施建设和海岛防灾减灾与监视监测系统建设。"

综上可见，我国地方政府对于海洋生态修复法律制度建设的尝试已经在陆续开展，不仅在海洋生态系统维护领域，而且在海洋岛屿资源等领域也有相应的制度建设。地方海洋生态修复往往是海洋生态环境保护或资源类保护其中的一项内容，对于政府职能机构的职责划分来说也处于一种次要的地位，并未形成完整的体制与制度运行的合力。仅有少数省份或设区的市把海洋生态修复作为一项专门的制度看待，并进行了有益的专门立法实践。有一点是值得肯定的，作为中国的实际立法者们，正在用实际行动向学术界很多人阐述地方政府对于生态修复的基本认知和法律制度建构理解。各地立法更是通过一些条款，甚至是最新修订的条款来使人们正确看待国家及其各级政府主导下的重大生态修复工程应当是怎样的以及相应的生态修复法律制度具体如何来体现以国家为主体的生态修复中国模式。虽然这些法律制度很多都是比较有原则性的，但是从总体上来说，是符合中国国情的立法实践，其意义远远超出了脱离中国实际的很多所谓的法学理论构造。

（三）采煤塌陷区生态修复工程典型实践及其法律制度建设——以淮南为例

淮南市内矿井林立，多年来，煤炭工业一直是淮南的支柱产业，但丰富的煤炭资源在创造财富、发展经济的同时，也给环境造成了不同程度的影响。采煤塌陷区也广泛分布。目前，淮南市有六大采煤塌陷区，分别为九大采煤塌陷区、谢李采煤塌陷区、新李采煤塌陷区、潘集采煤塌陷区、张谢采煤塌陷区和新集采煤塌陷区。截至 2015 年年底，全市采煤塌陷区总面积已达 245 平方公里，占全市土地面积的 9.4%；涉及人口 33.1 万人，占全市总人口的 14.2%。① 淮南市采煤塌陷区生态修复已经取得了实效，很多塌陷区已经从根本上改变了面貌。在生态环境本身的修复上，目前，淮南市已经形成较为典型的治理模式：一是"泉大模式"，即把生态修复同资源枯竭矿井土地盘活相结合；二是"后湖模式"，即把采煤塌陷区生态修复同农业产业结构调整相结合；三是把采煤塌陷区生态修复同发展三产相结合的"鑫森模式"；等等。此外，淮南市已经逐步建立一整套生态修复管理机制，并不断完善相关的制度，构建了诸如搬迁安置制度等一系列与采煤塌陷区生态修复机制建设相关的重要制度体系。

1. 淮南市采煤塌陷区生态修复工程典型实践模式②

第一是"泉大模式"。泉大采煤塌陷区治理模式简称"泉大模式"，主要是将采煤塌陷区的生态修复同城市绿化以及宜居城市建设相结合的模式。"泉大模式"是淮南市泉大采煤塌陷区生态修复与利用项目的主要成果，地处淮南市市区东部。早在 30 多年前，泉大地区的矿区就已经被废弃，出于诸多原因，该地区的采煤塌陷已经多年无人问津，形成了城市废弃地和荒地，造成了土地资源的严重浪费。自 2007 年以来，淮南矿业集团公司投资进行了泉大地区的采煤塌陷区生态修复治理工程。经过多年整治，现在已经成为"山、水、林、居"的城市生态区，重新焕发了该地区的生机和活力，使得城市生态系统平衡状态得以恢复或重建，同时泉大模式中治理项目还惠及了 25 万居民，使他们的生产和生活面貌发生巨大改变，形成了资源开发城市发展模式转型与采煤塌陷区生态修复相结合的成功经验。据统计，"泉大模式"生态修复工程总投入将达到 100 亿元。

第二是"后湖模式"，即把采煤塌陷区的生态修复项目同当地农业产业结构调整相结合。"2009 年以政府为主要资金投入方的淮南市泥河塌陷区生

---

① 打造治理采煤塌陷区的"淮南模式"——淮南市扎实推进采煤沉陷区综合治理综述 [EB/OL]. 中安在线，2019 – 11 – 03.

② 以下文字与数据均参见：吴鹏. 以自然应对自然——应对气候变化视野下的生态修复法律制度研究 [M]. 北京：中国政法大学出版社，2012：81 – 84.

态发展农业合作社在后湖村成立。合作社主要负责经营管理治理后的塌陷区。经过村民代表大会讨论，在自愿的基础上，农户以塌陷在水下的土地入股，成为合作社社员（股东）。形成了'公司＋合作社＋农户'的经营管理模式，后湖村总共有212户村民入股。该模式总计谋划了21个投资达2.3亿元的项目，以此为平台，筹集资金2300多万元，包括项目资金、招商引资、农民投资投劳、政府财政支持等。还先后争取到了国家煤矿塌陷地复垦项目、农业开发土地复垦项目、土地置换项目以及市级土地复垦项目。"

第三是把采煤塌陷区生态修复同发展三产相结合的"鑫森模式"。"淮南市鑫森物流园位于谢家集区望峰岗镇，园区鑫森商贸有限责任公司从2007年开始即先后投资3200万元，对200亩采煤塌陷区废弃地进行回填、平整、绿化和生态修复，规划建设了融办公、仓储、物流配送、信息服务等为一体的现代商贸物流新型园区。2008年上半年至今已建成3万平方米的生活资料仓库，先后有80多家品牌食品、家电、日化小商品相继入驻园区，物流仓储贸易覆盖皖西北5市7县，实现年营业收入1200万元，年利税200万元，带动本地区采煤塌陷区失地农民2000余人就业，形成了皖西北最大的再生资源集散中心。"该模式表明吸引社会资本的投入不仅能够实现采煤塌陷区生态系统平衡的快速修复，更主要的是使得社会可持续发展能力获得更加直接有效的修复。社会资本的广泛和大规模投入是采煤塌陷区生态修复社会目标实现的一个有效途径，同时也是促进生态修复义务公平分配的重要模式。

第四是以采煤塌陷区为主体建立生态旅游风景区的"迪沟模式"。"位于迪沟生态旅游风景区东南部的迪沟生态园，建于2001年11月。迪沟生态园主要利用安徽淮南矿业集团谢桥矿沉陷区杨庄村的旧沟塘、旧宅基地等进行开发建设，是一个集生态旅游、环保科教于一身的生态园林。目前，这里既是安徽省十大旅游休闲基地之一，也是国家AAAA级风景区。至2002年迪沟镇建成了集住宅、商贸、生态旅游于一身，以采煤沉陷搬迁安置为主体的现代化新城镇，迪沟模式由此产生。"该模式也表明采煤塌陷区治理的最终效果实现了当地社会经济的发展，将城镇化建设同采煤塌陷区生态修复相结合是实现这一现实目标的有效路径之一。

从上述四种具有代表性的采煤塌陷区生态修复模式可以看出，一方面淮南市采煤塌陷区生态环境的治理是以人为修复工程为主要措施，以恢复原有自然环境面貌或重建适宜社会经济发展的生态环境为具体实施手段，达到修复当地生态与环境并使之适应社会经济发展需求的过程。这一过程凸显了生态修复对生态环境本身的保护与持续利用以及对人类社会发展的促进作用，也彰显了实施生态修复的根本目的在于生态系统整体的和谐。另一方面，采煤塌陷区生态修复实践在现实生活中是可行的，并且是超脱于土地复垦方式之外的一种全新的包括人类社会治理在内的生态系统平衡修复工程。这种工程模式不仅仅使得生态环境的改造有利于人类社会可持续发展能力的修复，更在于使当地人民本身获得了应有的生存权和发展权。不仅为研究典型地区采煤塌陷区生态修复法律机制现状提供了充分理由，更用事实说明了典型采煤塌陷区政策和制度的设计有其代表意义和现实可行性。

2. 淮南市采煤塌陷区生态修复法律制度建设

早期的淮南市一直在尝试建立采煤塌陷区综合治理制度，随着生态修复理念作为一种党和国家的政策导向与要求被写入十八大和十九大报告中，安徽省以及淮南市都在从原有的采煤塌陷区综合治理理念向着采煤塌陷区生态修复治理理念进行转变。一系列安徽省的、淮南市的采煤塌陷区生态修复法律制度相继出台并逐步形成了一套较为贴近实际的采煤塌陷区生态修复法律制度体系。这些法律制度主要包括两个主要方面内容：一是生态环境本身的治理和修复，二是塌陷区居民的搬迁安置工作以及实现全市社会经济的可持续发展。

（1）采煤塌陷区土地综合整治制度

在土地的复垦治理上，淮南市根据有关法律法规，在治理沉陷地的过程中具体情况具体对待。对未稳沉的沉陷地，一方面对重要建（构）筑物采用留设保护煤柱的方法，确保其不受开采损害；另一方面，对沉陷区内受损的路、渠、输（供）电线路等构筑物及时改造或维修加固，保障其使用功能。对已基本稳沉的沉陷地，采取不同方式进行复垦治理。在土地综合整治规划制度上，淮南市制订了《安徽省淮南市采煤塌陷区土地综合整治规划（2009—2020年)》。该规划要求在规划期内（2009—2020 年），以采煤塌陷区土地综合治理为主线，结合煤炭资源开发、土地总体利用、矿山地质环境治理、城乡一体化、社会主义新农村建设等规划，因地制宜地运用先进的生态工程和生物技术措施，将塌陷区重建成物质、能量和信息良性循环的生态景观系统，探索具有淮南特色的塌陷区综合整治模式，以实现塌陷区生态经济系统的良性循环，促进塌陷区域社会经济持续发展。

（2）采煤塌陷区生态修复规划制度

淮南市根据安徽省相关政策科学编制了《采煤塌陷区土地综合整治规划（2009—2020 年)》，实行"田、水、路、林、村"综合治理。目前，淮南市共有《淮南市西部沉陷区生态治理规划（2010—2025 年)》《淮南市城乡一体化规划（2009—2020 年)》《淮南市矿山地质环境保护规划（2009—2020年)》《淮河潘谢矿区蓄洪与水源工程规划》等十余部涉及采煤塌陷区生态修复的规划，已经形成较为完整的采煤塌陷区生态修复规划制度体系。

（3）采煤塌陷区搬迁安置制度

淮南市采煤塌陷区搬迁安置制度是淮南市采煤塌陷区生态修复制度重要组成部分。塌陷区居民的生命财产时刻受到或将要受到采煤塌陷产生的地质灾害威胁。针对这一问题，安徽省相继颁布了一系列法律法规，并及时制定了相应的塌陷区居民搬迁安置政策。基于此，淮南市也适时制定了相应制度，首先是通过立法确定了淮南市采煤塌陷区农村集体土地居民补偿搬迁安置制度，就农民土地补偿等做了相应制度安排，建立了市一级的补偿安置制度。在企业的补偿搬迁安置制度上，淮南市矿业集团各个矿区也制定了相应的补偿办法。由此，淮南市地矿两级搬迁安置补偿制度逐步建立。其次，在采煤塌陷区居民搬迁安置的工程和资金投入上，淮南市制订了《淮南市 2010—2015 年采煤沉陷区村庄搬迁计划》，并确立了"先搬后采"的基本原则。最后，在搬迁居民的社会保障问题上，一方面实施采煤塌陷区农民培训就业援助行动，对失地农民进行就业培训①;另一方面则"将村庄搬迁工程建设列入市级民生工程,建立发展专项资金统筹用于塌陷区综合治理"。②此外,淮南市在搬迁安置相关补偿制度上为了遏制长期以来采煤塌陷区搬迁抢建现象,还确立了"以人口补偿为原则,据实补偿为补充"的补偿方式和相应制度。

(4)淮南市采煤塌陷区生态修复管理体制

目前,淮南市在采煤塌陷区的综合治理上实行市矿统筹管理模式,在采煤塌陷区生态环境保护过程中二者相互独立又相互协调。

在淮南市采煤塌陷区搬迁安置工作中,淮南市实施市矿统筹管理,涉及市矿之间的重大事项市矿领导将进行沟通协调。特别是在搬迁安置工作中市矿每月都组织一次市矿协调会,对管理问题进行有效沟通和协调。由此可见,在采煤塌陷区生态修复管理体制中存在两个主体,并且这两个主体间存在一定的协调合作的机制,也相互独立。但在采煤塌陷区生态修复搬迁安置具体工作中,淮南市政府还是主要责任主体。2009 年淮南市制定并颁布实施的《采煤沉陷区环境综合治理机制》中明确了"各级政府是村庄搬迁及综合治理的责任主体",这就是说在搬迁安置工作中管理主体以市政府为主,矿业企业予以配合,二者相互协作。

在采煤塌陷区综合治理的管理工作中,2009 年淮南市政府成立了淮南市采煤塌陷区生态修复领导小组,并组建淮南市采煤塌陷区生态修复办公室负责统筹全市的采煤塌陷区综合治理工作。以此为基础,2009 年以来淮南市各有关县、区也相应成立采煤塌陷区生态修复办公室,负责本辖区内的采煤塌陷区生态修复工作。因此,淮南市已经形成了从市到县的完整管理体制。与之相对应,淮南矿业集团也成立了淮南矿业集团老矿区事务管理处对于历史遗留的采煤塌陷区有关事务进行管理。此外,淮南矿业集团也有相应的资源与环境管理部门对采煤塌陷区工作进行相应的管理。

---

① 特别的关爱给特别的你 [EB/OL]. 淮南报业新闻网,2013 - 03 - 26.
② 我市采煤塌陷区综合治理成效明显 [EB/OL]. 淮南报业新闻网,2013 - 03 - 26.

在采煤塌陷区生态修复具体工程的实施中，市矿之间既相互分工管理又相互协作。例如上述"泉大模式"中，淮南矿业集团是生态修复工程的实施和管理主体，在"后湖模式"中淮南市政府是生态修复工程的实施和管理主体，在"迪沟模式"中淮南市政府与淮南矿业集团又相互协作，统筹实施和管理相关工程。

（5）立法概况

淮南市充分利用地方立法权，根据地方实际需要先后制定了多个采煤塌陷区生态修复相关地方性法规。除先后颁布和实施执行国家及省级相关法律法规的法规性文件外，淮南市人大还于 2003 年颁布了《淮南市采煤塌陷地治理条例》。该条例是一部专门规定采煤塌陷区生态修复相关问题的地方性法规，也是全国最早的由市一级人大制定并颁布的专门规定塌陷区治理的地方性法规。该法规目前还在不断完善和修改中，于 2018 年完成了新的修订。2018 年起实施的《淮南市采煤塌陷地治理条例》总共二十条，先后确立了采煤塌陷地综合治理的管理体制（第三条），采煤塌陷地综合治理的基本原则（第四条），采煤塌陷地综合治理规划制度（第五、六条），采煤塌陷地综合治理的标准暨恢复标准制度（第七、八条），采煤塌陷地综合治理项目审批、建设及验收制度，采煤塌陷地土地使用权及土地补偿制度（第十、十一、十三条），采煤塌陷地综合治理投资激励制度（第十二条），此外还规定了采煤塌陷地专项治理资金制度以及违法条例规定的处罚等。总的来说，该条例中包含了塌陷区土地复垦制度、塌陷区环境保护制度以及塌陷区社会治理制度，它的颁布为采煤塌陷区生态修复制度的建立和完善提供了一定的法制借鉴。

在资金运作法制建设上，为规范发展采煤塌陷区生态修复专项资金的使用和管理，切实提高资金使用效益，于 2011 年制定并颁布了《淮南市采煤塌陷区综合治理发展专项资金使用管理暂行办法》。

在搬迁安置法制建设上，为切实做好采煤塌陷区居民搬迁安置补偿工作，确保塌陷区群众生命财产安全，促进采煤企业和地方经济共同发展，

2011 年淮南市政府颁布并实施了《淮南市采煤塌陷区农村集体土地居民搬迁安置补偿暂行办法》。该办法不仅对补偿标准和计算方式进行了详细规定，还对搬迁安置工程建设标准以及搬迁安置程序等问题进行较为细致的规定。该办法实际上为采煤塌陷区生态修复工作的社会标准的制定提供了法制保障和完善基础。

在采煤塌陷区生态修复激励法制建设上，2012 年淮南市颁布实施了《淮南市采煤塌陷区综合治理发展专项资金使用管理暂行办法》，该办法对采煤塌陷区生态修复项目的奖励和税收减免政策、奖励项目的类别和方式以及奖励申请的程序进行了严格限制和规定。这实际上为采煤塌陷区生态修复机制的构建和完善提供了激励法律制度建设的经验借鉴。

此外，淮南市还多次在相关政府文件中对采煤塌陷区综合治理工作进行了详细的规划和管理体制方面的规定。其中采煤塌陷区生态修复规划已经纳入淮南市城市发展规划当中，并成为淮南市政府每年关注的工作重点。总之，从目前淮南市采煤塌陷区的工作来看，虽然在很多正式的文件和法规条文的用语上较多出现的是"综合治理"字样，但是其生态环境机制建设的雏形已经显现。在近年特别是 2011 年之后的文件和法规条文中都较多地使用了生态恢复、生态修复或环境修复这些概念，足以表明淮南市在采煤塌陷区工作中是在不断的认识深化中有所创新的。这些创新首先是建立在实践总结的基础上，对生态恢复与生态修复技术与理论知识的不断比较，做出的最适合淮南市社会经济建设实践的建设道路选择。其次，这些创新实践不断融入最新的理论成果，包括法治建设的最新理论，将生态修复技术和理论知识进行升华并按照采煤塌陷区生态修复机制完善要求一步步进行制度构建。

3. 新的春天：谈谈《关于建立激励机制加快推进矿山生态修复的意见（征求意见稿）》

总体而言，在十八大以及十九大之前我国并未出台全国性的专门以矿山生态修复为内容的政策性文件。在新一轮机构改革之后，自然资源部国土空间生态修复司专门出台了《关于建立激励机制加快推进矿山生态修复的意见（征求意见稿）》（以下简称"征求意见稿"）。该征求意见稿的出台无异于宣布矿山生态修复法律制度建设逐步从理论走向具体实践。矿山生态修复法律制度及其体系化建构将迎来新的春天。征求意见稿主要分为三个方面的内容：一是明确征求意见稿的规范目的和制度规制范围；二是明确了矿山生态修复后土地等资源再利用的激励措施，实际上是指明了矿产生态修复工程具体实施的途径，包括国家投资、社会和个人投资与受益等方式；三是明确了国家对于矿山生态修复全过程的监管。这三个方面的内容实际上又通过激励措施的政策指导列明了我国矿山生态修复法律制度建设的总体框架。

国家及其各级政府主导矿山生态修复工程的实施，并组织和鼓励全社会广泛参与。这种制度模式从根本上有别于司法上以权利对抗为主的所谓的修复救济制度模式。它更提倡一种国家主导，组织与个人参与并惠益的制度模式，即将国家力量作为实施重大生态修复工程的主导力量，主动规划并优化国土空间，实施采煤塌陷区的生态修复工程，同时鼓励社会资本的积极参与，采取"谁投资，谁受益"的政策引导落实税收等各种惠益措施。这种制度模式也从根本上摆脱了西方司法所着力刻画的个人与社会、个人与个人甚至个人与国家权利对抗的环境法治模式，充分体现了符合我国实际的家、国和谐整体治理理念，更集中反映了社会主义国家集中力量办大事与充分关怀个人权利惠益相结合的中国特色社会主义制度的优越性。这些制度思维的出现，更像是对淮南市采煤塌陷区生态修复治理长期探索经验的一种充分总结。

将矿山生态修复与土地的再利用相结合的政策将极大地激活社会参与矿山生态修复的热情，形成国家组织实施，社会投资与国家投资相结合，公众惠益的矿山生态修复机制，重塑社会和谐。从淮南市采煤塌陷区生态修复长期实践来看，采煤塌陷区治理的最核心问题是土地问题。这包括土地的权利归属、修复前与修复后土地性质的变化、修复后土地的再利用与流转等问题。采煤塌陷区的土地往往并未被征收为国有土地，原有农业用地的性质决定了它不可能随意转变其原有属性。塌陷之后，土地往往失去原有的耕种甚至水产养殖等农业生产功能，但是这些塌陷后的土地在原国土资源管理主管部门那里还保持着农业用地的登记数据，从性质上还是农业用地。这就造成即使是政府组织修复这块土地，矿山企业修复这块土地，或者是其他企业与个人投资修复了土地，依然还是农业用地，也只能从事农业用途，然而事实这块土地也许早已丧失了农业生产的功能，从事生态修复的地方政府、企业或个人根本无法从中获取应得的惠益，极大地僵化了矿山生态修复运行机制。政府心有余而力不足，社会不愿意投资，个人陷入贫困和失望，产生严重的社会不和谐甚至是某种程度的失序现象。采煤塌陷区居民闹企业，企业就给钱，闹地方政府，政府就给安排就业、就给补助。不同主体之间难以通过司法途径获得有效的利益平衡，甚至由此走上猫捉耗子似的永久对抗的社会失序道路。其实，这也从另一个方面说明完全地走或者说完全指望主体对抗的矿山生态修复司法救济模式，并不符合国家治理实际，只会把政府、企业和个人在生态修复问题上的利益强对立起来，徒增更多社会矛盾。

谁都知道采煤塌陷区生态修复是应当做的，然而现实是，因为没有利益获得，反而谁都不愿意做，地方政府又没有足够的财政去做，社会投资也做不下去，这一系列尴尬的局面阻碍着淮南市采煤塌陷区生态修复工作的可持续开展。实践证明，土地性质可变，土地可流转就是矿山生态修复机制活起来的关键。确实需要一种盘活土地性质与再利用机制的激励政策或制度，来促进采煤塌陷区生态修复，甚至整个矿山生态修复机制的有效开展。征求意见稿的出台就有效回应了实践中的困境，做到了实事求是的政策设计模式，为以后出台更加规范、具体，更具可操作性的矿山生态修复法律制度提供了坚实基础。土地性质可以从农业用地据实转变为建设用地，并进行再次利用和流转，这从根本上解决了农业土地生态系统功能退化和丧失的问题，也彻底将已经失序的农业生产社会生态系统修复为另一种平衡状态。盘活的土地可以用来安置居民，也可以进行商品房建设，更可以进行市场买卖，获得利益可以惠益分享给地方政府、生态修复者、失地居民。这比通过司法途径获得一点点赔偿或补偿而彻底丧失更多利益的模式对失地居民和当地经济可持续发展更加有益。通过国家规划、组织与实施，社会资本具体参与并普遍惠益的矿山生态修复机制的运行，一种新型的利益平衡机制就形成了，社会修复与自然修复过程和谐并存、相互依存，何乐而不为。

总结来说，采煤塌陷区的生态修复实践开展较早，理论体系与实践模式也较为完善与丰富。相对于水土保持领域和海洋领域的生态修复，采煤塌陷区生态修复实践内容则较为具体，更能够反映出我国重大生态修复工程建设的全貌。相对于水土保持与海洋的生态修复工程，采煤塌陷区生态修复工程更加鲜明地融合了自然修复与社会修复的双重修复理念，更为明确地反映了国家、社会、个人三者和谐促进、利益一致的制度设计理念。国家及其各级政府主导的生态修复工程在很大程度上是为了生态系统整体平衡而进行的，也是为避免或修复生态系统整体功能的退化与失衡而进行的。在生态系统整体平衡的恢复上，国家、社会、个人是一个利益整体。政府埋单，社会或个人参与，最终人与自然均享惠益，人与自然的关系也就和谐起来，生态修复的目标也就实现了。

（四）机构改革与生态修复法律制度的进一步发展

2018 年 3 月开始的中华人民共和国改革开放以来第八次机构改革已经顺利完成，并且取得了重大成就，获得习近平总书记的肯定。一大批代表生态文明国家治理体制建设最新成果的部委、职能机构纷纷出现。其中与生态修复管理体制及其法律制度建设最为密切的就是生态环境部的重组以及自然资源部的设立，尤其是自然资源部相关专门机构的设立直接翻开了生态修复法律制度建设的新篇章。

2018 年 8 月颁布实施的《自然资源部职能配置、内设机构和人员编制规定》（以下简称"自然资源部三定方案"）不仅明确了自然资源部"负责统筹国土空间生态修复，牵头组织编制国土空间生态修复规划并实施有关生态修复重大工程，负责国土空间综合整治、土地整理复垦、矿山地质环境恢复治理、海洋生态、海域海岸线和海岛修复等工作，牵头建立和实施生态保护补偿制度、制定合理利用社会资金进行生态修复的政策措施、提出重大备选项目"的重要职能。而且规定了自然资源部分管国土空间生态修复的专门机构为"国土空间生态修复司",并且规定其职责为"承担国土空间生态修复政策研究工作、拟订国土空间生态修复规划,承担国土空间综合整治、土地整理复垦、矿山地质环境恢复治理、海洋生态、海域海岸带和海岛修复等工作,承担生态保护补偿相关工作,指导地方国土空间生态修复工作"。自然资源部三定方案设立国家生态修复专门监管机构,履行国家生态修复职能的这一套"组合拳"为国家建立生态修复法律制度提供了三个方面的理论指导。

第一,国家主导国土空间层面的生态修复工作,各级政府代表国家组织并实施重大生态修复工程,是各个领域重大生态修复工程的主体。这表明,我国的生态修复法律制度建设应当以国家及其各级政府为主体,组织并实施重大生态修复工程是各级人民政府生态文明建设的主要职责之一。生态修复法律制度的设计首要是明确各级政府组成部门组织和实施生态修复工程的职责;其次则应当加强各级政府的履责能力建设和责任追究与督查方面的内容;最后是明确政府财政支持并科学确定每年预算以及使用规则,同时还应当规定每年提高财政投入的数额。

第二,引导并鼓励社会参与。这包括人力与资金的参与。合理利用社会资金是充实生态修复工程资金、丰富并保障其来源的一个重要内容。必须功利地明确各类企业、个人参与生态修复的主要目的是利润,是享受国家生态修复工程惠益的。让社会参与并从中获得应有的利益,从国家利益的获得中分享公民利益,这是国家、社会、个人利益整合并保持和谐一致的重要信任基础。因此,提倡他们积极无私参与是必须的,但更重要的是应当建立相应的激励参与政策,让满足条件的参与者能够获得应有的利益。上面关于矿山生态修复的征求意见稿就起到了这方面政策引导的作用,使其可以进一步制度化。然而,也应当清晰地认识到,企业也好,组织也好,个人也好,其利益和目的不可能完全一致,这也表明没有国家的协调与统筹,生态修复法律制度不可能获得应有的成果。仅仅依靠社会力量制造社会主导型的生态修复法制模式以及希望通过权利主义的司法诉讼模式实现生态修复真正意义和价值的模式都是没有实践依据的。

第三，国土空间生态修复是一个整体意义上的生态系统平衡维护与重建过程。其所针对的不是某一个环境要素领域，而是针对全国生态系统整体的修复，并实现国土空间的整体再优化。因此，海洋也好，土地也罢，都不能完全独立地看待。而且自然修复过程不可能只对某一环境进行修复，否则只是浅生态的技术游戏，不可能起到生态系统整体维护的效果。而仅仅针对自然生态系统进行修复，同样也不能实现人与自然全面和谐的生态修复目的。只有在自然修复的基础上促进并融入社会修复，把社会发展的失序进行科学重建，才能够使自然修复与社会修复融为一体，实现真正意义上的生态修复目的。因此，在生态修复法律制度的设计上就不能仅仅关注自然或社会的某一个方面，而是应当归纳于各级政府的统筹下进行合理考量。

此外，在自然资源部三定方案中其实还明确将生态补偿工作划归国土生态修复司管辖，并将其作为其国土空间生态修复职能的重要内容之一。这至少表明国家政策有把生态补偿制度看作生态修复制度一个组成部分的政策倾向。实际上，笔者早在2016年提交的一份国家社科成果要报《完善我国生态修复法律制度的理论思考》中就有过这样的制度架构安排建议，但是一直没有获得相应的回应。笔者在那份成果要报中明确指出，生态修复制度与生态补偿制度应当进行必要的衔接。"生态修复制度与生态补偿制度是既区别又联系的两个制度。生态修复制度一方面是对业已失衡的自然生态系统进行修整或重建，它主要解决人与自然的关系；另一方面其中的社会修复机制主要解决社会生态系统中人与人的关系。生态补偿则主要解决生态保护获益地区与生态保护付出地区的利益调节关系，包括生态保护受益地区对生态保护付出地区的补偿、资源获益地区对资源开发地区的生态恢复补偿。生态补偿制度可以构成生态修复制度中社会修复机制的组成部分。另外，生态补偿制度主要强调对因保护生态而造成经济利益减损的一方给予经济补偿，而生态修复制度不仅包括经济补偿，而且强调对已经破坏的生态环境进行恢复，除了经济补偿，还包括技术支持、对口帮扶、国家财政支持、政策扶持等诸多方面。因此，生态修复制度比生态补偿制度涵括的内容更加广泛，措施更加多样，它是对生态补偿制度的进一步发展和深化，是修复资源输出型地区长期生态系统失衡的可操作性制度规范。"① 今天看来，国家专门的生态修复机构建设及其职能的设置恰恰印证着当初的这个判断。

总之，机构改革的新春风使得我国生态修复法律制度建设的方向和主体框架愈加明确，使先前广为争论的权利主义、司法化的生态修复救济制度、社会主导的市场化的生态修复法律制度都被证明是不符合我国国情的生搬硬套。我国国家生态修复行政管理体制的确立是符合国家行政管理传统的改革成果，是实践的有益总结。我国的生态修复法律制度建设也就应当沿着这条改革的道路继续进行探索，而不是进行毫无根据的、颠覆性的制度创设。

综上而论，自然科学理论与实践发展的状况是生态环境法制建设的理论根基，轻易否定已经广泛实践的中国生态修复实际，本身就是一种自毁根基的行为。世界上根本没有抛开其他学科，尤其是自然科学基本认知而独立存在的纯粹法学，研究生态修复法律制度乃至生态修复法学理论不可能摆脱已经存在的生态修复实践及其中国实际。要建立符合中国国情的生态修复法律制度体系，首先就应当认清生态修复工程在我国的历史发展状况以及它所赖以存在的自然科学研究进展。很明显，生态修复法律制度建设起初就已经被人为地孤立在传统西方法学视野之下，因而根本跳不出那个被"珍视"为普世价值的怪圈，只能在权利主义、自由主义以及法律技术主义的法律制度建构道路上与中国真正的生态修复实际越离越远，以至于当国家主导生态修复的声音一出现瞬间就被这样的脚步声彻底湮灭。好在国家对于生态修复政策的日趋明朗，使生态修复法律制度建设终于迎来了难得的纠偏机遇。

国家治理传统，尤其是行政管理传统以及国家治理改革的方向往往可以

---

① 本书将在后面附上该文。

决定这个国家相应法律制度发展的走向。这正是我国法制千年发展的传统与脉络，更是马克思主义中国化的体现。中国国家治理的实际说明，生态修复就是一项国家主导，社会参与，国家、社会、个人三方惠益，自然与人和谐有序的重大工程。其中生态系统整体修复过程是对自然秩序的实事求是，也是对社会失序并重建的中国国情的实事求是。生态修复根本不是什么权力斗争的救济手段，而是一种和谐运行的机制，是国家实现生态文明和谐治理的重要措施。中国的传统就是家国合一，国家为全体人民谋取利益，是中国特色社会主义最显著的国家治理模式。家国合一，和谐有序，人民才能与国家共同惠益，人民希望国家主导办大事，也只有党领导下的国家集中全体人民的力量才能办成生态修复这一大事，这就是中国治理模式。离开这种模式，硬是强求非本土的治理模式只能促成一个求和谐的制度最终走向权力对抗的陷阱。

中国的实际就是生态修复法律制度建设的指引。实事求是是中国化马克思主义的精髓，更是党领导国家建设取得不断胜利的一大法宝。中国长期开展生态修复的实践，通过国家及其各级政府的努力不断改进和发展生态修复理论，并尝试构建更加符合中国国情的生态修复法律制度。虽然这样的努力和法律制度建设尝试依然存在这样或那样的困难，但是用实践去不断验证或修正法律制度建设的路径方向就是在沿着实事求是的道路前进。偏离这一过程，试图将一个在西方都可能并不存在的所谓的西方法律制度模式硬是创设在中国将会被中国的实际证明是徒劳的。中国面临的实际问题之一是生态危机背景下的失序问题，这包括社会失序与自然失序，通过国家主导的生态修复工程重建社会秩序与自然秩序是一个被实践检验了的中国秩序重建模式。以土地生态系统平衡的修复为核心的生态系统整体修复问题则是生态修复着力解决的又一中国实际问题。土地问题不仅是涉及中国社会经济发展的农业与工业基石，更是许多社会矛盾和不和谐因素产生的重要根源。用生态修复工程来盘活土地，激励土地管理制度的深度改革，加速建立土地流转的新模式，甚至实现一定程度的扶贫目标，都是中国生态修复实践的具体尝试，也是中国生态修复法律制度建设的一个显著特色。此外，另一个重要的实际是，国有企业具有中国特色社会主义公有制的性质，有别于资本主义私人所有制企业。国有企业在社会主义国家经济建设中发挥了重要的作用，做出了应有的贡献。在生态文明时代背景下，为美丽中国建设做出应有的贡献则是时代赋予国有企业的新使命。国有企业应当有序地逐步退出社会领域的市场化竞争，尤其是商品房市场，自觉参与到国家无偿的生态修复建设中来，并集中进行必要的投资，甚至直接参与生态修复工程施工，也可以转化一个专门的生态修复企业，在重大生态修复工程建设中承担更多社会责任。

第二节 中国的需要

中国搞生态修复法律制度建设首先应当认清中国的实际，其次是要找准中国需要怎样的生态修复法律制度，最后才能够有的放矢地建设一个符合中国国情的生态修复法律制度。这是生态修复法律制度在中国产生和发展的合理逻辑过程。对中国实际的认知在很大程度上启发了中国需要建设什么样的生态修复法律制度的问题。而接下来分析中国需要一个什么样的生态修复法律制度的问题，将为中国生态修复法律制度建设提供一个能够落地的参考。针对生态修复法律制度建设的中国需要问题，总体来说应当从三个方面展开：一是中国政府需要。中国政府的需要是最实际的，如下一步政策如何继续，社会改革需要什么。但是不能被它官僚地、形式地牵着走，必须把中国政府的需要与经济需要挂钩，要满足社会的需要。二是中国经济的需要。经济需要最终是为社会改革的需要打基础的。经济需要不能牵着社会需要走，而是为其服务，社会需要是经济需要的最终结果。三是中国社会的需要。前两个领域都是为最终社会的需要打基础的，因为离开中国社会的需要前两者将没有任何意义。中国社会的需要是维护社会秩序的平衡与稳定。社会需要是根本性的，因为社会需要存在诸多社会不平衡因素，通过政策和制度使其实现平衡才是根本。社会稳定与和谐比任何目标都要实际。

一、生态修复法律制度研究的模式改革

建设符合中国需要的生态修复法律制度，最先应当明确的是采用何种思维来探讨生态修复实践及其政策指引的问题。因为如果解释不了或者接受不了在中国这样一个既传统又创新的极具特色的社会主义国家建设国家主导、社会参与、人民受益的生态修复治理模式，那就根本无法建设符合中国国情的生态修复法律制度。如果我们环境法研究者依然固守上个时代，甚至是几个世纪前的法学思维来看待这个新生事物与其时代背景，将会彻底辜负生态修复法律制度的历史使命。因而进行研究模式和思维模式改革对于建立中国特色的生态修复法律制度具有关键意义。

（一）理论真空期该如何度过

中国法律制度的建设，包括法学思想、法学研究，甚至法学教育最大的惯性就是看不到、看不懂、看不惯中国本土的法治资源，这就导致无论是什么法学部门、什么法学流派在探讨"中国实际需要的法律制度应当是什么样"的时候，首先反应的是在西方传统法学思想和思维习惯中找寻所谓的理论基础。最习惯出现的就是"权力—权利—义务"研究模式，"权利—义务"研究模式以及"权力—义务"研究模式。我们最关心的已不再是这些模式的对错问题，而是这些所谓法学套路、法学研究模式、法学思维定式是否符合中国建设的实际需要。我们都理解法律制度的建设往往落后于社会现实，这是一个普遍的规律。在很多情况下，只有发生了一件事情后，法制或者说法治建设才能够做出慢半拍甚至许多拍的反应。这就在法律制度的设计过程中产生了一个巨大的理论真空。如何填补这种真空，往往成为法学学者们充分臆想的最佳问题。但是关键的问题也不是臆想的对错，而是这些想象的，或者说根据其他经验总结出的认知在很大程度上仅仅基于法律本身的过往与对未来的憧憬，并美其名曰"法律实证主义"。这种现象在很多法学领域的研究中都普遍存在。在环境法领域，或者具体到法律制度的建设中则更加突出。

然而很不幸，环境法也好，自然保护法也罢，甚至是生态法研究，都最不适合也最不能够把这种所谓的真空期看作自己天马行空主观臆想的最佳时机，因为生态环境保护的法律制度建设与其他领域法律制度的建设存在根本性的差异。生态环境保护领域的法律制度从很大程度上反映的是人与自然关系的互动，是国家作为一个责任主体如何完成人民交给的国家环境治理职能的法律规制。这恰恰是中国国家主导治理生态环境的国家政治体制与经济体制等国家治理模式的反映。在某个生态环境法律制度建设的真空期，往往是国家及其各级政府开展某项生态环境保护实践并不断探索其法治化道路的时期。在这一过程中，并不是没有其他研究领域关于这一问题的看法和结论，也并不是国家没有出台这一领域的政策应对措施，只是法学研究往往在自我套路的环境下走了太多技术主义道路，而不见法学之外的诸多自然科学实践、国家治理实践背景，从而产生了自我陶醉的假象。正如有的法学学者不愿意将政府的红头文件视为我国法律体系的一部分，他们很难理解生态修复这样一个国家长期开展的自然科学实践与政策建设实践是怎样的，需要怎样走下去，并形成法律制度。所以他们习惯于上来就"套路"权利与义务关系，讨论人如何向另一个人或者另一群人，甚至是与政府斗争自己所谓的权利。

与其他法律部门所研究的领域和方法并不相同，生态环境保护法律制度的研究最难以割舍的就是生态系统平衡这一自然科学现象本身。一个有规律的，能够为人们所认知的生态系统平衡运行过程恰恰就是探讨人与自然和谐秩序的第一根基。法学要认知的恰是这个根基，并根据这个根基的所有结论性的实践或理论探索人与人如何建立某种联系，促使这种人与自然的和谐关系转化为一种更加直接的秩序稳定机制。这也是生态环境法律制度实践和理论研究与其他法学领域研究内容和方法最根本的区别所在。环境法就好像一个叛逆时髦的小伙子，吹着口哨，穿着喇叭裤走在20世纪80年代的广场上，让人感觉玩世不恭，却是最具活力和改革精神的社会一分子，一样为其他法学领域所侧目。其实我们要的就是这个效果，事实会证明这个时代已经不是上一个时代，而是属于我们的充满活力的改革时代。但是最不可理喻的是我们已经打扮成活力的样子，却依然要西装笔挺地思维着，对已经存在并已经形成共识的生态修复工程实践和诸多政策导向视而不见，宁愿被人揪着耳朵回到法律技术主义的道路上去。这种怪异的研究模式已经在与中国的需要渐行渐远了。

所以说，生态修复法律制度建设迫切需要一种研究模式上的改革，使之能够适应这个理论的真空期，建立另一种思维和研究模式并符合中国以国家为主导开展生态修复工作的实际需要。

（二）"要命的"权利主义法学思维

今天提及法治，很多人就对以权利为主要话语的西方法律制度体系及其运行机制所倾倒。在中国千年依法治国的历史长河和探索中，从来不将权利作为主要的话语。这是历史的差异、文明的差异与民族秉性的差异使然。长期以来，为了改变近现代落后之面貌，中华文明不得不在很大程度上被迫委身于西学东渐的热血，寻找出路。我国法律文明也是在西方法学权利主义的熏陶下做休克状。而今从头越，我们突然在纷扰的"苏东剧变""颜色革命""阿拉伯之春"等一系列所谓的民主儿戏中发现，一个民族必须坚定自信并保持自身的文明及优秀文化传统，包括优秀法律文化传统才是首要考量的法律制度建构思维模式。继而我们开始对西方忽悠的、所有的那些文明，包括法治文明产生合理的、必要的怀疑，甚至可以对西方法学的许多思维进行彻底反思与质疑。其中就包括自由主义的、权利主义的法学思维（姑且称之为"自由主义权利法学思维"）。必须得说明，本书关于自由主义权利法学思维的所有批判仅限定在生态修复法律制度建设领域，因为它的核心思想中关于基本人权和私有财产权维护的历史革命意义是存在的，对于民法等其他法律部门的理论根基作用及其重要性也不言而喻。笔者无意在这本书里触动这样一个天大的根基，毕竟这对于问题的讨论目前并无过多价值。

话说回来，从某种程度上来说，权利与自由主义有着天生的联系。马克思第一个注意到这种联系，并认为人们对生态、自由和财产享有的权利显而易见是孤立的、不受他人控制的个体的权利。他还认为法国与北美洲革命所吹嘘的自由是那些"被看成鼓励的单体细胞生物体的人"的自由。它"建立在了人与人彼此隔离的状态基础之上"，事实上，它就是"这样的隔离状态下的权利"。① 可以说传统西方意义上的权利与个人自由主义如出一辙，权利主义学说是个人自由主义的延伸和法律保障。在西方权利话语无限扩张的今天，个人已经被权利话语深深地间隔开。西方的这种极端自由主义所导致的隔离状态下人的权利在衡量人的属性的标准上，已经完全背离了马克思关于人具有社会属性的论断。对于一贯标榜个人权利的西方来说，自由主义个人权利早已达到了一种绝对化的程度，在那里，权利话语促成了不切实际的期盼，加剧了社会的冲突，遏制了能够形成合意、和解或者至少能够发现共同基础的对话。② 自由主义的权利话语甚至在西方俨然已经成为人背弃社会属性而产生不和谐因素的无限动力。所以今天凡是无限度推行所谓自由主义权利话语的国家都是在无尽地争斗，甚至造成族群的撕裂。无论是"阿拉伯之春"变成"阿拉伯之冬"，或是英国从脱欧到自身的分裂倾向，又或是美国掀起的一场又一场"亮丽的风景线"运动无不说明，自由主义模式下产生的人的权利，或者说西方所标榜的所谓的人权以及将其奉为核心的那种法学思维，都在将人与原有的社会属性进行彻底隔离，从而将人类社会不断引入一个无序的深渊，使之不再和谐。

凭此而论，生态修复既然倡导一种国家主导的和谐自然秩序与社会秩序的重建，并采取一种集合国家力量来惠及民众的实践模式，那么引入那种自由主义权利法学的思维来构建自由主义权利化的生态修复法律制度显然不合

---

① 玛丽·安·格伦顿. 权利话语——穷途末路的政治言辞［M］. 周威，译. 北京：北京大学出版社，2006：63.

② 玛丽·安·格伦顿. 权利话语——穷途末路的政治言辞［M］. 周威，译. 北京：北京大学出版社，2006：18.

时宜。生态修复法律制度之所以不能够自由主义权利化，最根本的因素还在于其本土性。从很大程度上来说，今天我们讨论建立的生态修复法律制度，是中国千百年来一直坚持休养生息、天人合一的自然保护制度的进化与复兴。我们要建立的生态修复法律制度也更是几十年来尤其是改革开放以来，党带领国家集中力量保障生态系统整体平衡，为最广大人民谋生态福利大事的法制化总结。生态修复不是谁的权利，更不是因为谁的权利受损而采取的救济措施。从根本上来说，生态修复是国家代表人民执行的国家职责和履行的社会责任。将自由主义权利法学的思维硬套到这样具有中国特色的法律制度建设中来，用所谓的权利损害赔偿来套路国家责任，绝无道理。一方面，生态修复所要解决的并不是直接的人的权利的问题，它的目的是实现生态系统整体的平衡，即使在涉及人的领域，社会修复也是为具有社会属性的人的整体谋利益。另一方面，生态修复所要实现的也绝不是保护所谓的个人主义的财产权，因为在我国所有的自然资源是属于国家和集体所有的，修复的生态系统整体平衡很大程度上也是通过这种自然资源的公有制而惠益于人民整体，这根本区别于自由主义权利法学思维一贯强调的所谓人权与财产权。

（三）另一种法律制度建构模式

中国法律制度建构的模式自先秦以来就是非常务实和实事求是的，于是法家思想从其产生伊始就是为了富国强兵的。于是法家成为那个年代最务实的改革派。变法并严格遵守它使国家在富国强兵以及民本一统的制度下有序长期存在，因此变法成为最典型的法制实践。无论是李悝变法，还是韩非变法，抑或是最终走向成功的商鞅变法都有一个共同的特征，就是针对国家实际，用国家秩序构建一种大一统的变革道路。其中又包含了三个接续且进化的过程：其一，针对国家需要提出实在的解决对策；其二，在统治者支持下将这些对策形成国家制度昭告天下，并利用典刑和奖励在国家机器予以实施；其三，根据社会经济发展实际，结合民众需要，从民本道德、天人合一道德等角度予以继承和不断完善以适应国家治理实际。虽然在我国千百年来的变法与依法治理国家的道路中，学习外来经验，利用其他国家较为有效的制度形态来治理国家的行动一直在进行且从未间断，但是，将这些外来的制度完全融入本国国家治理实际的过程更受国家的重视。无论是赵武灵王的胡服骑射，还是楚国效法中原变法，都经历了一个外来与本土制度充分融合并不断演进的制度建构过程。这种实事求是、重视本土融合的国家治理理念影响了中国法律制度的千年发展。可以说中华民族千百年来骨子里一直存在的"和（合）"的基因使得中华文明在历经百年耻辱后依然能够复兴且更加自信。

1. "三人为师"思想的优势

中国法律制度建构的思想史和实践史充分说明，实事求是、外为中用的制度更新与建构模式更加符合我们国家的治理实际，这完全不同于西方，特别是现代西方动不动就进行的极具意识形态的所谓民主政治和法律文化模式。西方法律文明建立在骄傲地输出与传教基础之上，认为与它不同就是错的，就要被它惩罚制裁，其他国家不采用他们的民主政治和法治话语就是异端。也正是这种自大的传教，使得世界上很多国家对此信以为真，不顾自己国家的实际就盲目跟从，甚至抛弃自己已有的制度传统和优势。正如复旦大学张维为教授在他的系列演讲纪录片《这就是中国》中总结的，西方在文明尤其是制度文明的建构中奉行的是"三人行我必为师"的意识，而中国则一直坚持"三人行必有我师"的思想。这是完全不同的两种制度和法制意识发展模式。西方的模式可能在国家实力强大的情况下能够予以维持，然而一旦衰落，不但给自己国家带来灭顶之灾，而且会像病毒一样把自己制度中的劣质产品一并传到世界各地。当今世界很多地方的颜色革命伴随着社会秩序彻底丧失的事实不断出现，就是最好的例子。相反中国这种骨子里就不断透露的实事求是的制度建构模式的优势在经历波折后充分展露给世界，甚至可以给世界带去希望和新的转折。

2. 实事求是与"和（合）"的力量

一个实事求是，一个"和（合）"字均可以透露出中国法律制度建构模式的顽强生命力和优越性。习近平总书记早在 2014 年 9 月在庆祝全国人民代表大会成立 60 周年大会上就已经深刻地总结了中国特色社会主义制度的优越性，其中就明确指出我们制度的优越性之一就是"集中力量办大事"。①

首先，实事求是就是"集中力量"的思维和意识基础。"家国天下""天人合一"等这些优秀的中华法制文化思想，深刻反映出我们民族存在延续的根基在于"合而为一"。国家治理的共同体意识长期以来就是我们这个民族历经任何外族入侵和灭世浩劫都没有散去并走向消亡的命根。只有国家与民众合一才能带来制度的稳定和不断进化改良，由国家带领民众实施法律制度并应用法律制度"办大事"才是中国法律制度建构模式存在和发展的最大实际，只有认准这个实际我们的法律制度建构才是真正做到了实事求是，才能够最大限度地发挥它的优势。简单地说，国家主导的"办大事"必须成为这类法律制度建构的基本模式。

其次，"办大事"从来都是我们这个国家进行国家治理的优先选项。正因为我们延续千年的国家治理意识的精髓在于"集中力量"，我们的力量也源于"集中力量"，我们的成功也往往产生于"集中力量"。这是我们这个民族传统的优势，正因为我们这个民族能够"集中力量"，所以有了万里长城，有了车同轨、书同文，有了延续不断的辉煌文明，有了庞大而有凝聚力的民族，这些都是显而易见的历史事实。显然，我们办的大事都集中在千秋民生，都是为了国家的长治久安。这些有可能不是上述事务的组织者"集中力量"的初衷，但"集中力量"确实是造成旧社会灭亡的直接原因。当今，一旦我们把"集中力量"重新解释并建构为一种民为邦本、国家为民生谋福利的中国特色社会主义法律制度模式时，它就有了正确的导向和真正的力量。社会主义不是中国本土意识，却在中国"集中力量办大事"的实事求是与"和（合）"的力量之下产生另一种法律制度建构的崭新模式。我们要"集中力量"办的"大事"是社会领域的"大事"，是保障社会公共利益的"大事"，例如生态环境保护、教育、基础设施与城市建设等。这些脱离了单纯个人利益的公共的、社会的"大事"由国家集中力量建设完成正是这种崭新

---

① 习近平指出我国制度的先进性［EB/OL］. 人民网，2019 - 11 - 10.

的法律制度建构模式最核心的内容，也是中国特色社会主义法律制度的显著优势所在。当然，通过"合而为一"的利益惠益机制，再将"办大事"的最终红利反馈给社会乃至个人则是这种制度优势的另一层含义。

最后，还可以回到那个"三人为师"的思想上，外来的法律制度建构模式以及依附其上的法学思维，并不能全盘否定，否则就失去了实事求是以求"和（合）"的思想信仰。权利意识对于社会经济发展的革命性作用不可否认，对于民众民主权利的维护也是功大于过的。但是，一方面，权利意识只能关在中国国情以及民族文明独立性所能够接受的笼子里，否则就是完全自由化的权利思想，是自由主义的权利思想。另一方面，我们的借鉴必须分清场合。其实，西方法学思想中所理解的权利仅是人的权利，本就不应当适用于自然与人的关系话语中。否则，人的权利很容易被当作借口用来侵占公共的或者自然的利益。① 我们可以学习西方法学有益的权利思想，然而却不能将其无限扩大到"办大事"的领域，尤其是生态环境保护领域，否则就"师"过了度。

3. 生态修复法律制度建构的中国模式

源于中国自身的生态修复实践经验决定了生态修复法律制度建构模式的中国化道路。中国的生态修复实践开展虽然比西方发达国家要晚一些，但是也是赶在了生态学日新月异、生态恢复学不断积累与发展、生态修复理论方兴未艾的时代诞生并不断创新。从上文对于生态修复理论产生和发展的演进过程可以发现，西方发达国家所谓生态恢复学研究到生态修复理论的出现不过是 20 世纪末到 21 世纪初才有的过程。而当日本学者提出生态修复理论之后就迅速为我国学者尤其是生态学和环境科学领域的学者充分重视并直接被引入我国的实践中。从此，那些之前在我国就普遍出现的植树造林、水土保持、采煤塌陷区综合治理、生态移民、移民搬迁安置等涉及自然修复与社会

---

① 笔者很反感那些不管生态修复到底是什么，一味拿权利义务关系进行套路的研究方式，所以想写一些东西来彻底批判这种行为。但是此处不对这个话题进行探讨，希望后续有机会专门讨论。

修复的一系列重大工程就出现了崭新的体系化理论的指导，并被统称为"重大生态修复工程"。恰恰是中国的重大生态修复工程验证并创新发展了源自西方的生态修复理论，使之充满生态文明时代的全面的思想改革特质。集中国家力量，由国家主导的重大生态修复工程已经成为一条中国式的生态系统整体维护道路。

2019 年党的十九届三中全会通过的《中共中央关于坚持和完善中国特色社会主义制度 推进国家治理体系和治理能力现代化若干重大问题的决定》中明确指出："中国特色社会主义制度是党和人民在长期实践探索中形成的科学制度体系，我国国家治理一切工作和活动都依照中国特色社会主义制度展开，我国国家治理体系和治理能力是中国特色社会主义制度及其执行能力的集中体现。"中国的国家治理模式现代化集中体现在中国特色社会主义制度的不断完善并充分发挥它的优越性的过程中。中国特色社会主义的制度优越性又引导并规范了生态修复法律制度体系的逐步形成与完善。因此，可以说中国重大生态修复工程的理论与实践是与中国特色社会主义制度优越性紧密伴生的，是中国国家治理现代化的实践与创新过程。中国的生态修复法律制度建构模式是在一个新的时代和政治背景下产生和发展的，是从中国特色社会主义制度优越性及国家治理模式现代化探索道路中总结出来的。中国生态修复法律制度从科学实践到自然科学理论引导下的政策制定，都体现出党和国家在生态修复法律制度建构伊始就起到了举足轻重的主导作用。从十八大报告首次提出实施生态修复工程，到十八届三中全会提出建设生态修复制度，再到十九大报告把生态修复法律制度建设提高到一个新的层次，继而在党的十九届三中全会又把生态修复法律制度保障与国家治理现代化和中国特色社会主义制度优越性的发挥紧密联系在一起，已经完全勾勒出中国生态修复法律制度由党和国家主导并建构符合我国生态修复广泛实践的法律制度建设模式。

一方面，党和国家的主导作用体现为各级人民政府组织和实施重大生态修复工程的政治责任和政府职责。另一方面，生态修复法律制度的建设不是单纯围绕浅生态意义上的环境污染治理与损害赔偿进行的，而是根据社会生态系统和自然生态系统双向的多层次的互动与功能平衡状况而进行的宏观层面的统筹制度设计，是集中国家力量和全社会力量进行的具有战略意义的国土空间的再规划与生态系统整体的再平衡的制度建构。这就决定了生态系统整体意义上的修复一定是国家主动组织并实施的，涉及自然、经济、社会多维视角的生态环境建设工程。它既不是因为某个人的利益或者企业的利益，也不是仅仅因为某个区域的利益，甚至更不是由某个浅生态意义上的生态破坏或环境污染问题引发而启动的环境治理与利益赔偿或补偿过程。相应地，生态修复法律制度就直接成为规范国家组织并实施这种重大工程的法律规范。这一模式完全区别于西方的环境污染赔偿、补偿并修复的制度建构模式，也就不可能成为生态损害赔偿的救济措施。另一方面，即使是在人的利益的弥补上，生态修复法律制度也是通过国家主导组织和实施生态修复工程，进行更加宏观层面的规范和引导不同群体和不同社会利益的再平衡，例如明确对生态移民的政策扶植，通过国家财政进行生态补偿，通过社会与国家的投资进行生态扶贫等。这就已经完全摆脱了所谓的一味强调个人权利救济的西方自由主义权利法律思想及其影响下的制度建构倾向，明确了具有中国特色的社会领域保护的法律制度建构模式。

最后，也是最关键的，"集中力量办大事"与中国特色社会主义制度优越性理论引导下的生态修复法律制度建构模式，其根本目的是将国家集中力量建设的美好中国及其引领的生态文明时代所产生的巨大红利反馈给社会及广大人民群众，并给予充分的法律保障。第一，通过生态修复法律制度的建设，建构一种以国家及其各级政府为主导的生态修复工程组织、实施与监督机制，并予以更加明确的法律层面的职责落实。第二，通过生态修复法律制度的建设，提供一种国家主导、社会参与的生态修复工程运营市场机制，并形成有效的监管机制、准入与退出机制，引导并充分发展生态修复产业生态链，创新生态修复技术，促进并规范落后地区社会经济转型发展。第三，通过生态修复法律制度建设，将深层次的扶贫问题与生态环境保护工作充分结合起来，有序开展国家引导、财政投入、社会融资、自身出力的生态修复扶贫工程，以制度规范生态修复产业的发展，吸纳充足就业人口。第四，通过国有企业承担更多生态修复社会责任制度，使国有企业有序退出社会领域的过度市场化竞争，转向投资或直接参与生态修复工程建设，把取之于民的资金转化为国有企业直接建设美丽中国的原始资金，为国有企业进行更加符合生态文明社会建设使命的深层次改革创造新的思路和新的局面。同时，有一定技术、资金和物质基础的国有企业也可以通过率先建立生态修复工程相关的技术、资金、人员以及各类物资生产与供应的产业链，通过有效供给生态修复产品引导并培育民间生态修复产业链及其市场的形成，使其走向成熟。第五，形成新的生态环境监督机制，把生态修复的有效开展作为政府的考核政绩，将生态修复的惠民实际效果作为官员一项明确职责。可以尝试把各级政府的财政稳定投入与不断增长作为一项考核指标，也可以将生态修复工程带动技术发展的指标与人民实际获得收入的增加、贫困人口的彻底脱贫等指标联系在一起，还可以将生态修复工程开展后生态环境面貌的改观与生态系统平衡的实际效果作为必要指标。当然，这些指标的制定与考核需要单独立法进行。另外，生态修复也应当作为环保督查的重要工作来抓。第六，通过生态修复法律制度促进并规范生态乡镇、生态城市建设，为新型城市化建设提供生态化衡量标准。直接把人与自然的和谐理念规划在城市生态修复规划中，把国土空间的优化与生态修复规划结合在一起改造资源耗竭城市，优化重工业城市等各类以污染工业为支柱的城市可持续发展的格局。重新优化沿海城市与内陆城市开放与发展布局，加大优势地区对于后发地区实施生态修复工程的财政支付与技术支持力度。第七，要将环境修复法律制度纳入生态修复法律制度建设的体系中来，把那些生态损害赔偿与补偿制度救济措施中的修复制度以及环境污染救济措施中的修复制度作为生态修复法律制度的一个有益的制度建设分支和尝试，但是应当明确其民事法律关系属性，将其纳入民事侵权视角下的法律制度建构模式中。笔者始终认为它们的本质还是个人权利法律思想下的法律制度建设模式，而不是真正意义上的生态修复法律制度建设。

　　总之，生态修复法律制度建设的中国模式是完全不同于西方自由主义权利法学思想及其诱导下的法律制度建构道路的模式。生态修复法律制度建设的中国模式具有天生的中国特色社会主义制度优越性，也将把国家治理现代化的道路走出一片新的天地。我们接下来要做的可能更多是培育和明确一些思想意识，并将这些思想意识融入进一步巩固生态修复法律制度建设的中国化实践过程中去。正如习近平总书记总结的世界大势，"当今世界正面临百年未有之大变局"。我们也看到，中国正积极响应这种变化，并欢迎和准备这种变局的来临，一切思想意识及其影响下的法律制度建设模式都必须适应并进一步促进这种大势变化的到来。如果在生态修复法律制度建设的思想意识上依然抱残守缺，固守一些已经明显不适应中国国情，不适应中华民族复兴之需要，不适应党和国家生态修复政策引导的法律思想，将进一步误解生态修复的大势，进一步误导生态修复法律制度的建设。《中共中央关于坚持和完善中国特色社会主义制度 推进国家治理体系和治理能力现代化若干重大问题的决定》指出，中国特色社会主义制度和国家治理体系的"这些显著优势，是我们坚定中国特色社会主义道路自信、理论自信、制度自信、文化自信的基本依据"。中国特色社会主义制度优势也使得生态修复法律制度建构的中国模式有了明确的理论自信和文化自信的依据。而这种充分的自信就集中反映在生态修复法律制度建设中国意识的形成之上。

二、生态修复法律制度理论建构的中国意识

　　起先，法学领域没有人研究生态修复工程实践的中国问题，大家都认为生态修复本就是外国的东西，只要认真学习好外国人怎么做的，然后拿来就行。这是学界充分误解生态修复的主要原因。生态修复虽然是一个外来概念，但这仅限于自然科学领域的概念引入问题。西方有没有生态修复法律制度？没有。这是因为在国外尤其是私法繁盛的西方发达国家，私有化为本质的国家根本政治制度决定了民事、商事、行政以及刑事相结合的法律制度体

系已经对生态系统破坏和环境污染问题进行了较为细致的调整范围的划分。在一些国家甚至没有专门的环境法或生态法这种独立法律部门概念的产生。用传统的私有财产关系的调整，辅之以福利的社会公益制度就足够应对生态系统破坏与环境污染问题。资本主义的本性决定了其制度的落脚点一定是个人权利以及资本性利益，或者说经济利益的实现。他们构建的类似法律制度一定是通过个人权利、财产利益的实现来达到社会生态系统平衡与自然生态系统平衡的目的。这实际是从根本上区别于社会主义法律制度本质的。

（一）别拿外国的苹果对比中国的橘子

社会领域、经济领域和政治领域是三个有趣的结合体，其中社会领域与经济领域的平衡一定需要包括法律在内的政治领域手段来最终实现。社会主义法律制度实质上就是通过对社会领域的政治保护，最大限度克制经济领域资本的无限拓展，并阻止公益的无限度资本化的发生，从而在法律制度上彻底限制资本主义并最终消灭之。绝对地强调个人权利与自由从来不是中国法的范式，也不是社会主义法律制度的话语体系。西方所谓自由主义权利法学话语本就与社会主义法学话语体系分道扬镳近两个世纪了，现在还在本属于社会公益的法学研究范畴内无限引入并遵守西方这种极端的话语体系就已经在辜负这个崭新的时代。要建立另一个完全不同话语体系下的生态修复法律制度本就是西方从未探索的东西，非要承认并建构一个西方已有生态修复法律制度的假象，岂非自欺欺人？

中国有没有生态修复？有。但首先中国的生态修复也是自然科学领域的，它进入政策领域或社会科学研究视野时就已经超越了它原有的内涵。我们国家的生态修复作为一个制度或者说一个法学的概念，首先源于各种党和国家的政策性文件。生态修复纳入政策或法学研究的伊始就一定是中国化的生态修复概念。党和政府提出建立生态修复法律制度，从其伊始就注定了它的开拓性和探索性，它是摆脱了西方法律制度建设套路的崭新法律制度建设道路。为什么？因为中国的实际需要。

首先，中国的自然资源与各类环境要素并非各种私权或个人利益的载体，而是公益或社会公共利益。通过环境获得私有财产利益的弥补本就已经脱离了公益或社会公共利益的范畴。资源与环境的国家利益及其背后所代表的社会公共利益决定了以生态环境为名进行的一切行动，一定不同于西方法制对于私权或某种纯粹的经济利益的追索。如果产生了私权或者经济的利益则应当纳入民事或行政法治的调整范畴，绝不能使其成为环境利益。将生态修复制度设计为对私权或经济利益的追讨制度本身就不符合中国国情实际，只是照搬了西方以私权为基础的法律制度形态。环境是大家的、社会的，你凭什么要利益？要了就肯定违背资源与环境的公有本质，本就不是我国根本政治制度所纳之意。环境污染造成的人身和财产损害就是民事法律制度调整的范畴，本就不应当纳入环境法治的研究范畴。虽然其有一定的特殊性，但是那仅仅是自然科学意义上的和程序上的，本质上不是独立和特殊的，而生态修复意义上的法律制度建设就与之本质不同，生态修复以利益给予和再分配为目的。

其次，中国的社会主义国家性质决定了社会保护的国家法治建设任务。社会领域的事务应由国家恪尽义务，这与西方资本和货币化的国家义务是不同的。如果说资本主义国家货币化、资本化下的社会保障或保护是其国家与人民妥协契约的产物，那么社会主义国家的社会保护义务则应当是天然的。这与党是人民利益的代表，政府是服务人民利益的中国特色一致。如果把由中国政府应尽的义务完全抛给市场和社会，这不仅与党和国家的政策不符，更不尊重中国的实际。

最后，具体而言，生态修复是在生态学与环境科学理论指导下普遍展开的，是实践多次演绎的中国特色社会主义生态系统综合治理模式。这一实践的最大特点就是在进行各种浅生态治理的同时，往往伴随的是各种形式的社会保护措施的实施，例如生态移民、搬迁安置、生态扶贫、新农村与生态化的城镇化进程等。这难道不是修复的过程吗？显然这是属于生态修复这一系统工程范畴之内的。为什么要将这种实践进行人为的拆分？更何况它也拆分不了，除非从根本上否认生态系统包含自然与社会两个社会生态系统内容的科学常识，那这样的法学研究过于自大，也根本没有进行下去的必要。

总之，生态修复法学研究中之所以会出现货币化补偿论、民事赔偿论等诸多误解，最根本的理论动力就是这些论点总是基于所谓的西方实证法学观点，而不见中国实际，总是想当然地拿西方的苹果看待和解读中国的橘子。这样的制度建构其实解构了中国的文明型国家话语权，丢弃了实事求是的研究品质，不符合中国实际，更不是中国的需要。

中国目前很多所谓的生态修复法律制度研究（其实环境法研究本身也存在同样的问题）是在拿西方的苹果与中国的橘子进行比较评判，所以产生不了正确的能够符合、反映中国实际的理论、概念和方法。并不是说西方所有的东西都不对，但是在学习和借鉴的过程中应当有中国人自己的价值判断和理解，产生中国自己的话语，而不是将西方的利益或者权利法学拿过来套用在中国的环境法研究和制度设计中，搞出什么不伦不类的"权"的概念，除了多一个和西方"权"一样的概念，其他什么用处也没有，也不符合中国的实际需要。我们应当清醒地认识到，中国的生态修复法律制度研究与建设是中国改革实践中较鲜明的原创作品，社会科学尤其是法学研究应产生原创之话语、概念与内涵，而且这种话语的原创很可能将是开拓性的和革新性的。

（二）中国生态修复法律制度建设需要怎样的思想引导

1. 马克思会怎么说？

马克思关于法学的基本思想及其中国化理论是生态修复法律制度中国意识的主要来源之一。早在马克思撰写的《关于林木盗窃法的辩论》一文中，他就阐述了他所发现的"当私人利益同法的原则发生矛盾时，利益总是占法的上风"① 的法律现象，从而启蒙了对西方法学自由主义的权利思想的反思行动，这意味着一种与西方鼓吹的绝对自由主义的私人权利与财产权截然不

---

① 公丕祥. 马克思主义法律思想史：第一卷［M］. 南京：南京师范大学出版社，2014：002.

同的法律思想的产生。正如公丕祥先生总结的，在马克思以前，西方法学所认同的法是一种超时空的抽象的东西，进而抹杀、歪曲或贬低了社会经济条件对法的现象的制约、决定作用。① 因此，马克思主义法的思想从其产生时就已经确立起法律制度是社会经济条件的真实反映的理论体系。在马克思主义看来，那种充满虚无主义的，抛开社会经济条件基础的权利法学并不是一种科学的法律制度建构的理念引导。中国的生态修复实践是在中国生态修复工程实施过程中经济规律以及社会实践规律不断总结和引导下进行的，中国生态修复法律制度是中国社会经济条件实际需要的反映。中国需要一种新的法律制度。一方面可以抑制社会经济高速发展带来的社会失序现象，实现社会生态系统平衡的重建；另一方面则可以使政府能够有效履行修复自然生态系统的职责。所以并不是因为某种所谓的天然的人的权利受损而带来权利救济的生态修复法律制度。如果把生态修复法律制度建设为一种权利救济制度，甚至将这种生态系统整体的修复制度看作私人利益弥补的法律救济措施，显然是偏离了马克思主义法学理论逻辑。

2. 国家集中力量就是专制的?

西方长期以来将东方文明尤其是以中国为代表的中华文明看作与其所谓的民主文明相对立的专制主义文明。这种意识从产生到经过孟德斯鸠以及黑格尔等人的启蒙与不断鼓吹，成为近代以来甚至在当今社会依然具有顽固市场的意识形态。"文明对立，西方对比东方文明的优势与进步，东方文明是落后的专制主义文明"一时间成为西方法学思想的基本立场。但是，事实正如伏尔泰、魁奈、莱布尼茨等大批抛弃政治和种族偏见的启蒙思想家所澄清的，中国自古就是一个崇尚自然秩序并使之成为人的社会秩序的法律治理国家。他们普遍认为中华帝国的国家制度符合自然的社会基本规律的要求，是一切国家的典范。其中魁奈虽然称中国的政制是专制，但是与西方当时的独

---

① 公丕祥. 马克思主义法律思想史：第一卷 [M]. 南京：南京师范大学出版社，2014：006.

裁专制主义是存在很大区别的，并把它称为"合法的专制主义"。马克思和恩格斯对于东方法律文化的认识虽然存在较大的变革，但也深受上述思想的巨大影响。马克思在认识东方法律文化的过程中，并没有较为系统地认知并深刻研讨独特的中国法律文化及其相伴相生的法律意识的问题。然而，他总结出东方政府职能中一个自古就长期存在的公共管理职能，即鼓励各级政府集中力量修建水利灌溉工程、道路修筑等公共设施。① 而这些公共设施也正是中国历代政府花费巨大精力去构建和实施的社会工程。从中国历史来看，这些所谓的公共设施工程都由政府集中一定时期和区域内的民力、物力完成，并且这些工程的修筑又基于中华文化中奉行的人与自然和谐的理念，是符合自然的社会规律的。上述思想的事实说明，中国奉行以国家及其政府为主导的社会管理制度建构模式是符合中国长期的国家治理实际的；同时，中国长期以来集中力量应对国家治理所急需的社会性工程已经成为一种传统的国家治理思想。即使是这种集中力量创造新生产力的公共工程及其国家治理意识被西方污蔑为"专制主义的"，都不能否定其实际存在的意义及其对我国现代生态修复国家治理与法律制度建构的借鉴意义。

3. 古人的智慧值得传承

中国法学的研究尤其是生态修复法律制度的研究，很大程度上都延续着那种实证主义加法学基本原理分析的套路，并且大多喜欢找一个靶标论点，无论是已有的判例还是已有的文献，偶尔有几个跳出圈子的"逆袭"也都又回到当前所谓的法学分析知识体系的原点。问题不在于这种研究套路是好还是坏，关键是这种依法言法的方法真的能够研究出真正的生态修复法律制度吗？法律制度的建设问题不仅仅是法学问题本身，而是社会、经济、历史、政治甚至是生态环境科学的综合分析。如果一个新的法律现象的出现，仅仅通过法学技术就可以正确合理地解释，那一定是"简单粗暴"的解决方式。

---

① 公丕祥. 马克思主义法律思想史：第一卷［M］. 南京：南京师范大学出版社，2014：358 - 381.

因为法律现象往往是对社会、政治、经济及其所包含的种种自然科学领域认识的反映。中国传统法律思想就蕴含着无尽的哲学和伦理学说、天道（自然规律）理论以及对经济规律的总结。从秦代《田律》到汉代盐铁国家专营制度，从唐律的广泛影响到中国古代律令典范的《大明律》，哪一项律法的颁订不是对社会经济发展条件的归纳、研讨和总结？又有哪一项不是对前代律令或者传统礼法的传承？尤其是盐铁专营法律制度产生过程中针对盐铁国家经营问题的政治、经济和道德讨论更是成就了《盐铁论》的典籍流传千古。仅仅经过纯粹法学技术性讨论就来制定相应法律制度的模式本身就是违背法治产生和发展规律的。马克思主义法学思想明确指出了法律及其权利产生的社会经济发展条件。没有对这种条件的充分理解与分析就不可能产生真正意义上的人的权利与义务关系，进而就不会促进法治的健康发展。

遗憾的是，现有专研生态修复法律制度建设的文章有几篇是专门从不同学科领域的讨论来总结该制度建构的社会秩序规律的？很多文章的分析和结论要么总结的是生态修复法律现象本身之所以存在的合理性，要么是告诉读者生态修复法律制度从法律技术角度应当如何设置。这些文章或文献经不起落地考验的最大问题就是根本搞不懂中国国家治理体制下的生态修复实践为什么是这样的以及怎样用法律来对其进行规范和保障。中国古代传统法律制度的构建过程及其反映出的实事求是态度，从不同学科领域视角综合总结法律现象的务实的法律制度建构意识，是最值得我们挖掘并传承的。而我们最大的意识壁垒则是对西方法学研究方法论以及对西方法律意识形态的过分迷恋，以至于看不到、看不懂西方法学都未能明了之生态文明大变局，也就根本无法讨论清楚生态修复法律制度的中国传承与创新。

总的来说，中国生态修复法律制度建设思想内容应当包括四个方面：第一，坚持马克思主义唯物主义法学思想底线，正确看待西方自由主义权利法学的局限性，扭转权利救济倾向的生态修复法律制度建构意识；第二，传承中国古代法律制度建构中实事求是的思想精髓，结合马克思主义法学思想中强调法律从社会经济发展中产生的结论，使国家及其各级政府集中力量进行国家治理，实施生态修复工程的实践落实在法律制度建设中，用法制引导、保障与规范这项工程的顺利实施；第三，要从社会、经济、政治、法学、生态环境科学等不同视角理解并分析生态修复法律制度的中国实践问题。避免纯粹技术主义的法学理论分析方法以及从建构权利到权利救济的西方法学理论套路。此外，当然还应当具有现代化国家的治理理念，这包括国家、社会等各个方面的多方共治。国家主导并激励社会或个人的生态修复参与意识也应当是中国生态修复法律制度建设思想的重要内容之一。

（三）中国生态修复法律制度建设需要怎样的行动

中国的生态修复实践是中国生态修复思想逐步成熟并作用和总结相应实践的结果，而中国生态修复法律制度则集中反映社会经济发展过程中生态修复实践的现实需要。在中国生态修复理论的指导下，中国那些目的在于恢复生态系统平衡以及社会经济发展平衡的工程，如植树造林、土地复垦以及采煤塌陷区综合治理开始呈现出一种生态系统整体意义上的修复状态，中国的生态修复实践开始有了正确的理论指导。就如同中国的改革，很多时候都是摸着石头过河，但一旦经过实践检验的理论创新被证明是切实有效的，那么就会被总结为一种崭新的具有创新意义的理论体系。中国的生态修复理论就是这么开始的。当初始状态的生态修复理念被介绍到中国时，依然是原始的恢复生态学的状态，一旦结合了中国的诸多实际，它就很快与中国的实际需要相结合成为一种系统化的科学理论和思想，从而进一步指导中国生态修复实践向着更加科学的方向前进。中国的生态修复法律制度也存在一定的基础，但还不是真正意义上的生态修复法律制度，直到这种法律制度真实反映了中国实践的需要，反映了生态修复国家责任担当的中国需要时，中国生态修复法律制度才真正进入行动的状态。

1. 相关管理体制的简单回顾

在 2019 年之前，尤其是国家新一轮机构改革之前，中国是没有专门的生态修复管理主体的。很多与生态修复相关的监管职责主要被分散在原国土资源部与原环境保护部的各个内设机构以及住建、农业、林业等其他职能部门。当然，在生态修复理论真正指导我国的生态修复实践之前，相关的行为也不能称之为真正意义上的生态修复工程。因此，专门的生态修复监管职权并没有一个较为统一、明确、专门的主体担当。即使是与生态修复较为接近的采煤塌陷区综合治理，也只是在采煤塌陷成为一个较为严重的生态系统整体问题并妨害社会经济发展之后才形成的。先前的采煤塌陷区一直采取的是土地复垦的政策和相关法律制度，与综合治理和生态修复的概念和内涵相去甚远。原国土资源部在很大程度承担了真正生态修复工程的最初工作。当然，对于三峡大坝建设中所担负的生态移民与生态环境治理工作的水利部门、住建部门等也都起到了生态修复工程组织实施的作用，但采煤塌陷区的生态修复实践可能更加体系化。我国海洋环境保护法颁布实施之后历经一次修订和三次修正，其中1999年修正后的海洋环境保护法专设了海洋生态保护一章，并创新性规定针对受破坏的海洋生态"应当进行整治和恢复"，这一规定一直延续到现在。相应地，国家海洋行政主管部门——主要是原国土资源部所属中国海洋局，开始承担起与海洋生态整治和恢复相关的部分职能，海洋生态整治与恢复工作的这种状态直到新的自然资源部与生态环境部的成立。纵观国家开展生态修复实践的历史，各级政府为履行各个领域生态修复责任的需要，其所属职能部门及其相关机构起到了举足轻重的实践作用。这一时期的显著特点是：虽然有了组织实施和管理生态修复相关领域工程的若干主体，但其职能过度分散交叉，权责不一致，各自为政，缺乏专门机构，并未形成生态系统整体修复的国家治理意识，以至于在不同领域均出现重复投入，国有企业社会责任承担严重不到位，社会参与不足，开展生态修复的地区及其人民并未从中具体受益反而将生态补偿等问题激发出来，自然生态系统本身治理多有反复，国家层面的整体效果并不明显。

2. 现有的管理体制及未来体制的优化

新一轮机构改革之后，随着自然资源部国土空间生态修复司的成立以及生态环境部开始承担与生态修复相关的监管职能，我国生态修复管理体制才相对明确、具体、专业和统一。根据国土空间生态修复司的三定方案拟订的职责，国土空间生态修复司主要"承担国土空间生态修复政策研究工作，拟订国土空间生态修复规划。承担国土空间综合整治、土地整理复垦、矿山地质环境恢复治理、海洋生态、海域海岸带和海岛修复等工作。承担生态保护补偿相关工作。指导地方国土空间生态修复工作"。① 这意味着原有属于各个不同部门的具体组织和实施的生态修复职能开始整合在自然资源部国土空间生态修复司，同时不同领域的生态修复治理也开始逐步统一在生态修复的规范概念之下。这也在事实上宣告了"生态环境修复""修复生态环境""生态恢复""环境修复""土地复垦""恢复原状"等各类概念与生态修复概念画等号的理论争论在具体中国实际面前的彻底终结。这一概念的规范化更体现出国家主导的生态修复实践正从不够成熟的理论逐步转化为普遍的实践，并用普遍的实践逐步规范和丰富着相关的理论研究，从而为更加体系化和科学化的生态修复管理体制建设提供理论和实践基础。

但是从目前的主管部门来看，生态修复主要是针对资源开发利用而带来的生态系统失衡而言的。不论是土地的整治与复垦，还是矿山地质环境的恢复与治理，又或是涉海相关的修复，还是没有反映出国家组织和实施生态修复职责的全部范畴。因此作为补充，生态环境部也承担了一部分生态修复组织和实施相关的职责。例如，自然生态保护司的三定方案明确规定了其职责包括"指导协调和监督生态保护修复工作。拟订和组织实施生态保护监管政策、法律、行政法规、部门规章、标准"。② 这表明国家生态修复的组织和实施体制或者说治理体制实行的是管制与监督分离的形式。组织和实施生态修复由国土资源部国土空间生态修复司及有关部门执行，而生态修复工作的指导协调和监督工作则主要由生态环境部自然生态保护司负责实施。此外，海洋生态环境司还被授予专门的海洋生态保护和修复监管职责，水生态环境司则承担了统筹协调长江经济带治理修复等重点流域生态环境保护

---

① 国土空间生态修复司［EB/OL］. 中华人民共和国自然资源部，2019 – 11 – 15.

② 自然生态保护司［EB/OL］. 中华人民共和国生态环境部，2019 – 11 – 15.

工作。

总的来说，国家将组织实施重大生态修复工程的具体职责统归自然资源部，而生态修复的指导协调与监督工作统归生态环境部的管理体制实际表明：第一，中国采取的是国家及其各级政府主导下的生态修复模式；第二，中国的生态修复主要针对的是由于自然资源的开发与利用引起的生态系统整体失衡的修复，而不是环境污染意义上的修复；第三，从监管职能上来看，各级人民政府主导的生态修复责任是一种国家责任，并具有极为鲜明的政治性；第四，在管理理念上所采用的依然是以行政管制为主，激励社会治理为辅的生态修复国家治理措施。因此，对于中国各级人民政府而言，当前最需要的不是自由主义权利化的法律制度设计，也不是本质上采用财产权衡量的赔偿与补偿的技术主义法律制度设计，更不是生态修复司法制度，而是需要构建一种以各级人民政府为主要组织和实施者，以相应职能部门或机构为具体执行者和监管者的管理制度体系和监督制度体系，并在此基础上形成的较为完善严格的政府履责督查制度、官员责任追究制度等。这才是一套较为符合现阶段中国政府需要的生态修复法律制度体系。

3. 适应中国经济均衡发展的需要

中国经济如何实现平衡基础上的高质量发展，长期以来是我国深化改革的一个重要目标和方向，也是实现我国经济领域国家治理能力现代化的重要内容。为此，党的十九届四中全会通过的《中共中央关于坚持和完善中国特色社会主义制度推进国家治理体系和治理能力现代化若干重大问题的决定》中对坚持和完善社会主义基本经济制度，推动经济高质量发展进行了专门阐述。该决定指出"必须坚持社会主义基本经济制度，充分发挥市场在资源配置中的决定性作用，更好发挥政府作用，全面贯彻新发展理念，坚持以供给侧结构性改革为主线，加快建设现代化经济体系"。其中更好地发挥政府作用，坚持供给侧结构性改革是对中国经济发展模式特征的最本质总结。前者是中国经济进一步优化平衡进而实现高质量发展的主要途径，而坚持供给侧改革则是中国经济高质量发展的改革动力。

发挥政府的作用，这是中国与西方国家在经济发展模式上的巨大差异，而这种差异源自中国千百年来一直不变的政治与经济相结合的国家治理道路。正如郑永年先生在《大趋势：中国下一步》一书中所总结的，中国长期以来就存在着一个比较有效的政治经济体制，这种比较有效的政治经济体制体现在国家资本时刻主导着国民经济支柱的领域。而社会和个人组成的民间资本则在其他领域与国家进行积极的经济互动，有竞争也有合作，国家主导的资本与民间资本的竞争最终也是为了促进经济能够更加稳定和高质量发展。国家及其政府维持政府和市场之间的平衡，履行经济管理的责任。在这样的责任履行过程中，市场一定是服从国家治理规制的规制。这与西方政府与市场的关系完全相反，在近代以来的西方，即使是政府也要服从市场原则。① 并且，中国自古以来就存在国家治理思想和体制，当今世界经济发展的趋势已经表明，马克思主义中国化的国家治理思想和体制完全发挥了它的巨大优势，使得中国不断战胜着西方的各种孤立主义以及各类经济危机的威胁。因此，继续发挥政府在经济建设中的主导作用是中国经济国家治理现代化实践经验的科学总结。这就决定了我国与西方那种由自由主义经济思想所决定的、纯粹市场主导的生态修复法律制度的建构模式不同，中国经济是服从政府规制的市场经济，因此涉及调整经济关系的法律制度也应当是国家及其各级政府主导的法律制度建构模式。

生态修复是自然修复与社会修复复合型修复的过程，这一过程中自然修复与社会修复不仅在很大程度上反映着人与自然关系的重构，也反映着在人与自然关系规律影响下的经济关系的重建。例如各级政府对于生态修复的财政投入，国有企业对于生态修复工程的资金投入，通过国有企业资金投入带动生态修复社会资本的投入，并最终使得社会及人民惠益。这种政府主导建构的服从政府规制的市场经济关系，决定了生态修复法律制度建构模式不可能走自由主义经济主导下的市场化法律制度建构模式。这也就决定了任何所

---

① 郑永年. 大趋势：中国下一步［M］. 北京：东方出版社，2019：（序言）10－11.

谓的赔偿与补偿制度都不是生态修复法律制度的主要内容。赔偿与补偿所代表的那一套用经济利益衡量任何关系的纯粹市场化的救济制度，如果此制度有存在的合理性的话，也可能只是生态修复法律制度体系框架下的一个极特殊的方面而已。在生态修复法律制度的建构过程中绝不能将二者的关系反过来，把生态修复法律制度作为赔偿和补偿制度的一部分。

但是，应当注意的是，国家的作用绝不能无限制发挥。现代化的国家治理理念是一种复合型的治理理念，除了国家的规制之外，生态修复治理还应当引入并鼓励社会的治理，让社会有能力来制衡自由主义思想主导的资本力量。生态修复法律制度还应当通过国家力量来培育这种社会治理的能力，国家财政的持续投入、国有企业的积极参与和资金投入则可以发挥更好的引导与培育作用。今后，可以预见，在国家起主导作用的生态修复法律制度规范下，生态修复经济一定能够成长为一种在国家规制范畴下的，社会参与治理，治理后人民受益的新兴模式，从而避免资本的逐利属性对人与自然关系的巨大危害。

供给侧改革，这是新时代中国改革的新命题与新征程。以土地复垦等复绿型工程为代表的生态恢复实践已经给中国的绿色经济提供了很好的前景。政府出资向社会购买绿色服务的形式也已经提供了一个较大的绿色服务市场。只是这些远远达不到生态系统整体治理的角度，更不适应生态文明时代对国家治理现代化的需要。

一方面，以土地复垦，水污染治理等为代表的一批环境要素污染防治工程，确实起到了环境修复的效果，但是这种效果的出现并不是以生态系统整体平衡为目标的。换句话说，这种环境修复只关注生态修复中自然修复过程的一个侧面。这个侧面所能够提供的是较为初级的环境污染防治措施和技术服务。而面对生态系统整体功能的修复与生态退化的全方位整治来说，它完全达不到相应的技术供给和市场供给的要求。生态系统整体的维护除了环境要素的治理之外还蕴含着自然与人的关系的平衡过程，是一个由人类社会与自然共同体形式出现的复合型维护过程。只有进行生态系统整体意义上的修复，才能重建生态系统整体的平衡。生态修复与环境污染的治理及环境修复的过程不是一个供给层面的问题。所谓的供给侧改革在生态修复领域就是要淘汰那种重复、低效的纯粹环境要素的污染防治，应用更加先进的生态修复技术，从更高的供给层次上提供更加高质量的生态系统整体修复的措施。

另一方面，从建构服务于生态文明建设的修复服务市场的角度来说，环境要素污染的整治与修复只是其中一个较为自给自足的"小农经济"化的市场，它与真正需要的那种规模化、产业化、高技术且具有创新理念的生态系统整体修复服务市场不可同日而语。而供给侧改革在生态修复经济发展中的重要目标就是改革前者以向后者进化。并且，国家所需要的恰恰是一个更加宏观和战略性的，事关国土空间整体调整的生态修复市场，而不是单一的要素治理服务市场。这种低效的供给不能满足国家生态系统整体修复的迫切需求。因此，那种建立在环境要素污染防治基础上的损害赔偿和补偿的制度设定，根本就是生态修复法律制度的一个低端供给方式，不可能达到生态修复法律制度的真正效用。将二者的关系弄颠倒，本身就没有关注和充分理解国家供给侧改革对法治建设的需要。

所以从中国经济发展的现实需要来看，生态修复法律制度建设一定是一种能够推动、促进并保障生态修复服务供给侧改革的制度规制模式，更是一种能够充分保障并发挥政府主导作用，同时兼顾市场机制的法制建设模式。而对于这一要求的实现，单纯将生态修复理解为司法救济措施的法律制度建构模式是不行的。

因此，充分认识和领会中国经济发展过程中的关键理论对构建符合中国经济均衡发展需要的生态修复法律制度具有决定性的作用。如果把生态修复法律制度建构的视野放在法学之外的地方，就不难看出中国经济到底需要一种什么样的法律制度与之对应，即加强生态修复市场培育，加大政府财政和政策的支持，强化国有企业对生态修复市场的促进作用，激励社会资本的广泛参与，这应当成为生态修复法律制度建设的重要内容。

三、建设中国需要的生态修复法律制度

从中国政府的需要角度来说，政府主导，政府组织实施，政府监督，财政投入型生态修复法律制度较为合理。从上文对我国与生态修复相关的管理体制历史发展与现状的分析来看，各级政府长期以来都是生态修复这一复合工程的组织和实施者，其在这一过程中的主导作用显而易见。一方面，各级人民政府在生态修复工程中的组织、实施以及监督的作用，集中体现在政府设立专门的管理和监督主体并配备专门编制人员，明确相关职权等一系列政府行政职能的设置与规范上。而各级人民政府的财政投入则表现在每年的环境规划、城市建设规划以及据此产生的各类生态保护事业的固定财政投入上。另一方面，则体现为政府投入生态修复工程的政策与财政资金激励并促成了社会资本广泛投入生态修复工程中。例如采煤塌陷区的社会投资及其各类激励政策的出台等。再一方面的体现是，直接的生态修复工程实践表明，国家各项生态修复政策的落实，国家人力、物力以及技术开发和资金的真实投入是各类生态修复工作开展的关键因素。因此，生态修复法律制度中的管理体制就已经很明确了，它不但应当体现出中国特色社会主义制度集中力量办大事的优越性，更应当体现出我国生态修复管理体制建设的初步成果，同时还应当反映出生态修复是一种站在公共政策层面的法律制度设计。各部门生态修复职责的划分以及相应管理制度的规定应当成为生态修复法律制度中首先明确的条款。

从中国经济的需要来看，由政府投入和国有企业担当，引导并发展一种新型的产业，形成新的经济增长模式，进行生态系统整体维护市场领域的供给侧改革是生态修复法律制度建设的又一关键性制度。第一，应当规范政府的投入，包括明确财政的支持，财政的稳定增加等，还应当设计一套完善的国有企业履行生态修复社会责任的条款。第二，要设计一套能够促进生态修复社会投入，培育生态修复民间资本参与的制度，把自然修复与社会修复通过经济手段整合在一起，创造一种崭新的生态服务模式，从而带动经济的发

展。第三，从供给侧改革需要的角度进一步细化生态修复工程实施的具体内容。培育新兴的生态修复产业市场，扩大高技术和高质量的生态修复服务供给。在生态修复的社会化生产中，可以将生态修复工程进一步与新型乡镇建设、新农村建设相结合，通过生态修复工程的实施，促进乡镇、农村的城市化改造，进行必要的生态移民与搬迁安置，腾出更多的空间缓解农业生产对自然的过度开发和干扰。在农业用地上能够休耕的休耕，能够划为禁产区使土地休养生息的就应当进行集中划定，并规划农村人口的搬迁与安置，进行集中的生态补偿使其城镇化。进一步优化城乡发展结构和工农业的经济发展结构，调动新的经济增长点和市场需求。可以通过生态修复工程促进农业人口向工业人口转化，加速户籍制度改革，使其成为城镇人口，转变其原有的生产和生活方式，并为其提供充分的社会保障，为其彻底摆脱贫困过上更加现代化的富裕生活奠定基础。另外，在工业结构的优化中，可以通过生态修复产业和市场的发展，来促进资源开发型国有企业的转型，培育新型生态修复国有企业，加速高新生态修复技术的发展，并将这种技术和企业服务提供给"一带一路"沿线国家，为其提供必要的生态修复工程建设服务。

从中国社会治理需要的角度来看，培养社会治理能力，有效抵制资本力量对人与自然关系的侵害是生态修复法律制度建设的第三个关键制度内容。虽然生态修复工程是政府主导的，但是并不意味着政府要包办所有的事务。国家的治理现代化不仅包括政府治理方面的内容，也包括社会治理方面的内容。提高社会治理能力，培育社会治理组织和社会治理资本，激励其参与生态修复工程形成"政府—社会—资本"三方共治的局面，对生态修复法律制度的完善也具有重要的实际意义。资本的力量是巨大的，它可以破坏人与自然的和谐关系，产生人类中心主义、自由主义的法律制度，但资本本身在某些条件下又可以表现出中性的特质。资本在人与自然关系中可以发挥有益的一面，而且这种作用体现在社会治理过程中，尤其是企业和个人，或其他组织参与生态修复工程的社会治理过程中是应当发挥的。中国特色社会主义的国家治理和社会治理向着理性的方向发展，才能够促进资本为国家和社会所用，才能够促进人与自然和谐共同体共生关系的形成。而且这种共同体的形成只有在中国这样一个能够通过政府规制市场，将资本合理控制在笼子中的国家才能够彻底做到。这也是我国制度优越性的集中体现。

加强生态修复法律制度建设中的社会治理促进制度建设，至少应当包括四个方面的内容。一是建立培养社会治理组织的制度。社会治理需要一个载体，能够把社会参与生态修复工作的积极性调动起来和组织起来，并有效配合国家生态修复工程实施的民间组织。例如可以鼓励建立技术开发协会，各类产业联盟和技术信息共享协会，建立科研院所等科研机构与民间生态修复企业之间的产学研机制，甚至可以培育建立各地的生态修复产业促进协会等。通过与政府共享各类生态修复信息，民间资本能够获得投资信息，了解投资商机，能够组织民间资本投入国家统一组织和实施的生态修复工程中去。最主要是这种社会治理的组织能够搭建起国家生态修复工程建设与民间资本之间的有效互动的桥梁。二是建立生态修复基金并放宽企业或个人进入生态修复创业的渠道，鼓励各地因地制宜确立政策和财政扶持制度，加快引导生态修复产业和市场的发展。把相关的资源投入社会治理的最基层，促进民间生态修复企业和产业链的形成。三是建立规范企业进入和退出生态修复产业的法律制度，设定科学可行的产业准入标准，建设企业共享信息库以及企业"黑名单""白名单"信息库。四是将国有企业所获得的生态修复产业建设红利和资源分配一部分到社会，并规定国有企业进入和退出某一领域的条件，在培育和促进一部分生态修复产业和技术之后应当适时退出与民间企业的竞争。

总之，中国的生态修复法律制度建设只能从国家主导的生态修复实践出发，去创造一种崭新的法制建设模式。生态修复法律制度如果走赔偿和补偿的道路，形成司法主导的法律制度，将造成一个严重问题，即所有的生态修复程序的启动都将以损害或侵权为起点，生态修复就成了一个司法傀儡。再者，生态修复一旦形成一种经济利益用来衡量人与自然的关系，就会使创造人与自然和谐共生关系的过程失去存在的意义，就会使人与自然的关系重新掌控在资本的力量下。一个显著的表现就是将司法程序的所有结果归结为金钱关系。试问，人与自然的关系怎么可以用自由主义权利化的金钱利益去衡量？在探索中国生态修复法律制度建构道路的过程中，我们只能尽可能限制这种倾向，并尽可能使其成为生态修复法律制度体系中的一个极为特殊的程序。

第三节　中国的行动

美丽中国是一项系统的建设工程，生态修复只不过是这一工程中一个偏重于实际应用的具体措施。对于美丽中国这个宏大的未来工程来说，既可以具体也可以宏观。从思想及其价值理念的形成上看，美丽中国看重的不仅仅是外在的宏观之美，也看重内在的具体之美的修养。即用人与自然共同体的思想和价值取向去看待人的行为，检点人的行为，最终让自然的存在价值能够转化为人类共同体本身的存在价值。美丽中国建设所需要的生态修复法律制度要能够体现这种共同体理念，也要能体现美丽中国"内在之美"。而这种内在之美不仅表现在我们拥有能够凝聚力量的党及其领导的各级人民政府，更体现在以其为基础所构建的一整套集中力量办大事的制度优势。这样的生态修复法律制度体系至少应当存在两个方面的内容：一是自然修复法律制度，二是社会生态修复法律制度。

一、共同体利益与"集中力量办大事"的法律制度

我们今天提出用生态文明理念去建设美丽中国，实际上就要从生态系统整体的角度，从人与自然共同体的角度去建构一种和谐的人类关系，进而形成一种遵守自然秩序理念的崭新的人类文明制度形态。以生态系统整体为载体的人与自然共同体的利益才是最高利益，而个体利益则囊括在共同体利益之中。

中国要建立的生态修复法律制度是共同体利益的生态修复法律制度。共同体与个体利益的关系区别于传统法律知识体系框架下的，社会契约基础上的公益（更无论国益）与私益的对立契约关系。个体利益的存在以共同体利益的实现为基础，并且个体利益不会与共同体利益相背离，二者在生态修复工程中合二为一，是一种整体施惠、个体惠益的关系。就是说，个体惠益抛开整体施惠行为就不再存在，何谈二者相异与不同？从共同体利益的思想上看待生态修复工程中"政府—社会—个人"的关系就不会将个人利益与国家和社会利益相区别甚至相对立。因为离开国家或社会参与的生态修复行为，个人从生态修复工程中就不存在利益获取的问题，根本不存在的利益何谈相对而立？那么在相应的法律制度建设上，个体，尤其是个人就只是生态修复这个过程的参与者和惠益分享者，根本不是主动求索者，更谈不上什么权利救济。另外，在生态文明和美丽中国为目标的生态修复法律制度及其体系化的建设中，共同体利益的维护应当是首要的。个体的财产性利益的法律维护应当回归其本源，放到具体的民事法律关系中去解决。只有共同体利益的维护才是生态修复法律制度的关键性问题。

中国的生态修复法律制度是"集中力量办大事"的生态修复法律制度。从建构共同体框架下的生态修复法律制度体系来说，就是要坚持以党和各级人民政府的凝聚力和向心力建设为基础的共同治理法律制度。加强党对生态修复法律制度建设的领导，不仅是我国所有制度的共同特征和生命力所在，更是各级人民政府组织和实施生态修复工程的制度优势所在。我们的党区别于西方及中国古代"党"的概念的根本特征之一就是凝聚所有力量执行一个目标的能力和决心。在历史上她是革命的党，在建设时期她则是使命的党。在生态修复法律制度体系的建构中，党不仅提出了生态文明理念的思想指引，更提出了美丽中国建设的宏伟目标，近来还逐步明确了生态修复法律制度建设的总要求。可以说，在生态修复从实践的政策总结，到政策指引，再到政策转化为法律制度的全过程中，我们的党都起到了决定性作用。坚持用党的思想和理论来建构生态修复法律制度体系是一种必然性与合理性。我们的党要求用国家治理现代化的使命目标，用集中力量办大事的制度优势来建设并完善生态修复法律制度，因此生态修复法律制度体系应当建立在各级人民政府主导下的制度框架之下。

二、中国的生态修复立法

从中国法律制度建构的传统来说，一般会对某种社会经济实践进行必要的考察与分析，并研究一定的应对政策。在具体政策出台之后就会展开运用，这包括在地方的试点和全国推行，其中地方的试点会设立具有地方特色的立法，也可能仅仅是政策的实施。然后在这些政策施行的经验总结和不断完善基础之上，国家会对政策在地方和全国的施行进行全面评估，如果符合立法条件的，就会进入立法阶段，一些有效的，经过实践检验的政策制度，会通过法律的形式确定下来。同时也会在立法之后，通过立法后的评估对这些法律的实施情况进行定期或不定期的检验。行之有效且比较合理的制度就会继续推进，使之不断完善，而在实践中出现问题的立法或具体的法律制度就会进行必要的修订或修正。但不管在哪个阶段，立法在我国都具有承前启后的重要作用。生态修复实践及其各类配套政策的施行只有上升为正式的立法才能够形成完整的法律制度体系。从中国的实际来看，生态修复政策的实施已经经历了多年的实践积累，一些有益的政策和制度已经慢慢出现在各类生态环境保护立法之中，例如水土保持领域、水资源保护领域以及海洋环境保护领域等。但对形成一个系统的，能够全面适配美丽中国建设目标的生态修复法律制度体系来说还缺乏单独的、系统的立法支撑，也更缺乏在立法之后对执法、监督以及司法等领域一系列配套法律制度的建设或改革。

（一）关于立法必要性

美丽中国视域下的生态修复立法并非指那种分散在各类法律法规中的立法，而是进行必要的法律制度的整合与重构，在单独立法的前提下讨论生态修复法律制度体系的建构。因此，本书讨论的我国生态修复立法主要是指专门制定《生态修复法》或《生态修复条例》的立法过程。是针对一种法律现象进行专门立法或单独立法的研究，在法学研究中经历了一个从风起云涌到逐步平静再到销声匿迹的过程。一方面，那种一遇到问题就进行专门立法的研究思路和文章写作套路饱受诟病。另一方面，从实事求是的角度来说，社会主义法律体系从无到有，从不断完善到基本建立之后，留给大规模制定相应法律法规的余地并不多了。此外，目前很多现实存在的法律问题，多是执法和司法问题，从本质上已经摆脱了立法不健全的问题。关于生态修复的专门立法问题，也大致经历了这个过程，也面临这三个方面的困惑。

但是，关于生态修复专门立法应当特殊情况特殊对待。生态修复专门立法是应时应势的法律制度体系建构过程。我们现有的很多法律法规中所蕴含的与生态修复有关的法律制度并未形成体系化的法制合力，它很难说是生态文明时代对生态系统整体治理和维护的一种有效的制度建构模式。它本身只是建构在环境要素分散治理的思想理念以及法治实践操作之下的制度模式。这种模式早已落后于时代需要，不是时事与时势所应。从环境要素到生态系统要素，从某个环境领域到生态系统整体，这是现代生态伦理学从部分到整体理念的过渡轨迹，更是自然科学从环境到生态理论的发展路径。人类的科技以前难以支撑起生态系统整体治理与维护的需求，而现在生态修复技术已经可以达到维护生态系统整体平衡的能力。从原始的地表复绿，到现代化的采煤塌陷区综合治理，再到大规模的移民与安置工程建设，都离不开现代生态修复科技理念和技术的支持。科学技术已经达到并完全可以支撑生态修复实践的广泛开展。如果再用法律制度将这种更高层次的生态系统整体维护技术限制在环境要素治理领域，那么这种法律制度就完全跟不上技术发展的形势了。

从生态系统整体理念或者从现代生态伦理的发展规律上来说，要素的治理所能体现的仅仅是人的利益，甚至只是极少数人的利益。人与自然利益的平衡是生态文明时代人与自然和谐关系的基础。只考虑人的利益，就会延续人类中心主义的发展模式。把人之外的所有存在物都作为法律关系的客体，即使是名誉上保护了它们的利益，但实质上是把人的受益，特别是把保护个体人的受益作为法律制度建设的根本目的。从人类生态伦理发展的大势来看，人类共同体以及人与自然共同体的根本伦理发展道路已经成为一种必然的趋势。共同体利益与个体利益的关系已经明显区别于传统的公共利益和个人利益的关系。这样的变化并不是微妙的，而是发自本源的伦理变革。共同体意识、共同体利益以及共同体伦理是对生态系统离开人类之外的内在价值的承认。只是这种内在价值存在并作用于人类共同体时才体现出其外在的价值。这包括经济上的价值、社会的价值以及科学技术价值等。其实对人与自然共同体或者说生态系统离开人之外的内在价值的认识，就好像奴隶从物成为人的伦理认识趋势。这种伦理认识趋势虽然让人类社会固有的伦理彻底崩溃，但它创造了更加辉煌的人类文明。千年之前人不把奴隶看作人，千年之后不也把奴隶解放为人的伦理看作正当的吗？这种历史的、文明的趋势正发生在人与自然，人与生态系统的伦理认识上。生态修复就是人解放自然，进而解放共同体本身的过程。它不基于人的利益的存在或灭失而产生，而是基于人对生态系统整体内在价值的尊重和重塑。生态修复就是修复共同体利益，并通过这种共同体利益使个体利益获得相应的惠益。因此，公共利益与个人利益在生态修复过程中成为个体利益下的惠益关系，而比之更高层次的共同体利益则成为一种伦理上的更高追求，生态系统整体也就在法律上获得了首要的、前置性的彻底解放。可见，生态修复立法从很大意义上说是人与自然共同体在伦理发展过程中，中国对于世界的一种历史性贡献过程。当西方社会伦理与法律依然迷恋并满足于人与自然关系中公共利益与个人利益矛盾的权术平衡时，我们的党和国家就已经充分意识到共同体伦理对人与自然关系彻底解放的作用。当党和国家提出生态修复制度建设时就已经走在了共同体伦理解放的道路上，走在了世界的前列。这是国家立法的大势，为之而趋，当进行生态修复专门立法准备。

从国家建设全新的生态修复法律制度实际来说，生态修复法律制度不同于我国渐趋成熟的社会经济发展的诸多领域的法律制度建设。生态修复作为生态文明建设的新措施，它的实践和制度建设要远远迟于其他措施。其他领域的法律制度已有立法基础，只是制度不断完善和修正的问题。国家要在生态修复的领域展开法律制度建设是不易的，现有的与生态修复相关的法律制度只有极为散乱零星的制度分散在不同的法律法规中，有的甚至只有只言片语，有的还维持着原有的恢复生态学产生之初的制度设计模式。要把这些内容整合起来，只靠制度的总结或者制度执行的统一性，甚至只靠一个专门的生态修复机构来组织、实施和执行这些制度是低效率，不现实的。另外，这一法律制度并不是像传统的法律领域都有比较成熟的法学研究基础，而且它的研究甚至完全不同于传统的法律制度研究，很多理论也与现有的一众传统法学理论相背离。实际上，生态修复法律制度研究从某种意义上来说就是白手起家，革新传统法学理论。在传统法学视角下建构的、现在所有能够与生态修复相关的法律制度都要被重塑与整合。这种情况下，不另辟蹊径，实事求是走创新道路进行专门立法，只靠在原有法律制度基础上进行解释和扩展显然是不现实的。

从国家改革的实际来说，专门的国家层面的生态修复管理机构已经存在，要开展更加系统的组织、实施生态修复工程和管理监督生态修复实践，靠那种只言片语，甚至是措置在司法领域的法律条款，根本无法实现生态修复国家治理体系和治理能力的现代化要求。新一轮机构改革之后，生态修复的组织与实施职能被放到自然资源部，监督和管理职能被划归生态环境部门，而原有的与生态修复制度相关的组织实施和监管部门却分属原林业、农业、环保等部门。如果进行法律制度的重构，仅仅就法律法规的修订就是项庞大的工程，而现在生态修复工程又亟须在新的法律制度框架下进行。此外，原有的管理体制与现有的管理体制与生态修复工作的实际需要相矛盾。解决这一矛盾就不可能对法律法规进行细致的修订，况且，很多法律制度是缺失的，因此还面临着新增多个方面的法律制度的问题，更面临使这些法律制度相互协调不抵触、不违背的问题。最高效的方法就是立新法而使旧法自动失效。再者，司法化的生态修复法律制度不是当前国家改革，特别是机构改革后国家治理体系与治理能力现代化的关键需求。从生态赔偿和补偿的角度构建生态修复法律制度的想法是站在原有的环境要素治理的角度来说的，这已经被实践证明根本不符合国家生态修复工作的实际。那种所谓的通过司法判决来实现生态修复的制度安排，很大程度上是一厢情愿，并且在实践中很容易就产生所谓的"要钱了事"的结局，使生态修复止步于浅生态的技术领域的环境要素治理，不是国家生态修复工程的根本目的。其实司法化的修复制度完全可以从环境要素本身治理角度出发，追求一种环境修复的结果，并进行环境要素治理的必要技术和理论解读。环境修复与生态修复完全不是一个层面的事情。在现有机构职能逐步落实，新的管理体制和机制逐步健全完善的实际情况下，生态环境治理职能归生态环境部门，主要的生态修复组织与实施职能则归自然资源部门已经是一个不争的事实。违背这种事实，硬是将生态修复作为生态环境治理手段进行司法制度设计，并进行所谓的理论建构的思维本身就已经过时且不切实际。因此有必要专门立法，从法律制度角度澄清各自职能，彻底区分生态修复与环境修复工作的具体职责。

（二）关于立法可行性

生态修复专门立法并非遥不可及，也并非难以在地方特殊情况与国家整体需要矛盾中形成共性制度。重要的是中国特色社会主义法律体系已经形成，中国特色生态环境法制体系在不断健全。生态修复专门立法得益于这一系列法律制度建设和改革所积累的共性的法制产生和发展规律，也更将得益于中国改革实践的不断深入。中国特色社会主义制度尤其是法律制度之所以能够不断焕发先进的生命力，最直接的原因是实事求是的精神和行动的存在与指引，是中国人善于改革，勇于改革的结果，是中华民族千年来形成的"三人行必有我师""民为邦本"等和谐治国理念与传统的延续和复兴，更是马克思主义与中国实际相结合所产生的一系列党的指导思想的存在与驱动。正是这些精神思想寄托的存在，激发着中国法律制度实践的不断完善与改革创新。与西方那种仅仅依靠法律技术主义和利益斗争的立法指导思想不同，中国的立法往往产生于不断改革实践的需要，响应的是最广大人民群众的呼声。从市场规制制度的一系列改革，到家庭、婚姻、生育、户籍制度的改革，从社会保障制度的改革，到司法诉讼制度的改革等，这每一项法律制度的改革都蕴藏着我们党领导的法律制度建设反映民声、民心的本意。最为典型的就是近年来我国生态环境保护法律制度突飞猛进的发展，我国环境公益诉讼法律制度的产生与创新，就是党和国家对人民群众关注生态环境问题与治理需要的呼声的回应。这种法律制度建构的模式可以有效避免民粹主义、自由主义以及脱离本土实际的法律制度建设陷阱。历史事实一再证明这种法律制度建设中国模式的生命力和优越性。

当以美国为首的西方国家一味强迫他国建构和他们一样的所谓民主法制的时候，我们国家的法律制度建设在不断实事求是地改革创新，兼容并蓄；当西方国家大肆宣扬的民主使中东、东亚以及非洲等国社会法治凋敝，国家主权沦丧，人民流离失所时，中国的法律制度在不断保障提高人民的生活水平。社会和谐安定，国有国，家有家，这就是法律制度建构下中国模式优越性的最好证明。只要没有视而不见，只要不是别有用心的极端自由民粹，都不会对这种模式的科学性、可行性存有疑问。因此，从实践中总结已有的政策和制度运行优势，反映国家改革需要，实事求是，全心全意满足人民群众整体利益服务的中国法律制度建构模式，就是中国生态修复专门立法切实可行的先天因素。

中国的生态修复法律制度建设实际上一直在行动中，在不断的理论修正与实践验证再到理论指导法制实践的过程中行动着。中国生态修复法律制度建设看似停滞不前，但实际上它在静止中不断被修正和改革创新原有的指导思想。而一旦这些修正和不断被验证的思想被党和国家政策确定下来，就会推出新一轮改革实践。从促进生态环境的休养生息，自然恢复，到实施重大生态修复工程，从建立生态环境保护法律制度体系，到不断完善生态修复法律制度，这些理论的提出都反映出生态修复实践的不断进步，也反映出中国生态修复政策理论体系的不断完善。从水土保持政策体系的形成到水土保持法律制度建设，从植树造林政策的出现到植物保护法律制度的形成，从土地复垦政策到土地复垦法律制度的不断进化，直到近年来出台一系列采煤塌陷区综合治理与生态修复政策和制度，这一系列生态修复法律制度建设的实践已经足以说明，中国的生态修复法律制度的初步框架已经形成，并且将不断创新、丰富、完善、改革，最终通过生态修复专门立法的实践活动进行全面检验。

其实上述实践产生的众多成果都应当归功于我们党领导的国家治理体系和国家治理能力现代化的改革。"集中力量办大事"是中国特色社会法律制度优越性充分发挥的重要因素之一。党及其领导的各级人民政府就是"集中力量"的核心。我们各类法律制度的产生与发展都离不开党和各级人民政府的推动。这是中国特色社会主义法律制度能够不断保持改革原动力，推陈出新，并不断实事求是反映社会经济发展实际的最主要原因。国家要完善治理体系，实现国家治理能力的现代化，离不开党和各级人民政府各类政策的指引。生态修复实践的开展，重大生态修复工程的组织和实施离不开党和各级人民政府的推动。生态修复法律制度的建设更离不开这种力量的巨大保障与思想引导。充分发挥党和各级人民政府在生态修复工程中的主导作用，建立"政府—社会—市场"三方共治的治理体系和机制，实现共同体利益，惠益个体利益，既是中国生态修复实践过程中的重要经验总结，更是中国生态修复法律制度建构和制定生态修复专门立法的实践基石。

同时，从中国的改革实践成果来说，我国已经形成了较为完善的组织和实施生态修复的国家治理体系，与之相匹配的国家管理体制也在不断完善中。自然资源部的组建，专门设立国土空间生态修复司，授予生态环境部生态修复监督职能，都表明生态修复正在成为中国新的政府职能。为此，各地也都已经建立相应的生态修复组织和实施机构。从中央到地方的生态修复管理体制的形成，也为不断完善生态修复管理与监督法律制度提供了前提和基础。在新一轮机构改革中，自然资源与生态环境行政主管部门中比较有特色的内设机构——综合执法机构的设立也表明，各级人民政府已经为执行生态修复相关监管立法准备好了相应的执法主体。从管理到监督，从立法到执法的生态修复法律治理体系已经基本形成。

综上所述，生态修复专门立法的诸事皆备，不论是政策执行的实践经验总结，还是促生生态修复法律制度的原有制度基础；不论是为立法而积聚的领导力量还是为更好履行相应法律职责的管理主体和执法主体的成立，中国政府实际上已经做好了生态修复专门立法的各项准备工作。下一步可能就是系统的、从中央到地方的立法论证过程。

（三）关于立法层级与法律制度体系架构

我们已经为生态修复专门立法进行了系统的准备，即使是一些不专门为生态修复而准备的制度、体制和政策安排，其实都间接地促使了生态修复专门立法的诞生。因为它们都在为生态文明这个时代的到来而准备，都在为美丽中国的实现而准备。我们甚至惊讶地发现这部法律或法规的第一条立法目的的雏形都已经出现了。但我们必须明确这部法律的立法层级，否则无法明确该法的立法依据。到底是像《中华人民共和国环境保护法》那样由人大立法还是由国务院制定行政法规，又或是仅仅先制定部门规章呢？

1. 应当制定法律

要考虑生态修复立法位阶问题，应当首先考虑不同位阶立法的特点和制定程序等因素。依据《中华人民共和国立法法》（以下简称"立法法"）及其相关规定，国家层面立法可以选择有法律、行政法规和政府规章的。而从立法实践来看，生态修复立法与环境保护领域的《中华人民共和国环境保护法》《中华人民共和国水污染防治法》等立法较为相似，不仅涉及水、土、气等各个生态系统要素领域，也是在要素基础上的更高要求的整体维护与治理。可以认为生态修复立法应当是与环境保护领域立法相对应的独立、完整的立法领域。《中华人民共和国环境保护法》《中华人民共和国水污染防治法》等都属于人大常委会制定的法律，那么生态修复也完全可以由全国人大常委会制定法律。如果由全国人大常委会制定生态修复法，不仅法律位阶较高，法律效力有足够保障，还可以出台配套的"实施条例"及相关政府规章，形成完善的生态修复法律体系，从而一举解决生态修复法律制度体系化建设的问题。但全国人大常委会制定专门的生态修复法程序会更加严格，立法成本相对较高。

再者，我国立法法第九条规定："本法第八条规定的事项尚未制定法律的，全国人民代表大会及其常务委员会有权作出决定，授权国务院可以根据实际需要，对其中的部分事项先制定行政法规，但是有关犯罪和刑罚、对公民政治权利的剥夺和限制人身自由的强制措施和处罚、司法制度等事项除外。"这说明行政法规的制定需要经过全国人大及其常委会授权，其前提是属于立法法第八条规定事项且尚未制定法律的，但是生态修复是否属于立法法第八条规定事项且尚未制定法律的呢？首先，生态修复作为一种生态系统维护措施，它不仅包括社会领域的制度规范，也包括经济领域和政治领域的制度规范，是一种综合性质的制度规范，因此不属于第八条前十项规定的事项。其次，生态修复是否属于立法法第八条第十一项规定的"必须由全国人民代表大会及其常务委员会制定法律的其他事项"。这一问题必须分为两个方面进行考虑。第一，从生态修复行为的实践来看，是由国家组织并实施的，国家在其过程中起到主导作用，而国务院是代表国家组织和实施生态修复工作的主体，也是发挥主导作用的最高行政机关。因此应由国务院组织和实施的生态修复事项，可以归入第（十一）项规定的范畴。第二，生态修复与环境保护都属于生态系统整体维护工作中的两个相对独立的过程，但并不意味着二者的绝对独立。生态修复中可以包含有环境污染防治的问题，环境保护中也有生态修复的过程。既然环境保护属于应当由全国人大常委会制定法律的事项，说明生态修复当然也是必须由全国人大常委会制定法律的事项。因此，生态修复事项也可以制定行政法规，但是如果制定生态修复行政法规，那么它从产生之初就被放在了比各类环境要素污染防治立法低的法律位阶上。若要它形成统摄所有环境要素污染防治事项的更高层次的生态系统整体维护与治理法律制度体系，将变得困难重重，法律制度之间也将在很大程度上面临冲突。

至于制定为政府规章，不符合由国家组织和实施生态修复工作，在生态修复工作中发挥主导作用的法律制度建设要求。一方面，从法律效力来说，规章的法律效力明显低于环境保护领域各要素污染防治立法的效力，所以不可能形成有效的制度统摄作用，也就不可能形成完整有效的生态修复法律制度体系。另一方面，由于国务院各职能部门三定方案及其事权划分的限制，规章对环境保护领域之外其他行政主管部门及其内设机构的生态修复相关职责，根本起不到应有的规制作用。至于发挥国家及其各级人民政府主导作用，组织和实施生态修复的职责更不可能由规章来进行规定。

总结来说，由全国人大常委会制定生态修复法较为适当。首先，生态修复工作已经不属于环境保护，尤其是环境污染防治领域的工作，它已经形成与环境保护相对的、职责相交叉，既相互区别也相互联系的国家生态系统整体维护与治理工作。环境保护及其要素污染领域的立法都制定法律，那么生态修复事项当然也应当制定法律。其次，从法律制度体系的完整性上来说，生态修复法律制度体系是生态文明制度体系的重要组成部分，如果没有较高位阶的立法来统摄有关法律制度，很容易造成法律制度协调不畅，法律规范相互矛盾，部门制度各自为政等现象。最后，从国家主导并组织和实施的生态修复实践经验来说，没有足够法律效力的立法根本无法实现对国家各级人民政府行为的有效管控与规范。

2. 生态修复法律制度体系框架设想

不同的标准，生态修复法律制度体系也不尽相同。从生态修复双重修复内涵的角度来说，生态修复是包含了社会修复与自然修复在内的生态系统整体修复过程。因此，生态修复法律制度体系整体上可以分为社会修复法律制度体系和自然修复法律制度体系（如图1）。

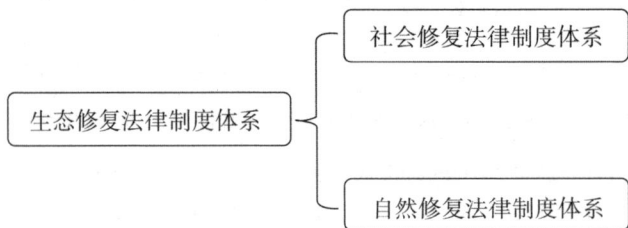

图1

以部门职责为标准来看，自然资源部门是生态修复组织和实施的主管部门，生态环境部门是生态修复的监督部门。生态修复法律制度体系应当包括生态环境保护、污染防治、资源保护、物种多样性保护、生态环境监管等法律制度。值得注意的是，虽然机构设置往往依据的是法律制度执行的需要，但是也从另一个方面反映了国家职能转变的需要。整合生态系统整体维护治理的职能，是当前机构改革所体现出的国家生态治理体系和国家生态治理能力现代化建设的方向，更是共同体利益维护思想的一种体现。从这种意义上来说，生态修复法律制度体系建设也正趋向于某种程度上的整合。这种庞大的法律制度体系网的复杂性，决定了生态修复法律制度体系框架下的法律条款所规范的与国家治理相关的事项就不仅仅是自然资源部门、生态环境部门职权范围内的事情，而是需要住建、财政等一系列职能部门在各级人民政府的组织、领导和协调下展开。不仅需要行政主管部门的协调与配合，更需要立法、执法与司法部门的协调与配合。从纵向来看包括从中央到地方的生态修复法律制度体系；从横向来看则包括了财政、税务、住建、自然资源、生态环境等部门各自职权范围内的生态修复制度法律体系。这包括如生态修复过程中各类自然资源保护类法律制度，生态修复过程中各类环境污染治理类法律制度，生态修复规划类法律制度，生态修复监管类法律制度，生态修复责任追溯类法律制度，生态修复综合执法类法律制度等。

现代国家的治理体系是国家主导，"政府—社会—市场"多方共治的治理体系。因此，从国家治理体系现代化的角度来理解生态修复法律制度体系建构的问题，就可以把生态修复法律制度体系分为生态修复政府治理法律制度体系、生态修复社会治理法律制度体系和生态修复市场治理法律制度体系。所谓政府治理法律制度体系就是上文所述政府在组织和实施生态修复过程中所担负的各类职责划分的法律制度体系，包括行政管理和监督，行政执法和司法机关的各自职能划分有关的法律体系。而社会治理法律制度体系，则包括各类与生态修复相关的社会保障法律制度体系，例如有关生态修复补偿的法律制度，有关生态移民搬迁安置的法律制度，有关生态修复治理惠益分享的法律制度等；还有各类提高社会参与生态修复积极性和组织性的法律制度体系，例如有关生态修复产业协作自治和自律组织的法律制度，有关社会组织和个人参与生态修复的法律制度，生态修复表彰与奖励类法律制度和生态修复技术促进法律制度等；再有就是生态修复市场培育与有序发展类法律制度体系，包括关于生态修复产业创业与培育激励政策的法律制度，生态修复市场秩序规范法律制度等；最后则是关于生态修复工程具体实施类的法律制度体系，如生态修复工程招投标法律制度，生态修复工程标准类法律制度，生态修复工程验收与实施监管法律制度等。

3. 生态修复法的章节体例及基本制度框架

虽然不同的划分标准可以对生态修复法律制度体系进行不同细化分类，但是我们认为，生态修复法的主要内容以生态修复双重修复内涵为基础进行章节体例编制更为符合生态修复工程开展的基本规律，再加之篇章有限，其他内容可能要另文讨论。本书仅就自然修复法律制度和社会修复法律制度的划分来阐述相关内容。

生态修复法总则中主要规定立法目的与适用范围，各部门的职责划分，中央与地方的职责划分；明确国家实施生态修复规划法律制度，保障生态修复财政投入的法律制度、生态修复标准法律制度以及生态修复全程督查法律制度等基本制度；规定社会与个人参与生态修复的激励制度以及监督举报制度；规定生态修复技术开发与市场培育法律制度等。

主要分为两大部分，第一是自然修复法律制度，这包括以下几个方面的具体制度：生态修复工程实施类法律制度；生态修复工程监管类法律制度；生态修复工程验收类法律制度；生态修复工程融资与审计法律制度；生态修复技术标准法律制度；自然资源的保护与环境污染的治理类法律制度；物种多样性保护法律制度。第二是社会修复法律制度，这包括以下几个方面的具体制度：生态修复社会和个人参与法律制度；国有企业参与生态修复建设法律制度；生态修复市场培育与产业促进法律制度；生态修复移民搬迁安置法律制度；生态修复补偿法律制度；生态修复社会保障法律制度；生态修复扶贫法律制度；生态修复促进城镇化建设法律制度。

（四）关于地方立法试点

截至 2019 年 11 月 11 日，本书写作过程中收集并梳理现行有效的生态环境保护和自然资源保护类地方立法共 751 部，其中省级人大制定的地方性法法规 209 部，省级人民政府规章 128 部，设区的市人大制定的地方性法规 236 部，设区的市人民政府规章 178 部。基本上涵盖了大气、土壤、固废、噪声、监测、海洋、核与辐射安全、生态保护这八个方面所有地方政府规章以上的立法。总体来看，全国各地方政府在海洋、土壤、生态保护等领域的生态与环境修复法律制度建设方面都取得了较大成果，法规和规章内容丰富，亮点颇多。这其中不仅包括海洋生态环境保护立法方面在生态修复制度方面的创新，也包括生态保护和土壤修复等领域的创新，更包括地方政府在国家尚未出台监测立法背景下进行的有益的地方立法尝试。地方生态环境保护立法已经成为国家相关领域立法的有益试验场，为国家出台相应立法提供了较为丰富的一手实践经验。从地方立法试点到全国立法的立法思路，也给我国生态修复法律制度的建设提供了一条科学可行的道路。因此，可以考虑在进行全国范围内的生态修复立法的同时，参考已有地方的立法经验，也可以组织部分地方进行立法试点。一般而言，全国立法需要大量的时间准备，这也为地方立法试点提供了充分时间。可以通过地方立法试点，以及现有生态修复法律制度建设的经验进行梳理和总结，对已有地方的生态修复法律制度进行必要的评估，从而为全国的生态修复立法提供基础。

国家可以考虑先在采煤塌陷区、生态修复地区和海洋生态修复政策或制度相对较为成熟的省市进行立法试点。因为这些地方已经进行了长期的生态修复制度建设，甚至很早就是国家生态修复试点的地区。例如安徽省淮南市的采煤塌陷区治理工作、宁波的海洋生态修复工作，不论是相关工程实践的开展还是制度建设都已经积累了大量经验，可以充分发挥其试点作用。还可以通过这些地方的先行立法指导生态修复实践，检验相关生态修复产业发展等创新理论，从而为全国生态修复法制化、产业化发展和生态修复国家治理体系与治理能力现代化提供有益的经验借鉴。

但是，在对地方生态修复立法进行梳理考察的过程中，笔者也发现了一些问题，在今后地方立法试点过程中应当注意。首先，地方立法的公布问题。本书在收集地方有关立法时主要通过地方政府有关部门主页进行查找。但是并不是所有的地方政府主页都对有关法条进行了详细的公布，有些甚至还维持着几年前尚未被修订的状态，而全国人大法律法规库里却又有最新的法规版本，给学术研究带来困扰，更给法律的权威性造成威胁。其次，地方机构改革过后，新的机构已经成立，但是有些地方的相关职能和事权还没有划分清楚，特别是自然资源部门的生态修复职能并没有在其公布的三定方案中明确体现。这可能是机构改革后，新的机构产生、人员调配、职能明确等环节没有及时跟上，也有可能是网页更新的问题。然而，不论从哪个方面来说，上述两大类问题在地方立法试点中应当予以纠正和注意。此外，关键的是地方生态修复立法先期试点不少将生态修复作为自然资源部门的职能，而有些则是放在生态环境部门，这样与中央改革的意图是有差距的。还有些地方立法的位阶偏低，甚至只是市级人民政府的政策性文件，很难起到应有的规范效果，对全国立法的借鉴作用也较为有限。这些众多的政策性文件也有不少已经与国家法律和国家生态修复政策方向相违背，也需要集中清理和及时废止。

三、关于司法，且缓且慎行

司法制度是国家法治建设的重要内容，但并不意味着所有法律问题的解决都需要司法的参与。当然我们不可否认司法在解决纠纷，矫正社会秩序方面发挥了重要的作用，也在环境保护尤其是环境要素污染的防治领域起到了巨大的促进作用。然而生态修复不是环境要素污染要素防治，也不是环境保护意义上的修复。至于二者的差异性，上文也都已进行了大篇幅的讨论，这里不再重复。

我们的结论是，司法介入生态修复的可能性只是在环境要素污染侵害权益的某种场合，甚至这样的场合都有可能不属于严格意义上的生态修复过程。生态修复司法制度走在生态修复实体法律制度的建构，甚至走在国家专门的生态修复机构设立和政策进一步明确之前，其代价就是偏离其应有的产生和发展轨迹，与中国生态修复实践及其法律制度建设实际渐行渐远。因为，司法制度介入环境保护领域，产生生态损害赔偿诉讼，由此发展出所谓的生态环境修复费用判决。这一诉讼与判决产生的逻辑起点是存在人的权益减损，哪怕这种权益减损被冠之为环境权益，而其目的在于矫正权利的失衡。国家主导的生态修复实践是一个国家主动实施的，惠益于社会与公众的机制。它从根本上就不基于人的权益减损。司法还有什么理由介入一个本就是主动矫正失衡秩序的过程？而且国家已经确立专门的生态修复组织和实施机构，所以在自然资源领域，生态修复司法制度的介入与生态环境保护是两码事。难道国家的生态修复职能需要司法判决来启动？需要司法判决才能执行？所谓的生态环境修复判决和修复生态环境的司法制度建设最大的尴尬莫过于此吧。环境修复才是所谓的生态环境保护领域的生态环境损害赔偿救济措施。它的存在，针对的是被动的环境污染损害，以及由此引发的小范围的生态系统失衡与功能减损，这样的认知才适配司法介入生态环境保护领域的初衷。但是生态修复的组织和实施从本质上已经脱离了原有的环境保护，尤其是环境要素污染防治的范畴，是与现有生态环境保护相对应的修复领域的工作，二者虽存在对应联系的内容，但却已是相互独立自成体系。

总之，生态修复领域的司法制度建设，必须等待实体制度的完善，必须在国家主导，多方共治，人民惠益的法律关系成熟运行的基础上再予讨论。目前，司法机关只适合将生态修复过程中一些纯粹的经济利益纠纷，行政管理上尤其是执法行为产生的案件纠纷，以及刑事案件等纳入其介入的诱因，而且其中的各类法律关系也必须能够归属于传统的民事、行政、刑事法律制度规制的范畴。实际上是民事法律纠纷走民事的司法救济程序，行政与刑事的走行政与刑事的司法救济程序。环境污染的则走专门的环境司法救济程序，或者干脆在环境污染案件中涉及财产利益纠纷的走特殊民事司法救济程序，行政和刑事的则走特殊行政与刑事司法救济程序。老老实实走自己的路本就能很有效地解决已知的利益纠纷问题，没必要使其复杂化，干扰生态修复法律制度建设的正确轨迹。

余论：

权利主义法学理论批判与生态修复法学展望

生态修复是一种崭新的法治建设领域，更是法学研究的一个未知空间。这个领域是中国特色社会主义生态文明法治建设的一片试验田，在这个领域内泛起的是改革的涟漪。改革就不能墨守成规，改革就不能不因为既得或者已有的事物而有所曲折阻碍。西方法学产生的历史过程告诉我们，法律不是纯粹存在的事物，法学更不是思想者天马行空的成就。法学这一科学学科产生和发展过程就是革命和不断改革进步的成果。西方传统的法学研究虽然曾经给人类文明带来了前所未有的辉煌，但是在其改革动力逐渐丧失，进而故步自封之后，正和它所赖以生存的西方资本主义政治文明的辉煌一起走向终点。福山言之凿凿的"历史终结论"仿佛和西方资本主义政治文明开了一个彻底的玩笑，他所预言和憧憬的美好时代并未有来临的迹象，反而最终总结了一个时代的"终结"。后资本主义政治文明及其所附存的法律制度文明也逐步暴露出其不可逆转的反社会本质。在这一背景与时代注解下，西方法学的傲慢正在面对生态危机摧枯拉朽式的终极考验。是改革还是继续傲慢下去，显然西方法学并未有彻底的觉醒，其核心理念依然围绕明显被人为构造的古希腊、古罗马的民主、法治继承者幻象继续得意扬扬，沉沦下去，无法自拔。西方法学研究也继续沿着"两耳不闻窗外事"式的孤独道路蹒跚而无法改革亦无所建树。它说明西方所谓的法学研究在面对前所未有的环境问题、生态危机时缺乏原有的改革能力和智慧，只能将既有的权利主义、自由主义、人类中心主义、民粹主义、资本主义等老调重弹并聊以自慰。无论是把生态修复看作是民事的赔偿手段，还是对利益的补偿，都只能是这种老调，由此产生的各类所谓的生态修复制度也无非就是继续沿着已经失去光辉的西方法学研究道路走下去的过程而已。于生态何益？于国何益？于这个生态文明时代又何益？

本章是在论述完结基础上进行的反思，也可以说是意犹未尽的"絮叨"，主要观点甚至有可能完全改变。但也许在否定中否定兴许就会迎来新的真理呢？本部分风格也会改变，观点也可能过于激进，无非是想在上述套路式研究的基础上激起一些心血来潮，无非是想在看似平静的水面荡起一番波澜，又或无非是在自嘲与自我批判，在自己前面造就的故城外建造一座攻城云梯，再或是希望借此获得一份难得的共鸣，吆一声：敢否新生？然，又不禁要问，新生为何？一则重新回归我中华文明最精髓思想——实事求是；二来以此为开篇重塑久违的中国自信，借以一种不同的态度探讨一下在固守者们看来全然无味之理想又近乎"乌托邦"的生态修复制度建构方式。

一、权利主义法学理论的不切实际与虚妄

复旦大学张维为教授有一段激奋人心又催人深省的演讲，题目就是《中国人你要自信》。一时间世人皆醒的酣畅在这个美丽的时代开始感染。仿佛是一种久违的兴奋，促使我不得不重新看待我以前的所学与所思。西方法学，或者准确说，西方传统的法学是真理吗？它的理论体系与历史遗迹真的牢不可摧，无可置疑吗？种种疑问，突然将我的思绪拉回正在准备结束写作的项目上。为此不得不全面检讨并删除那些"套路"内容，想向那种"自信"投去我的一份小小的致敬。张维为教授的思想或者说他的中国自信论的核心观点就是实事求是，既不对已有的西方学术研究范式进行妥协，亦不对自身跪着久矣的西式民主、自由、法治思维继续膜拜。走自己的道路在今天这个充满浮华和跪拜惯例的社会竟如此重要，以至于我不得不虔诚如小学生一样，再次通过他的系列演讲视频《这就是中国》得到应有的心灵震撼。观之思之，得以有所顿悟，遂赶紧写下这一份"中国自信"式的思考。

在研究中国的法治问题时我们最缺乏的似乎就是那份中国自信。因为不论是法学理论研究还是具体制度实践都早已沿着西方法学的套路潜心随从许久了。以至于在面对任何新生的现象或事件时都不免机械式地运用西方传入的那一整套法学研究方法予以解决。所谓的法律实证主义就是这种套路。可能在研究其他部门法学现象时这是可行的，或者有它的可爱之处。但是如果研究的是全新的领域或者现象时就不一定管用了。生态系统及围绕其发生的诸多现象就属于这种全新领域或现象。我们之所以很难承认生态修复制度属于一种新生的，难以用传统西方法学研究套路进行解释并探讨的生态文明法治建设内容，最主要就是上述套路早已占据了我们的固有思维，迫使我们放弃很多创新尝试的机会，逐步失去了对西方法学的自信的话语解构能力。然而，问题是西方中心主义的法学研究很难再解释中国的生态修复实践，如果硬是坚持西方法学研究的那种话语体系、套路来解决中国的生态修复法治化问题，则真正反映了我们的法学研究可能已经陷入了对西方文明话语权的过度迷信而无法自拔。

破除西方中心主义的法学意识是生态修复制度自信的前提。西方近300年的近代史造就了从文艺复兴到思想启蒙的灿烂思想，但是也产生了刻意由西方知识精英创造的西方中心论。其中以西方政治文明和法治文明为代表的西方文明话语权已经对我国文明自信造成了难以估量的影响。在法学研究中，对西方法治文明话语权尤其是西方法治文明思想史的过度迷信，已经对现今我国很多领域的法治建设研究产生了极为固化的思想藩篱。西方法学或者说西方中心主义意识形态下有关法的学说是否有问题，值得深思。要破除西方中心主义的法学意识束缚，必须对其核心理念与研究范畴进行彻底的质疑。纵观现有史料，西方法学两三百年以来所构建的那一整套理论与话语体系以及实践，在现代社会经济发展条件下，尤其是在现代生态危机条件下也是值得彻底反思的。

二、权利主义法学：意识决定论的虚构与臆想

权利是现代西方法学或者说是西方中心主义意识形态下的法学的核心研

究范畴。法学一词兴起于罗马法复兴时期，具有现代含义则是得益于法语的形成。并且"随着中世纪末期资产阶级人文主义思潮的勃兴，以权利为核心的近代法观念的出现，既表示法律，又表示权利，还表示法学的 Droit 一词也开始形成"①。因此可以说法学在其肇启之时便将权利作为其核心理念、主要内容甚至是价值基础，也可以说西方传统意义上的法学没有权利就无所适从，这是其权利主义的本质和意识根源，我们姑且可以称之为权利主义法学。

（一）权利是对抗的文化及其文化的塑造

这种权利意识根源于西方历史、西方文化、西方经济与社会发展及其现代国家的深层次建构。美国政治学家弗兰西斯·福山在其著作《政治秩序的起源：从前人类时代到法国大革命》中集中表达了现代国家，尤其是西方国家的建构及其与法治、问责的平衡过程就是政治秩序的起源过程，而法治则是这个政治秩序起源中不可或缺的一个方面。可以说国家与问责的对立以及法治的平衡作用构成了西方政治秩序思想的全部内容。在启蒙运动之后的西方历史、文化与社会经济发展中，国家政权与社会的问责是相互不信任的对立体，法治本身及研究法治的学科——法学，就成为二者间不可或缺的斗争科学。为此，作为国家权力的对象，社会能够"问责"国家并获得一定利益得以合法存在，包括个人的这种合法存在都必须被法治保护。

西方法学在研究如何构建法治秩序时，也将平衡国家权力与能够向国家问责的人的利益这一主题，最终落在权力可以允许或者说能够在多大范围内保障这一主题上。权力被当然地认为是强大且无所约束，并与其所统治的社会与个人对立的，然而，国家权力治下的社会或个人不能凭空与之斗争，为此就必须赋予某种载体，权利就产生了。从某种意义上说，权利就是法学所塑造的社会或个人，尤其是人本身与"假想敌"——权力的"抗争者"，并且应当是极度活跃、无所不在、无所不能、无所不含的"抗争者"。然而

---

① 何勤华. 西方法学史纲（第三版）[M]. 北京：商务印书馆，2016：3.

事实上，这种抗争的或者塑造假想敌的必要性在维护生态系统平衡，进而维护人与自然的和谐关系这一关键问题上就很令人怀疑。

从世界历史来看，将国家权力与社会和人对立的政治秩序文化只是在启蒙运动后，尤其是法国大革命后的欧洲被广泛认可。社会革命需要塑造这种对立，或者说这种对立本身就是近代化、现代化的产物，并不是自然秩序的传统，甚至是人文主义复兴后有选择性的刻意创造。只不过这种矛盾对立的创造在革命的世界里更加符合人类社会与经济发展的需要，并有利于现代国家的建构。权利的创造也就是这种创造的缩影，它代表着人类文明的法治时代，不可否认它的意义和作用，但是可以质疑权利是否是维持新的平衡关系"人—自然"的有效法宝呢？显然，如果认为是有效的，则无法解释"人—自然"关系中的诸多特殊现象。例如，生态系统所遵守的是自然秩序，而只有人类才会遵守政治秩序。正因如此，如果把法学中的权利强加于自然，无异于对牛弹琴，好比是一群人为了欺骗另一群人而耍的一个障眼法。权利只存在于人类的政治秩序之中，它所能够解答或者说调整的只是人类本身利益的衡量问题，至于人保护自然也并不仅仅是基于某种权利。而自然（环境、生态、资源等）从来就没有什么人所虚构的救世般的权利。虚构一种权利或几种权利，并声称"保护环境"只是西方自由主义权利法学自欺欺人的把戏。换句话来说，人享受美景，维护生存与发展的环境、生态系统平衡等权利只是人所固有的东西，完全可以转化为人的其他业已存在的基本权利，而不是再造或换个什么假借自然名义的权利。人所声称保护自然的权利完全不是什么权利，保护自然的行为完全不是人有某种权利或者权利受侵害而引起的。因此，基于权利主义法学话语体系下的具有明显权利倾向的环境保护制度、生态系统维护制度，甚至是生态修复制度设计，整个就偏离了秩序的适用对象，是一种无谓的虚构。

（二）权利话语：虚构的理想世界

西方法学中的权利话语远非无懈可击。它本身所蕴含的自由主义的个人权利至上就广受世人诟病。权利话语建基于公私领域分离，意味着个人免于国家乃至其他人的侵犯，这本是现代社会得以良好建立的基础之一。但美国学者玛丽·格伦顿在其论著《权利话语：穷途末路的政治言辞》中写道，当代美国的权利话语直接来自18世纪的生命、自由和追求幸福的权利概念，而这种权利实质上是隔离的权利，其所对应的是孤立的个人，到了19世纪末，人们甚至将生命权的实质重新界定为"一个人待着的权利"。① 她还认为，权利修辞以及将权利者看成自治个体的观念使我们的思想偏离共识的轨道，并专注于将我们彼此分立的事物，从而使我们脱离了公共生活。② 也就是说，权利话语造成人们之间相互疏远。另一位美国学者霍维茨关于权利话语承载个人主义意识之反思与格伦顿的批判有异曲同工之妙。在霍维茨看来，权利话语的重要组成部分之一是自然权利概念，而自然权利概念孕育于极端个人主义并持续表达关于社会关系的个人主义观点。自然权利哲学在历史上根植于人类相互关系和个人自由消极理念相对抗的想象。即便现代解放式的权利概念也承载于个人主义的前提。权利话语因此总是支持个人主义，从而帮助制造孤立的个人。③

可见，西方所谓的权利话语很大程度上刻意将权利塑造为个人自由主义立场上的权利。权利产生之路实际就是个人摆脱国家和社会束缚的道路。这与一贯标榜的公共利益的环境法律治理是截然不同的权利话语，至少在总体上是貌合神离的。个人权利有相应法律领域的维护措施，而针对危害全体人类的环境污染与生态损害怎么可能是个人权利的得失？赋予个人环境的权利或者生态的权利只能将个人利益与更加本质的公共环境和生态利益全面剥离。你建个垃圾处理场所处理自己的生活垃圾可以说是个人的清洁环境或美好景观等利益的实现，但是却有可能危害其他个体的相应利益，由此产生的

---

① 玛丽·安·格伦顿. 权利话语—穷途末路的政治言辞 [M]. 周威，译. 北京：北京大学出版社，2006：62.

② 玛丽·安·格伦顿. 权利话语—穷途末路的政治言辞 [M]. 周威，译. 北京：北京大学出版社，2006：187.

③ 陆幸福. 权利话语的批判与反批判——围绕批判法学展开 [J]. 法制与社会发展，2014（4）：84－85.

诉讼实际不是环境本身的利益衡量，而仅仅是相邻关系等民事利益或某种行政管理利益的衡量。只有当这种利益的衡量全面涉及人类及其社会秩序如何处理与自然秩序的关系问题时才可以说真正是环境的、生态的或者自然的利益衡量。也就是说只有你这个垃圾处理场所的兴建足够影响生态系统整体平衡时，才能够算是对公共生活的影响，进而侵害环境的、生态的以及自然的利益。个人意义上的环境无论如何也不能与共同体利益上的环境相提并论。恰如人体吐纳气体不应被认为是对空气的污染和生态扰动一样。如果不加区分地将个人的环境与共同体利益的环境统赋某种一并的权利，其实质就是权利话语的个人主义与自由主义倾向。

正如批判者所说，"权利话语"趋向以一种消极、分离和必然性的方式来解释事物的本来面目。即使相对弱势的群体赢得了某场法律胜利，涉及此中的"权利"也会阻碍社会的进步性变革。这种胜利只会使他们洋洋自得，而在另一方面则会激起反对者采取一切措施来使这个判决的影响最小化。保守主义者完全可以用权利的不确定性特征来服务于自己的利益 。也就是说，"权利的话语"使人们的幻觉永恒化，似乎法律辩论和法律推理是一种独立于社会运动和政治辩论的特定领域。"权利"以及"权利话语"不可能促进，或者说，甚至可能阻碍社会和政治的变革。① 可见，对个人权利为核心的西方权利话语应当全面认知，并有所扬弃，否则只能将共同体利益与个体利益全面对立起来。到那个时候，环境保护将成为个人抵抗国家与社会进步的借口，最终导致社会人群的无限分裂与利益撕裂。这正是西方自由主义、个人主义无限发展后民粹主义社会动荡的前奏。环境保护事业以及生态修复法律制度建设不能被如此利用，而应坚定反对与自觉抵抗。

（三）新的时代，新的起点

从人的主观愿望讲，只要是真心实意地建设法治国家，就无法回避认真

---

① 高中．后现代法学与批判法学关于"权利话语"论争的启示［J］．法治论丛，2005
（1）：30．

看待权利的问题，只有认真地看待权利，才能有效地促进法制建设。法律与权利联系得如此紧密，以至于有人（包括国内外著名学者）认为法就是权利，权利就是法。权利与法律相混同的观念几乎是 16 世纪后的一个历史观念。"权利不过表明人类逐渐摆脱了外部世界对自己的控制和奴役，表明了人类对统治自己的异己力量的依附已逐渐趋于瓦解；也表明人类已经具备了支配自己外部世界的力量。"① 这是改革开放初期葛洪义教授在那场我国较为著名的权利论争中提出的观点。现在看来，权利本位或者说权利意识的塑造与权利话语的表达对我国法治建设的发展确实起到了承前启后的作用，甚至无异于一次在我国法学研究领域的启蒙运动。这是历史的进步，应当正视其应有的理论地位。但是我们并没有从自由主义权利话语的套路中转出来，而是深深陷进去，向着另一个极端发展。

回顾那段历史，我们之所以要进行权利与义务、权利与法律、权利本位与义务本位的大论战，关键是改革这一政治前提的强烈要求。正如马克思和恩格斯的思想中所透露的，并被批判法学派所继承并发展的观点那样，法律就是政治的反映。② 法律摆脱不了反映政治的宿命，因而就不能够理想化地进行照搬，这是法学研究发展的规律。经济改革、社会改革，甚至是科学本身的改革进展到一定程度，国家的政治使命就会发展到哪一步。如果罔顾这些事实，照搬自由主义权利话语是要违背法学发展规律的。我们所处的时代与改革开放初期那个需要启蒙的时代已经完全不一样了，我们需要的是认识到我们需要启蒙一个崭新时代的自信与行动。这个自信是文明的自信，是建设生态文明的自信，而这个行动就是对权利话语应用的范畴进行严密的限定。

如果说前生态文明时代人们将摆脱落后与贫困作为一个时代的主旋律，

---

① 葛洪义. 法律·权利·权利本位——新时期法学视角的转换及其意义 [J]. 社会科学，1991（3）：30.
② 艾佳慧，韦恩·莫里森. 法理学——从古希腊到后现代 [J]. 环球法律评论，2006（5）：30.

那么后生态文明时代的人们则将生态系统平衡与人类发展的命运作为另一个时代的主旋律。人与人的和谐是上个时代的政治主题，而人与人且自然与人的和谐是这个时代的政治主题。法律在反映并遵循人与人和谐政治主题的基础上，必须进行自然与人和谐的主题升华与超越。法学理论也恰应当为之变化适应。权利及其话语体系围绕的是人与人的和谐而产生发展的，套用在自然与人的和谐问题上实际上就是重新使自然沦为附庸，实际上还是没有跳出前一个时代的政治烙印而不能勇敢地前进到另一个人不再为中心的时代而已。因而，新的时代法律科学，或者法学本身在生态文明建设中需要进行勇于打破一切旧的思想准备。问题是我们行动起来的自信是不够的，面对一个新的时代，一个新的政治主题，我们敢问权利是解决环境问题的必备良药吗？显然在问题伊始很多人就已经站队到肯定的一方了，这样完全又被套路了进去！

其实，现今我们和改革开放的初期一样，那份不断改进国家治理，不断完善社会主义法律制度体系的初心都没有改变。改革依然是主旋律。但是为什么在最需要改革的时代，最迫切改革的领域就这么容易被套路？权利应当限定于规范人与人的关系范畴之内，这是谁都知道的事实。但为何任由它如此滥用却依然心安理得呢？估计还是得扪下我们法学之心以自问吧。事物呈螺旋形上升的趋势发展，这个规律也都明白，但是很多时候遇到该上升时就丧失了回过头问问最初那份心的勇气，因而就只能直线下去了。改革是主旋律，改革精神就不能仅仅停留在改革的初期，是时候掀起另一次在生态法治领域的权利存否之争的时候了，生态修复法律制度建设问题也许就是一个很好的起点。

三、从零和博弈到变和博弈，生态修复法律制度的实际需要

西方法学研究之所以会固执地坚持一种权利斗争的倾向，并使之成为法律制度建构的主要范式，是源自西方文明在处理人与人之间关系上根深蒂固的零和博弈观念。一方面，西方传统法学研究长期以来将政府视为"必要的

恶",而与个人的自由对立起来,从而形成权力与自由天然对立的二元结构制度建构模式。不仅如此,在自由主义极端化的时代,政府与个人,政府与社会对立的政治生态及其主导下的法治模式也都成为西方社会法治建构的主流形态。似乎,提及政府就一定是恶的,说到个人权利就一定是民主和先进的,民主的根本目的也就演变为彻底摆脱政府对人的束缚的终极正义形态,甚至让政府或者说让权力成为自由主义权利的奴隶才是正当的法律制度建构模式。这种社会关系非此即彼的二元对立意识已经深深扎根于西方法治思想的骨子里。另一方面,从历史的视角来看,西方法治文明一直以来都是崇尚个人的自由多于社会责任。从启蒙运动到现代社会以自由主义价值观为主流的意识形态,个人的自由成为其民主法治建构的基本价值取向,均透露出西方社会对个人自由异乎寻常的关心。也正是这种近乎固执的文明偏见,使得西方从其启蒙的那一刻起就主动塑造自身的自由文明形象与东方专制主义形象的二元对立。零和博弈成为一种意识形态,不仅存在于西方法学研究的内部,更泛滥到西方法学思想对于国家与国家、国家与社会、政府与个人、个人与个人等诸多社会关系的理解中。正如诉讼作为西方法律制度建构中一个核心的领域,从未放弃其零和博弈的理论根基。

然而根据博弈理论,零和博弈并非是博弈的唯一形态,甚至随着社会经济的发展,零和博弈正在走向一种必然的"非常态"。所谓博弈,英文为game,也可理解为"策略""规则"或"游戏",即策略性的互动决策。博弈的三要素分别为参与人、策略和得益(收益),而根据博弈的得益(收益)属性又可将博弈分为零和博弈、常和博弈和变和博弈。零和博弈是一种常见的博弈方式,一般表述为博弈一方有正收益,而另一方则为负收益,如竞技比赛、猜硬币游戏、司法诉讼、战争,等等。其博弈的最大特点是不管博弈方如何决策,最后的社会总得益为零。零和博弈的参与者都追求自己的最大利益("小中取大",在博弈得益方的所有策略中,选择得益最大的策略)或最小损失（"大中取小"，在博弈损失方的所有策略中，选择损失最小的策略)①。西方自由主义权利法学的意识形态中，一直以来就是将利益的双方通过诉讼固化为零和博弈的对立方。这种零和博弈在民事、行政、刑事等领域利益纠纷中具有顽强的生命力，从而掩盖了其固有的法律制度建构模式中二元对立非理性的一面。事实上，零和博弈是博弈的特殊形态，而变和博弈才是博弈的一般形态。所谓变和博弈即博弈方有各自的收益值，意味着在不同策略组合下，博弈各方均有得益。变和博弈中，博弈各方在策略上是认同的、合作的，都追求博弈的均衡双赢，所以各博弈方之间的利益关系是合作的、共同的、均衡的、共赢的。这也就意味着在博弈方之间存在相互合作，争取较大社会总得益和个人利益的可能性。当今社会，人类命运的昌盛必然要懂得从"零和"年代走向"非零和"年代。零和博弈观念正逐渐被变和博弈理念所取代。因为，人们认识到"利己"不一定要建立在"损人"的基础上，通过有效合作仍然可能出现"双赢"的局面。如果人们都认识到未来是重要的，那么就不存在制胜策略。在一个变和博弈中，赢得好的结果往往不是去思考如何战胜对方，而是设法去引导对方做出对双方都有利的行为。②

可见，西方诉讼法律制度所依赖的零和博弈理论正在走向它的反面。变和博弈时代的到来正在使传统诉讼制度，甚至西方零和司法制度在一些需要非零和的领域成为一种非理性的存在。生态修复法律制度建设就是这样的领域，其中共同体利益与个体利益并非是零和利益的双方，相反，人与自然的共同体利益的关系恰恰应当是合作的、共同的、均衡的、共赢的。这种共同体利益也包括社会关系中人与人之间、人与政府之间、社会与人之间、社会与政府之间多方利益之和。从零和博弈走向人与自然共同体利益的变和博弈是生态文明时代法律制度建构模式变革的一种可选趋势。这一点应当集中反

---

① 陈建先. 从零和博弈到变和博弈的裂变——政府经济行为的均衡解［J］. 行政论坛，2011（4）：47.

② 陈建先. 从零和博弈到变和博弈的裂变——政府经济行为的均衡解［J］. 行政论坛，2011（4）：48-49.

映在生态修复法律制度的建构中。减少司法制度对生态修复法律制度建设的影响，将是变和博弈模式下生态修复法律制度建构的重要特征。一方面，生态修复并非必然是利益减损和利益获得之间矛盾的产物，相反，更有可能是多方利益共同意愿的驱动。这就使生态修复诉讼，甚至生态修复司法制度本身这种典型的零和博弈过程不是生态修复法治化过程中的必然选择。另一方面，从得益（获益）这一博弈属性上来看，共同体获益，从而使个体获益的变和博弈过程更加促使生态修复法律制度成为一种利益之和的保障。那种类似通过诉讼获益的零和博弈过程已经被取代，或者说被其他方式限定在生态修复过程之外的独立领域。例如，如果是生态修复过程中的工程承包合同纠纷，那一定是生态修复过程之外的纯粹合同法律关系，而与生态修复无关。如果是因为环境污染和自然资源开发利用导致的有限的生态破坏和环境污染，那一定是可以用环境修复解决的过程，而非生态修复过程，因而当事人也应当提起的是环境侵权诉讼，或者特殊的民事侵权诉讼。当事人应当主张环境修复及支付环境修复费用，而不应主张生态修复或要求生态修复赔偿，或者要求承担生态修复费用等。如果仅仅是因为环境污染或自然资源开发利用引发的财产权或生命健康权的侵害，则应当进行与环境有关的民事诉讼或刑事诉讼，更与生态修复过程无关。

总之，生态修复始终是变和博弈的过程，其核心价值属于求和而非求异，在处理人与自然关系中，这已经完全与西方强调人的权利与自然权利的零和博弈斗争理论有了根本性的区别。其中国家及其政府利益、社会利益、个人利益都已经成为共同体利益的具体内容，而人的利益与自然利益则是更大范畴共同体利益中的两个方面。生态修复所要追求的是通过共同体利益的获得而促使其所包容的每个个体获益。其法律制度也就成为维持并更新这一变和博弈规则的保障。在这一规则中，人的权利或者说个人的利益已经成为共同体利益的一部分，二者不是对立的零和关系，也就失去了为权利斗争的前提及其制度建构需求。从这种意义上说才真正实现了人与自然和谐相处的变和目的。关键的是，国家及其各级政府与个人、社会之间真正形成的是一种"集中力"，这种集中力通过生态修复使国家（政府）、社会、人三者成为变和的共同体。

四、西学伪经考：对西方法学思想史某些内容的质疑

法学源于古希腊自然法学说，是人的自然权利的保护，强调法的公平正义的理性世界观。① 它也强调了公民的民事权利平等也表达了法律的公平正义，具有公平正义与权利平等的双重内涵。② 但是，古希腊所谓的自然法学说有何实证的可信之处？这诸多法律科学的理论是从何而来，到底是怎样的？西方本身就存在诸多争议。事实上许多西方所谓的古希腊思想源于东方的理论，并且在18—19世纪才被宣扬和兴盛。很多理论的第一次阐述反而是资本主义兴起之后启蒙运动的福音。因而将法学就界定为自然法学说，并将其源于古希腊缺乏应有的实证考古史料支撑。自然法学说又是否是自然权利之观也变得扑朔迷离。从根本上而言西方引以为傲的权利主义法学理论从一开始就有假借先贤的嫌疑。马克思和恩格斯在论述法律（包括法学）和商品经济发展的关系时曾说过"法也和宗教一样是没有自己的历史的"。并且也有学者把这句话理解为法学的发展最终意义上是由商品经济的发展所引起，以及商品经济的发展必然打破国界而采用一些人类共同的法律规范来调整、促进。③ 这可能就是把西方法学视作普世规范来移植和遵照的一种立论基础。但本书认为，这种观点可能直接曲解了马克思主义对于法学的真实看法。马克思所认为的西方法学没有历史，其实很大程度上就是在说西方法学是资本主义产生和发展以来商品经济兴盛而生的产物，而不是西方权利主义法学理论所宣扬的源于希腊历史的产物。因为，那段所谓的源于希腊的法学产生史可能连西方自己都没有完整权威的考证，甚至有些连他们自己都在质疑。反

---

① 何勤华. 西方法学史纲（第三版）[M]. 北京：商务印书馆，2016：7-8.
② 何勤华. 西方法学史纲（第三版）[M]. 北京：商务印书馆，2016：6.
③ 何勤华. 西方法学史纲（第三版）[M]. 北京：商务印书馆，2016：6-7.

而，法学源于资本主义商品经济的源头较为可信，自由主义、权利主义意识及其支配下的法学是资本主义商品经济的产物而不是古希腊思想的产物。至于后面的古罗马法的理论以及相应罗马法的复兴，乃至后世因此而兴的法学教育、法哲学、法理学都只不过是资本主义商品经济革命的思想构造物。它们所谓的历史就是资本主义商品经济产生与发展历史。

事实恰是古希腊的繁荣与稳定只维持了一二百年的历史。"而这点时间，对孕育一门学科——法学来说，毕竟太短了些。"① 虽然有些许法典原文被考古发现，但是并不能说这就已经形成完整有效的理论体系。② 我国不少学者普遍认为西方法学思想起源于古代希腊，兴盛发展于罗马时期，走向成熟和现代则是启蒙运动之后以及多次工业革命后的资本主义大发展时代。但迄今为止很多后世传颂的具有开世意义的法律文本却根本没有足够的考古实证支持，如古罗马的《十二表法》，其所谓的原稿早就被焚毁，并无残片和抄本传世，我们今天看到的不过是后人从其他文献中收集整理而来，其可信度又能如何？况且西方自己也承认该法典只是起到证明"市民法变明确"而已。③ 如据此而结论，古罗马时期就已经早于其他文明，特别是中国文明实现宗教与法律的法律的分离。④ 其论证结论显然过于武断，缺乏基本的历史实证主义分析依据。也有论者称在古罗马所存在的公元前 3 世纪，至少是公元 4 世纪以前罗马就已经形成了"一整套完整的法律体系"⑤。然而可笑的是，美国著名法学家哈罗德·J. 伯尔曼在其名著《法律与革命》（第一卷）中则得出截然相反的结论，我们今天所称的法律体系在早期的"西欧各民族中并不存在"，"只是在 11 世纪末和 12 世纪早期及此后各种法律体系才首次

---

① 何勤华. 西方法学史纲（第三版）［M］. 北京：商务印书馆，2016：11.
② 何勤华. 西方法学史纲（第三版）［M］. 北京：商务印书馆，2016：12 - 13.
③ 高鸿钧，李红海. 新编外国法制史：上册［M］. 北京：清华大学出版社，2015：115.
④ 何勤华. 西方法学史纲（第三版）［M］. 北京：商务印书馆，2016：34..
⑤ 何勤华. 西方法学史纲（第三版）［M］. 北京：商务印书馆，2016：34 - 35.

在罗马天主教会和西欧各王国、城市和其他世俗政治体制中被创立出来"。①

英国历史学家安东尼·艾富瑞特撰写的关于希腊历史的书籍《雅典的胜利——文明的奠基》可能更加明确暴露了希腊历史的虚构性以及所谓希腊民主法制的专制本质。一方面书中对于希腊所谓民主历史传统的描述严重缺乏史料支持，更多是对古代神话以及历史传说的描述，有些甚至不得不承认被看作希腊历史传记的荷马史诗《伊利亚特》和《奥德赛》在很多地方存在非常可疑之处。它们事实上没有权威版本，并一而再地被人刻意编撰甚至篡改。② 另一方面该书对于梭伦等人的民主改革也是描述不详，只是说改了制度和政治组织方式，选举成为一种公民行使权利的方式。但是这并不意味着就产生了所谓西方所认为的民主和法治。因为，该书作者也不得不承认，让所有的公民在广场进行选举辩论只是一种极端的民主。同时书中也描述了所谓的古希腊，雅典的民主选举最终变为不过是通过抓阄陶片决定事务的神旨抓阄形式。③ 而古希腊的法治更是只有若干法典的资料支撑，这些资料只是显示希腊的法律存在，或者有些法律具有较为仁慈公平的意蕴在里面。并不能说这些所谓的民主或者法治与现代法治有什么必然的联系，更不能就此得出古希腊的法治就是现代西方法治文明的起点甚至是全人类民主法治文明的起点。

因为，从书中的描述来看，古希腊依然是贵族与国王或者执政官等形式共主的政治体制，所谓的选举辩论只不过是一种在财富支配下或者是贵族支配下的政治专制作秀形式。它摆脱不了西方人所致力于批判的政治专制本质。如果那种法典颁布或者有仁慈公平的法条，以及促成社会和谐公平的法律条文是现代法治文明的起点的话，我们国家早在公元前841年发生的共和，

---

① 哈罗德·J. 伯尔曼. 法律与革命：第一卷［M］. 高鸿钧，等，译. 北京：法律出版社，2018：50.

② 安东尼·艾福瑞特. 雅典的胜利——文明的奠基［M］. 杨彬，译. 北京：中信出版社，2019：111.

③ 安东尼·艾福瑞特. 雅典的胜利——文明的奠基［M］. 杨彬，译. 北京：中信出版社，2019：73 - 121.

以及后来氏族、贵族与国王共同执政的春秋战国文明岂不是更加系统的民主？我们国家的法治和国家治理哪一样又不体现政权的德佩天下的合理性与社会和谐的标榜目的呢？可见，把东方的共主与共和传统，以及国家法度、法治思想和法律文化，甚至国家良法善治的历史传统和事实进行专制化描述只是西方中心主义的偏见，以及部分国人在被西方打倒后的跪拜而已。西方人自己都存在的疑惑与争论到了某些中国学者口里就立刻变得"高大上"，无比准确地优越于中国自己的法律文化，这完全是某些中国学者自己为某种意识而无限放大了西方法律文化及西方法学认知的优异性。这种有选择恰无历史严格实证的研究态度，着实令人怀疑目前一些普遍认可的知识是否具有科学性与可信度。类似地，我们自己人的偏见恐怕还很多，本书无意在此多考察，也许"伪经考"有必要另书考证。但至少本书认为有必要打破对西方传统法学的迷信，证明走中国自己的法学研究道路是可行的，也是必须的。

就像我国古代法典如此繁多，民事、行政、刑事都有也没有人把它看成具有开拓意义的现代法律渊源一样，最终成为被中国人自己抛弃的失落文明。我国先秦时代也有共和主政的历史，是否可以说现代法学渊源是它们呢？我想这也完全可以。又何必要言必称希腊呢？西方法学思想家柏拉图关于法律的各种思想被发现之初，其文字是杂乱无章的，后被认为是其学生整理而来。这些文字被人们普遍认为是阐述了正义的理论。① 但是正义是什么，我们中国先秦时期诸多先贤都有类似结论，而且很多还比他的论述要早得多，例如天道、天命等，这里不赘述。因此，着实没有什么好称之为先进或令人赞叹无比的，唯一要感叹的只是英雄所见略同而已。然而却为什么就此认为现代法学思想源于西方，令人不解。况且到底什么是正义，西方人自己到目前为止也没有能够给予令人信服的解释，为何要把正义作为法学理论的思想源头或使命也令人困惑。

---

① 哈罗德·J. 伯尔曼. 法律与革命：第一卷［M］. 高鸿钧，等，译. 北京：法律出版社，2018：15 – 16.

其实关于柏拉图对于法治理论的思想也不过是哲人治国为核心的法律治理理论，这虽然在亚里士多德时期被发扬①，但依然远远没有达到能够启蒙现代法学的地步。至少西方启蒙思想家曾经普遍盛赞的哲人治理的国家和理性的国家是曾经的中国。如果按照这种标准，现代法学启蒙的源泉应该是中国法治思想和国家治理理念，而不是什么古希腊、古罗马。自然法是从亚里士多德时期就产生和发展的一种重要的西方传统法学思想，它在亚里士多德等人那里并不是现代法学意义上的平等的自然权利之法，反而亚里士多德等人承认并赞颂自然的不平等，这是众所周知的法律史实。而且它所说的良法也不能和我国历史上长期形成的儒法合一的礼法思想中的以德配天，天人合一的良法思想相提并论。虽然前者可能产生得更早，但其所谓的良法却是建立在绝对的不平等基础之上的。这与我国礼法讲究顺应天命、以德配天、天人合一、民贵君轻、民心向背等相对善意平等的思想不可同日而语。后世斯多葛等新兴自然法学派也都对亚里士多德等人的这种自然不平等的自然法思想进行过纠正。但是即使如此，西方传统法学中最重要的，具有启蒙和创世纪作用的自然法思想在中世纪也被宗教感染，成为推行神权思想的一种工具，将神的旨意看作是自然理性。这就更不能和中国更加接近世俗世界的礼法思想之自然秩序理性观的先进性一并视之。

然而，也必须肯定的是西方传统法学中的自然法思想却远比现代社会中不分法条良善、正误的分析实证主义法学方法观来得更加有意义与合理些。②现在我国很多关于生态修复的法学研究都声称自己是实证主义的分析方法。问题是如果你所实证的案例不是真实的生态修复，又或是基于对科学认知的错误理解而盲目制定的法律条文，你的分析再严谨，再有开拓性，再有实证意义，对于这个制度的完善又有什么意义？你的结论也不过是罔顾事实和充

---

① 哈罗德·J. 伯尔曼. 法律与革命：第一卷 [M]. 高鸿钧，等，译. 北京：法律出版社，2018：20－21.

② 哈罗德·J. 伯尔曼. 法律与革命：第一卷 [M]. 高鸿钧，等，译. 北京：法律出版社，2018：23.

满偏见的理性错误而已，最终将误导并彻底改变一个法律制度和法治发展的进程，并危害一个正在新生的，可能具有革命性的法学研究领域。

如果说上述已经被我们广泛熟知的典籍理论确实有值得质疑的地方，那么我们今天研究一个与西方法学产生与发展最繁盛阶段不在同一个空间和时间维度的新的社会现象，新的科学规律，再延续那些已经惴惴可疑的理论来源、认知结构和话语体系将变得更加守旧。法学在研究生态修复时，它已经是全新的实践领域，而且是完全摆脱了原有法学认知体系的崭新实践领域。它既不存在于权利的纠纷中，也不存在于已知的法律关系中，诸多学者却为何要把它硬是扯回本就应当被质疑的理论学说中，实在令人费解。生态修复法律制度如何跳出已有的法学，尤其是西方那一套法学理论体系、话语体系、认知体系，完全可以成为一个崭新的法学研究领域，也恰可担当中国法治文明复兴的试验田，为生态文明制度体系的进一步丰富提供理论和实践的借鉴。敢于跳出一个被实践多方破除藩篱的守旧理论，从而创造属于中国自己的法治建设新路径也就代表着一种中国自信。

五、生态修复法学研究要实事求是

生态修复法律制度的建构需要充分的中国自信，而这种自信首先就应当产生于对旧有存在的合理质疑过程中，这不仅是思想范畴的而且更是实践范畴的。中国模式是中国自信产生的源泉，也是中国自信进行实践检验和不断更新完善的过程。中国自信的集中实践模式就是中国模式。中国模式虽然在我国政府正式文献中鲜有出现，但在学术领域早就成为一种较为典型的理论体系。简单地说，中国模式就是中华人民共和国成立后，尤其是改革开放后中国所实现从弱到强，逐步实现民族伟大复兴的中国特色社会主义国家治理之路。这一路坎坷，却在不断改革中走向成熟。这种成熟不但是中国特色社会主义理论的成熟，更是中国特色社会主义制度优越性的成熟展示。而无论是中国特色社会主义理论优越性的充分展现，还是我们的制度能够发挥其优越性，其实都有一个共性的制胜"法宝"，这就是实事求是理念。

实事求是是中国自古以来就具有的理念，这一理念最早出自《汉书·河间献王传》，是一种做学问的诚实态度。后来逐步发展成为自古至今国家治理理念中从未根本变化的精髓。近现代革命过程中，以毛泽东为核心的党和国家领导集体，将这种中华千年品质、治国理念与马克思主义充分结合，从而开创了中国特色社会主义革命和国家建设大道。1978 年后，邓小平同志再次将这一理念提出并作为中国改革开放的指导思想，强调实践是检验真理的唯一标准。① 从此，国家治理的中国模式就注定打上实事求是的烙印。法治是国家治理的重要手段，以法治国自先秦以降历来是中国国家治理的主要措施之一。弱秦以变法图强，汉唐以律令怀天下，宋明则以刑诰治一统，中华人民共和国更以中国模式法治而雄图共同之世界。但依法治国从来都实事求是，势为之、时为之，这是中国法治之精妙。

研读历史，再镜窥当下，我们在研究中国时势之时往往不能洞见事实，从而无心无意求是。我们秉承的是拿来，却无法使拿来生根。生态修复的理论与实践有中国模式的事实，而我们对应研究的法学思维却从来是拿来而不求是。问题就出在我们习惯于用没有根据的法律实证主义分析不是纯粹法律现象的现象，从而得出不是事实的法律事实。陶醉法律技术不能自拔，但求纯粹法学研究而不顾事实是否真如法学思想之臆想。其实我们可以好好看看我们国家治国之历史，远到商鞅治秦遍访秦国之地才得治国之策，近看毛泽东洞见中国革命之农村包围城市的正确道路才有中华人民共和国之创始，哪一样以法而治国家的对策不是通过实事求是的精神，不是通过实践充分检验真理而得出国家治理之法的？只是用法学那仅有的认知体系，甚至是已经被质疑了的，再无进取的西方自由主义的、技术主义的法学分析当真就能够看透中国治国实际吗？中国的依法治国理念自古就已经超出了法学的视野局限，从治国之策的角度看待中国国家依法治理的问题。中国的依法治国不是法学学科本身的知识体系范畴内的事情，而是在实事求是理念下的包括法学

---

① 张维为．文明型国家［M］．上海：上海人民出版社，2017：108.

在内多种治国理念的综合策略。只不过它最终是以法的形式再确定下这种策略的底线规则而已。这点，马克思和恩格斯关于法律的理论也看得非常透彻。从其社会发展理论不将法学作为所谓的主流意识加以讨论，而是作为一个工具性手段加以使用，又或是从其批判法律拜物教的犀利洞见中①，我们都可以感受到中国固有的实事求是的依法治国理念与马克思主义实事求是的法律理念的一致性。这也是为什么马克思主义的法治理论能够充分在中国生根开花并不断收获累累硕果的根本原因。可以为之感叹"英雄所见略同"。古人与先贤都看得到，都懂得的过程，为什么今人反其道而行之，愈加迷惑，应当反思。

在法治，或者说依法治国的道路上，中国模式正在重新焕发它的生命力。生态修复法律制度的法学研究应当摆正自己的态度。把法学的传统思维放到中国的生态修复实践中去进行彻底的检验，并虚心接受其他治理领域的认知成果，包括自然科学、社会学、管理学和经济学的多重治理理论成果，从国家治理策略的高度看待中国模式下生态修复法律制度如何建构的问题，这才是实事求是建构生态修复法律制度的中国模式。法学理论指导下的法律技术真正起作用的是更加具体的制度规范的设置问题。而在真正弄明白生态修复法律制度含义、内涵、框架、内容，乃至生态修复法律制度如何建设的问题之前，法学研究不可能突破其他理论的事实而独立纯粹地进行所谓的制度研究。法律制度应坚守生态修复实践保障的职责，并为之确定一种国家治理秩序，而不是凭借法学自己的臆想创设一种明显与实践不符的制度，以达到改变实践轨迹创设想象中的秩序的目的。这样只会离实事求是建构生态修复法律制度的中国模式要求越来越远，从而根本脱离美丽中国的范畴。

西方法学之所以能够取得巨大的成就，与其前期进行符合资本主义社会经济发展实践的思想启蒙和传统有益治国理念的复兴有直接的关系。但是西方法学之所以会成为新的时代的被改革对象，是因为它已经逐步显露出不适

---

① 休·柯林斯. 马克思主义与法律 [M]. 邱昭继，译. 北京：法律出版社，2012：12－13.

应生态文明时代的诸多理论障碍。生态文明时代的来临意味着又一次法学变革的时机已经成熟。中国模式的生态文明建设就是这次变革的启蒙，中国模式下的生态修复法律制度要做到实事求是，就必须对已有的法学思想和知识体系进行生态化启蒙与改革。因为，传统的法学思想和知识体系已经难以应对现有的中国特色社会主义制度优越性充分发挥的迫切需求。例如，西方法学所认知的民主就是一人一票，就是极端个人自由主义的权利斗争，就是西方民主与东方专制的对立意识形态；西方法学所认知的法治就是法律是万能且能够解决任何社会问题的，法律关系就仅仅是人与人的关系，诉讼就是权益纠纷的唯一解决方式，以及西方的律师制度是长盛高效的；西方法学所认知的政府就是"必要的恶"，权利与权力始终对立，政府权力就是与民主对立的限制对象，政府集中力量就是集权，东方政府就是集权专制政府。所有这些，乃至更多类似的偏见已经充斥着整个西方法学的基本认知，甚至已经成为他们的普世价值，谁要是反对就是不民主、不法治，谁要是不遵守就是违背普世价值的大逆不道。只要你的法治和我的法治不一样你就是异教徒，就是邪恶的，你们就必须接受我们的传教。然而西方法治及其法学思想所臆想的社会今天已经全部变了样子，它们的输出早就造成了世界动荡，也造成了本国的动荡。大到国际社会的弱肉强食，旧的世界秩序决然看不见西方法治的民主自由，小到最近香港的西式法治动荡与深圳法治带来的稳定繁荣的真实对比，哪一样不反映出西方法治确实生了病，而且病得不轻，甚至将一病不起。诚如此看来，那些一言法治必向西方看齐，一言法学必向西方理论膜拜的思想要不得。这种法学研究的方法，范式或者是套路根本不能拿到中国模式的生态修复法律制度研究中，否则后果也必然是病得不轻。西方的那套法学理论原本是开化包容并蓄的理论，但现在正走向它所倡导的民主意识的对立面，在关上那扇革新的大门，在随着中西国力的逆转拉开终结的序幕。他们从骨子里就歧视东方这个正在崛起的国家制度选择，从骨子里就透露着对东方法治文明的专制偏见，最终也会走向被中国模式替代的结局，正因为他们看不到实在存在的诸多社会变革，看不懂世界格局百年未有之大变局的实际。如此这样越来越浮华于事实之下的一套学说又怎能再用来解读中国的生态修复现象？

实事求是建构中国模式的生态修复法律制度要从以下几个方面破除对西方那套法学研究范式的迷信：

第一，重塑中国依法治国的理念自信，一方面把中国传统的生态系统整体思想与当前我国建构人类命运共同体，人与自然共同体的思想建设实践相结合，充分发挥马克思主义唯物主义历史和哲学理念的根基作用，不断创新并发展中国的生态修复治理理念。另一方面，必须把中国依法治国的传统与现代社会经济发展的实际相结合，探索中国化的生态修复法律制度建构对策。在具体的制度建构中，发挥法学理论的专业化优势，使制度设计更符合中国国家治理的体制和机制运行实际。

第二，应当认真系统梳理生态修复中国实践的历史与现状，把握生态修复技术发展的基本脉络，有针对性地借鉴生态修复在自然科学、经济学等诸多领域的最新研究成果，并将其用符合生态修复规律的法学理论进行系统表述与分析，为未来形成崭新的生态修复法学奠定基础。同时，可以以此为契机，发展不同于以往的生态环境保护与修复法学知识体系，促成中国生态修复法学话语权的形成，并以此作为起点，探索符合中国实际的生态文明制度话语体系。

第三，重新认识西方法学理论，将其中有益的知识进行中国化重构，正确认知和复兴中国传统依法治国理论中符合中国特色社会主义建设实践的内容，并在中国特色社会主义制度建设实践中不断融合上述两类理论，同时进行必要改革，为中国法学的生态化启蒙储备必要的理论基础和改革动力。此外，还应当重新启动西方法学理论原有的包容并蓄的方法论品质，兼收各家关于治理国家的秩序理念和制度建构学说，打开门做研究，真正以实事求是理念为指导，放宽视野避免纯粹法学思维影响，打牢生态修复法律制度研究的实证根基。

第四，进行中国国家治理体系和治理模式的总结，并在此基础上探索在现有国家治理体制下，如何运用法律制度保障生态修复国家责任的切实履行，探讨国家集中力量进行生态修复工程的制度合理性与科学性。首先，国家将生态修复职能放在了自然资源部，这表明，至少从国家对于生态修复的认知来看，生态修复根本不是生态环境污染的救济措施，而是国家层面生态系统整体平衡的修复。其次，从专门的生态修复机构的设置及其职能的明确来看，生态修复不依靠司法程序来启动，而是政府主动组织和实施的。这种机构的设置模式集中反映了多年来我国生态修复实践的实际运行情况。如三北防护林的建设、三峡库区的生态修复工程、采煤塌陷区的生态修复治理工程等，都反映出各级政府主动开展生态修复的必要性与集中力量办大事的制度优越性。中国模式的生态修复法律制度的建构探索应当围绕在这种即成机制下，研究如何通过法律促进并保障国家主导，社会参与，人民受益的生态修复运行机制。

第五，坚持生态修复国家治理体系与治理能力现代性的中国模式。党的十九届四中全会总结了我国国家制度和国家治理体系具有的多方面显著优势，包括党和政府的坚强领导，集中力量办大事，政府以民为本，文化、价值、道德共同体的存在等重要因素。这些因素最为关键的突出表现为三个方面：能够集中力量实现共同利益，有凝聚力的执政党与政府领导，同心同德的民族文化基础。这三个方面也最能够反映出我国国家治理体系与治理能力现代性的特征。首先，坚持党和政府的领导，集中力量办大事曾被西方污蔑为集权专制，却已经成为我们国家超越西方国家治理能力的现代化表现之一。政府在生态修复中的重要作用不言而喻，由国家及其各级政府主导生态修复实践也是我国开展生态修复国家治理的有效模式。这完全超越西方那种自由主义市场化的模式，其优越性也不用过多描述。所以，中国模式生态修复法律制度的建构，必须首先跳出集中力量、政府主导就是集权的意识形态陷阱。这是生态修复国家治理能力和国家治理体系现代化的实事求是理念取向。离开这种模式就会失去现代性方向，回归行将没落的西方自由主义国家治理模式。其次，共同体观念的存在是对中华民族千年以来和（合）文明精髓的现代化提炼。生态系统整体是人与自然的共同体，实现共同体利益才能惠益个体利益，没有共同体利益也就没有个体利益的存在。因此，生态修复法律制度不是搞零和博弈的自由主义权利救济制度，而是变和博弈的实体制度。最后，中华优秀传统文化的全面复兴是构造国家治理体系与治理能力自信，实现中华民族复兴的前提。生态修复法律制度建设应当实事求是深入挖掘中国传统生态治国理念和促进自然休养生息法制建设中有益实践经验，并进行符合现代化实际的理论和制度重构。

第六，建构生态修复的中国话语权，并予以推广应用。生态修复可以应用于国内，也可以推广到其他国家。可以通过国有企业提供跨国生态修复服务，促进当地生态修复市场和产业的发展。中国的生态修复模式可以应用到"一带一路"沿线国家的生态环境保护与修复的各类工程建设中去，开拓新的合作领域。把国家治理生态环境的理念通过贸易和文化交流传播到开展生态修复合作的地区。从而为生态修复的中国话语权的实现提供基础。

六、生态修复法学的独立发展与创新之展望

生态修复法学研究的中国道路是崭新的和充满未知的领域，当然应当鼓励争论和勇于创新的精神。但是在理论上无原则地"啃老"，把新的领域用旧的理念进行生搬硬套肯定不属于实事求是的科学研究品质。很显然，中国的生态修复实践是与生态环境保护完全不同的领域，这一领域虽然长于斯却高于斯。如果在环境污染防治的法学研究中，还可以将环境要素的修复作为原有法学理论的试验场的话，那么用环境修复法学理论来解释明显高一个层次，属于另外一个领域的生态修复实践时就显得力不从心。因此，中国的生态修复实践已经开始催生一个崭新的法学研究领域，这一领域应当有一个长远的发展与创新规划，否则只会沉沦为传统的法学研究套路。

首先，从理论上实现独立，是生态修复法学发展与创新的前提。一个独立的崭新的法学研究领域，如果没有独立的，系统化的理论支撑，将不可能被承认。生态修复法学研究之所以不可能与其他法学，甚至环境污染防治法

学混为一谈。最主要原因是中国的生态修复已经成为独立于资源保护和生态环境污染治理的另一套完整的理论与实践体系。从生态学和环境科学理论来说，环境要素的污染与生态破坏已经与生态系统整体维护有了本质区别。生态修复不是基于污染或者破坏修复的需要而产生，而是因为生态系统整体平衡维护的需要而产生。如果说前者的修复是被动而为的，那么后者的修复很大程度上就是主动实施的，虽然有很少的领域是被动而为的修复。从伦理学视角看，生态修复并不仅仅是人对于人的伦理关怀，更主要是人对自然的伦理关怀，而且从很大意义上来说这种关怀是主动的，是超越人与人关系以及人的存在价值之外的关怀。从政治经济学视角看，"个人—政府—社会"三方利益矛盾对立不是生态修复共同体利益建构的话语范畴。共同体利益中个体利益的获益与共同体利益的获益是一致的，而不是相互对立妥协和有所减损的。政府组织和实施生态修复是经济领域与社会领域的平衡需要。政府实施供给侧改革，提供社会领域更丰富更高层次生态修复服务也是社会经济发展的需要。从法治理论视角来看，生态修复法律制度建设是综合型的法律制度建构过程，它包括了传统法学领域所调整的不同法律关系，甚至还加上了传统法学从来没有调整的人与自然的法律关系。总之，运用不同理论视角看待生态修复，并将其设计成一种法律制度这一过程本身就足以支撑其成为独立的法学研究领域。

其次，关于生态修复法学如何发展和创新的问题，可以从以下几个方面进行考虑。一方面，生态修复法学的包容性和融合性特征决定了原有法学纯粹性理想的不切实际。生态修复认知不清晰，生态修复实践各种典型实例不分析透彻，根本不可能实事求是地分析生态修复的法律现象。我们知道现代西方法学理论是从自然科学和人类工业革命中发展而来。正如是，生态修复法学也从这次新一轮自然科学和文明革命中而产生。如果生态修复法学理论的形成脱离了这一背景和知识体系，就会走向前一轮科学与工业革命的历史隧道中，成为现代化的弃子。实际上，生态修复法学知识体系也正在新的时代中不断完善和创新，突破了传统法学理论与研究方法应有的样子。现代法学理论不接受新的科学与文明革命的洗礼势必就会走向社会经济发展的对立面，最终沉迷于前工业革命时代的知识认知体系中不能自拔，从而形成明显与现代社会不适应的保守主义意识形态壁垒。另一方面，生态修复法学研究的广度与深度并未有限定。这与现代西方法学产生初期的所具有的宽松的研究环境一样，可以任由骏马驰骋。现代意义上的生态修复实践全面开展时间并不长，生态修复科技发展也并不完全成熟，还有很多领域和知识体系等待人们去发现，建构和创新。生态修复法学亦惠益于此，可以在众多创新成果中总结法律制度建构的点滴经验，汇聚系统的理论积淀。如果把眼界限制死了，将生态修复解释为传统的法学知识话语，就会产生忽悠自己回到过去的可怕效果，生态修复法律制度的完善就会走向保守与顽固。因此，也只有充分突破现有西方法学理论体系总体保守倾向的束缚，突破纯粹法律技术主义的意识形态，生态修复法学才能够获得应有的发展空间和创新机遇。再一个方面，应当创造一个较为宽松包容的学术环境。第一，生态修复法学发展与创新应当形成较为开放的学术共同体，这一共同体应当以拓展并创设新的法学领域为主要目标。第二，学术界应当为这种共同体理论的创新提供必要的成果展现载体和空间，不能因为不知道、不感兴趣就回避或阻断相应成果公开发表的机会。第三，法学学术界应当以更加开放的心态看待生态修复法学可能发起的对原有传统法学理论认知的批判。再有就是，生态修复法学研究者应当在法学教育中进行积极引导，不论是本科生教育还是研究生教育，尤其是博士研究生的教育，应当鼓励更多的研究者参与进来，并能够充分认识这个领域的独立性。

最后，生态修复法学的未来可以预期。生态修复法学的独立性是天生的，并且国家在相关法律制度的建构中予以了必要的政策引导，这包括政策文件不断强调，国家相关职能机构的设置及其职能的明确划分，生态修复工程及其相关事件的持续开展，生态修复产业的培育市场的逐步形成等。因此，只要生态修复法律制度的研究者们不忽视这些，不把视野限定在纯粹法学的范畴，不唯西方法学的那种研究套路马首是瞻就不可能错过生态修复法学成为独立法学研究领域的未来。未来生态修复法学可能分为以下几个方面的研究内容：生态修复的概念与基本内涵；生态修复典型实例与政策沿革；生态修复规划法律制度；生态修复工程组织、实施与管理法律制度；生态修复标准法律制度；生态修复监测法律制度；生态修复产业与市场促进法律制度；生态修复技术发展与创新法律制度；生态移民搬迁安置与社会保障法律制度；生态修复补偿法律制度；生态修复监察与审计法律制度；生态修复执法制度；生态修复国际合作法律制度。

要说的还有很多，但也不得不先到此为止。总结依然并不意味着结束，或许是一切新的开始。展望未来，唯有不忘初心，为生态修复法学新发展而奋发再启航。

参考文献

周永坤．法理学——全球视野（第三版）［M］．北京：法律出版社，2010.

郑永年．重建中国社会［M］．北京：东方出版社，2016.

郑永年．保卫社会［M］．杭州：浙江人民出版社，2012.

郑永年．中国改革三步走［M］．北京：东方出版社，2012.

郑永年．大趋势：中国下一步［M］．北京：东方出版社，2019.

公丕祥．马克思主义法律思想史：第一卷［M］．南京：南京师范大学出版社，2014.

何勤华．西方法学史纲（第三版）［M］．北京：商务印书馆，2016.

高鸿钧，李红海．新编外国法制史：上册［M］．北京：清华大学出版社，2015.

张维为．文明型国家［M］．上海：上海人民出版社，2017.

陈瑞华．论法学研究方法［M］．北京：法律出版社，2017.

叶谦吉．生态农业：农业的未来［M］．重庆：重庆出版社，1988.

蔡守秋．基于生态文明的法理学［M］．北京：中国法制出版社，2014.

邓正来．中国法学向何处去——建构"中国法律理想图景"时代的论纲［M］．北京：商务印书馆，2011.

林育真，付荣恕．生态学［M］．北京：科学出版社，2013.

吴鹏．以自然应对自然：应对气候变化视野下的生态修复法律制度研究

［M］. 北京：中国政法大学出版社，2014.

王正平. 环境哲学——环境伦理的跨学科研究［M］. 上海：上海教育出版社，2014.

曾建平. 环境公正：中国视角［M］. 北京：社会科学文献出版社，2013.

王韬洋. 环境正义的双重维度：分配与承认［M］. 上海：华东师范大学出版社，2015.

高鸿业. 西方经济学［M］. 北京：中国人民大学出版社，2011.

陈业新. 儒家生态意识与中国古代环境保护研究［M］. 上海：上海交通大学出版社，2012.

蒋朝君. 道教生态伦理思想研究［M］. 北京：东方出版社，2006.

苏力. 法治及其本土资源［M］. 北京：北京大学出版社，2015.

聂长久，韩喜平. 马克思主义生态伦理学导论［M］. 北京：中国环境出版社，2016.

张明楷. 法益初论［M］. 北京：中国政法大学出版社，2013.

王利明. 法律解释学（第二版）［M］. 北京：中国人民大学出版社，2016.

玛丽·安·格伦顿. 权利话语——穷途末路的政治言辞［M］. 周威，译. 北京：北京大学出版社，2006.

古斯塔夫·拉德布鲁赫. 法哲学［M］. 王朴，译. 北京：法律出版社，2013.

哈罗德·J. 伯尔曼. 法律与革命：第一卷［M］. 高鸿钧，等，译. 北京：法律出版社，2018.

安东尼·艾福瑞特. 雅典的胜利——文明的奠基［M］. 杨彬，译. 北京：中信出版社，2019.

休·柯林斯. 马克思主义与法律［M］. 邱昭继，译. 北京：法律出版社，2012.

E. 博登海默. 法理学：法哲学与法律方法 ［M］. 邓正来，译. 北京：中国政法大学出版社，1999.

塞缪尔·亨廷顿. 现代化：理论与历史经验的再探讨 ［M］. 张景明，译. 上海：上海译文出版社，1993.

戴斯·贾丁斯. 环境伦理学 ［M］. 林官明，杨爱民，译. 北京：北京大学出版社，2006.

斯蒂格利茨. 经济学 ［M］. 北京：中国人民大学出版社，2001.

保罗·萨缪尔森. 经济学 ［M］. 北京：华夏出版社，1999.

伊懋可. 大象的退却：一部中国环境史 ［M］. 梅雪芹，毛利霞，王玉山，译. 南京：江苏人民出版社，2014.

科马克·卡利南. 地球正义宣言——荒野法 ［M］. 郭武，译. 北京：商务印书馆，2017.

凯尔森. 法与国家的一般理论 ［M］. 沈宗灵，译. 北京：商务印书馆，2013.

霍尔姆斯·罗尔斯顿. 哲学走向荒野 ［M］. 刘耳，叶平，译. 长春：吉林人民出版社，2000.

安德鲁·克莱尔. 生态修复学导论 ［M］. 刘俊国，译. 北京：科学出版社，2017.

特德·本顿. 生态马克思主义 ［M］. 曹荣湘，李继龙，译. 北京：社会科学文献出版社，2013.

附：

完善我国生态修复法律制度的理论思考（成果要报）

自 20 世纪末以来我国即开展以土地复垦、水土保持为主的制度建设，初步形成了以《土地复垦条例》《水土保持法》等单行法律、法规为核心的生态修复法律制度体系。但尚存一些问题，建议尽快完善。

一、完善我国生态修复法律制度体系的思考

1. 可以考虑制定专门的"生态修复条例"

实现生态修复法律制度体系化的基本途径主要有两个：一是对现有制度逐一进行修订，使之相互协调；二是打破现有法律制度框架，制定专门的"生态修复条例"。比较而言，途径一难度较大，且许多法律制度并不是简单的修订问题。而途径二，制定"生态修复条例"则显得更加高效。专门立法的制定将从根本上实现对现有制度体系的重新整合，并体现法律、法规间的有序衔接与协调统一。立法可以是循序渐进的，可以先由地方立法，待相应法律制度运行逐步成熟后再进行国家立法。

2. 完整的生态修复法律制度体系应当包括自然修复与社会修复

生态修复法律制度体系的完善应当兼顾自然修复与社会修复两个方面。自然修复即是实现浅生态意义上的环境治理，这一点我国现有的土地复垦、水土保持、矿区环境综合治理等相关制度已经较为完善，关键在于进一步使其具有可操作性。

社会修复是指通过分担转型发展的社会风险，对资源超强度开发引发生态严重失衡的欠发达地区进行生态修复的一整套措施。广大资源开发型地区，如老的煤炭、木材生产基地等，在计划经济时代以极低价格输出资源，

却忽视储备修复资金。而在市场经济体制下，这些地区资源优势耗尽，沦为经济欠发达地区，却又面临发展转型，还要修复长期开发所造成的生态失衡，实不堪重负。为了解决这一问题，对这些地区的生态修复就应当建立社会修复机制。该机制包括：一是建立资源利用地对资源输出地的补偿制度，共担生态修复费用；二是由中央政府拨付足量资金直接支持当地生态修复工程；三是实行联合开发，通过经济手段（比如减免税费、优惠贷款等方式）激励全社会资金直接参与欠发达地区的生态修复投资，并进行惠益分享。让社会修复机制促使生态修复地区"涅槃重生"，重新获得新的发展动力，真正通过生态修复工程落实先富带动后富的共同富裕国策。

3. 生态修复制度与生态补偿制度的衔接

生态修复制度与生态补偿制度是既区别又联系的两个制度。生态修复制度一方面是对业已失衡的自然生态系统进行修整或重建，它主要解决人与自然的关系；另一方面，其中的社会修复机制则主要解决社会生态系统中人与人的关系。生态补偿则主要解决生态保护获益地区与生态保护付出地区的利益调节关系。包括生态保护受益地区对生态保护付出地区的补偿、资源获益地区对资源开发地区的生态恢复补偿。生态补偿制度可以构成生态修复制度中社会修复机制的组成部分。另外，生态补偿制度主要强调对因保护生态而造成经济利益减损的一方给予经济补偿，而生态修复制度不仅包括经济补偿，而且更重要的是强调对已经破坏的生态环境的恢复，它不仅包括经济补偿，而且还包括技术支持、对口帮扶、国家财政支持、政策扶持等诸多方面。因此，生态修复制度比生态补偿制度涵括的内容更加广泛，措施更加多样，它是对生态补偿制度的进一步发展和深化，是修复资源输出型地区长期生态系统失衡的可操作性制度规范。

二、生态修复法律制度体系完善的具体建议

1. 重新整合现有自然修复制度

（1）结合生态红线制度建设的要求，进一步细化生物多样性保护、风沙源治理、小流域综合治理、退耕还林还草、退牧还草等重大生态修复工程法律制度，并严格其主体责任，建立问责制和终身追责制。

（2）建立生态修复工程的规划、标准、评估、监督和市场准入等一系列法律制度，以形成生态修复工程法律制度体系，使现有制度更具有可操作性。

2. 应构建完整的社会修复制度

（1）在生态补偿中增加生态修复补偿内容，其补偿资金应专门用于生态修复工程。

（2）设立矿区、林区等生态修复保证金，主要用于解决现有生态破坏严重且经济欠发达地区的修复资金匮乏问题。

（3）建立生态修复激励制度，采取税收优惠、贴息贷款、减免收费、财政补贴等措施，鼓励社会资金参与国家的生态修复工程建设，激励创业并培育新兴的生态修复服务产业链。

（4）建立生态修复区域协作、有区别的责任承担以及生态修复惠益分享等机制，将共同富裕政策同生态修复工程的社会效益相统一，让环境保护红利惠及欠发达地区，减轻其转型发展压力，构建更加公平的社会。

（5）建立以生态修复工程带动城市化建设的机制，通过相应工程的实施既改造出更适应人生存和发展的生态环境，亦打造出崭新的现代化城市。

3. 将《生态修复条例》列入"十三五"政府立法规划，健全生态修复法规体系。国家立法正式出台前，可在典型地区各选一个城市进行地方立法试点，为国家立法积累经验。